KUAXUEKE ZHUTI XUEXI

跨学科主题学习

▶▶ 认识与实践
RENSHI YU SHIJIAN

上海市教师教育学院　编著
（上海市教育委员会教学研究室）

上海科技教育出版社

图书在版编目(CIP)数据

跨学科主题学习：认识与实践/上海市教师教育学院（上海市教育委员会教学研究室）编著. —上海：上海科技教育出版社，2024.6(2024.12重印)

ISBN 978-7-5428-8142-7

Ⅰ.①跨… Ⅱ.①上… Ⅲ.①小学教育—教学研究 Ⅳ.①G622.0

中国国家版本馆 CIP 数据核字(2024)第 092519 号

责任编辑　李志棣
封面设计　李梦雪

跨学科主题学习：认识与实践
上海市教师教育学院（上海市教育委员会教学研究室）　编著

出版发行　上海科技教育出版社有限公司
　　　　　（上海市闵行区号景路 159 弄 A 座 8 楼　邮政编码 201101）
网　　址　www.sste.com　　www.ewen.co
经　　销　各地新华书店
印　　刷　上海华顿书刊印刷有限公司
开　　本　787×1092　1/16
印　　张　20.25
版　　次　2024 年 6 月第 1 版
印　　次　2024 年 12 月第 2 次印刷
书　　号　ISBN 978-7-5428-8142-7/G·4839
定　　价　78.00 元

上海市小学跨学科主题学习
实践研究项目团队

总项目主持
  谭轶斌

总项目组长
  费宗翔

总项目组核心成员
  （按姓氏拼音排序）
  费宗翔　关月梅　管文川　祁承辉
  沈慧丽　王立新　席　恒　徐　敏
  薛　峰　章　敏　赵伟新

本书主编
  费宗翔

前　言

《义务教育课程方案(2022年版)》明确"各门课程用不少于10%的课时设计跨学科主题学习",这是对未来人才培养和世界教育变革的积极回应,是课程综合化和实践化的有效策略,是服务于综合育人的有力举措,也是促进学生核心素养发展的重要载体。

教育的目的,如果用两个字来概括,就是"育人"。教师是"教书先生"吗? 不,是教书育人的"大先生"。语文老师教语文、数学老师教数学,平时通俗地这样表述没有问题,但究其实质,学科教师是通过语文、数学等各门课程来培育人,共同落实立德树人的根本任务。

新课改旗帜鲜明地提出了学生发展核心素养和各门课程要培养的核心素养,而且是以素养为纲,纲举而目张。纲是渔网上的那根总绳,把大绳子提起来,一个个网眼就都张开了。学生发展核心素养明确了,每一门课程要培养的核心素养也明确了,素养型课程目标、内容要求、学业要求、教学提示和质量标准,也就都能紧紧围绕着核心素养而展开。核心素养既是学科育人的出发点,又是终点,更是从出发点到终点的桥梁,渗透在整个学习与评价的过程中。

毫无疑问,分科课程是培养核心素养的,它对培养学生掌握知识,把握学科的思想方法,形成对某一领域系统而深刻的认识极为重要,但如果我们能够打破学科之间的壁垒,关注学科之间的联系,为学生提供更多综合运用知识来创造性解决问题的机会,这样两条腿走路,不是可以更好地培养学生的核心素养,实现综合育人的目标吗?

那么,到底什么是新课程倡导的跨学科主题学习? 举个例子,大家都很熟悉《青花瓷》这首歌。我特别喜欢歌中的这几句:"天青色等烟雨,而我在等你,月色被打捞起,晕开了结局,如传世的青花瓷自顾自美丽,你眼带笑意……"面对这样的歌曲,音乐老师说,"这是带着书生飘逸气息的中国风歌曲";语文老师说,"这里有着烟雨江南的意境";英语老师自豪地说,"中国是瓷器的故乡,在英文中,'瓷器'与'中国'同为 china"。劳动老师则说:"这里蕴藏着青花瓷独特的烧制工艺。为什么是'天青色等烟雨'?天青色是雨过天晴时天空的颜色。古人每次烧窑都等待天降大雨,在雨过之后太阳出来之时,将烧好的瓷器与天空对比。如果颜色不一样,就摔碎瓷器,再等下一个天青色。"

这首歌曲中有艺术之美、文学意境、科技密码、瓷器工艺,如果花几节课,由音乐、语文、科学、劳动等学科老师来带领学生分头学习相应的内容,这是不是属于跨学科主题学习了呢?此外,上海这些年原创性开发了一门衔接课程——小学低年级主题式综合活动课程,该课程正是依据来自学生生活中的主题,整体构建综合化、实践化、生活化的活动,那它和跨学科主题学习又有什么区别呢?

为此,我们小学教研团队在前期"基于课程标准的教学与评价""教与学方式变革"等项目研究的基础上,启动了各学科"跨学科主题学习"市校合作研究项目。

随着研究的推进,我们清晰了跨学科主题学习的要义,它不是像青花瓷主题引发的那种学习,那只是多种学科的拼凑。它也不是像小学低年级主题式综合活动课程那样完全不考虑学科边界,只关注来自学生生活的主题和真实情境与问题,那是一种超学科整合,而且是活动课程形态。

新课程所倡导的跨学科主题学习是一种跨学科整合,当前我们研究的是单学科主导的跨学科主题学习。它是围绕一个主题,以一门学科的核心知识和思想方法为主干,综合运用其他学科的知识和思想方法创造性解决复杂真实问题,从而促进学生核心素养的提升。就如我们日常所说的"它山之石,可以攻玉",为了解决复杂真实问题,光靠主干学科的知识和思想方法难以解决,所以得综合运用其他学科的知识和思想方法一同来解决。反之,跨学科主题学习如果没有指向复杂真实问题的解决,如果没有主题引领,没有大概念、大任务或大问题来统整,层次就会偏低,学生高阶思维就很难得到培养,也就很难称得上是跨学科主题学习。

跨学科主题学习,既强调跨学科,又强调主题学习。跨学科让主题学习拥有了更宽广的知识背景,主题学习则为跨学科统整提供了清晰的路径。正所谓"金风玉露一相逢,便胜却人间无数",跨学科和主题学习一相逢,素养培育便多了新的载体,会产生新的效应。跨学科主题学习和学科学习是共生关系,并非二元对立。它基于学科,在学科中进行,由学科教师实施。探究性学习、项目式学习、问题化学习、设计学习等都是跨学科学习的实践方式。

为什么说跨学科主题学习能带来教与学方式的变革?首先,跨学科主题学习是具有相对独立育人价值的课程单位,它带来课程内容的结构化,尤其是课程内容组织的逻辑起点发生了根本性变化,由此实现教学组织方式的变革;它能解决知识碎片化的问题,实现课程内容"少而精"的目标。其次,它重在解释现象、解决问题、创造产品,需要学生做中学、用中学、创中学,从而实现学生认知方式的变革。此外,跨学科主题学习也常常采用逆向设计,以终为始,注重表现性评价,由此也会带来评价方式的变革,最终实现教与学方式的变革。

跨学科主题学习的设计与实施,对学科教师提出了更高要求。老师们不能再"单打独斗",只守着自己所授学科的"一亩地",而应在立足本学科的同时,"吃着碗里的,看着锅里的"。相信老师们在努力成为设计师的过程中,能更快实现专业成长。

这一年的研究实践,各学科形成了相应的研究成果,但仍不成熟。我们抱着先完成再完美的想法将之呈现出来,提供靶子,引发探讨,真诚地欢迎各位同仁批评指正。

谭轶斌

2023 年 12 月

目　录

第一编　跨学科主题学习中复杂真实问题的解决策略　/ 1

数学
- 【研究报告】小学数学学科跨学科主题学习实践研究报告　/ 3
- 【实践案例】"数"说运动场地设计　/ 13
- 【教学论文】小学数学跨学科主题学习实施过程中教师作为的思考　/ 22

信息科技
- 【研究报告】小学信息科技学科跨学科主题学习实践研究报告　/ 30
- 【实践案例】"数"说碳排放　/ 40
- 【教学论文】小学信息科技跨学科主题学习设计与实施
　　　　　　——以"碳足迹"教学为例　/ 52

劳动
- 【研究报告】小学劳动学科跨学科主题学习实践研究报告　/ 60
- 【实践案例】校园清洁机械手　/ 69
- 【教学论文】指向综合能力提升的劳动跨学科主题学习教学设计与实施　/ 80

道德与法治
- 【研究报告】小学道德与法治学科跨学科主题学习实践研究报告　/ 90
- 【实践案例】传统游戏我会玩　/ 100
- 【教学论文】基于议题的小学道德与法治跨学科主题学习活动设计与实施　/ 109

第二编　跨学科主题学习中学习任务的设计实施　/ 119

科学
- 【研究报告】小学科学课程技术与工程领域跨学科主题学习实践研究报告　/ 121
- 【实践案例】透绿工程　/ 129
- 【教学论文】小学科学跨学科主题学习中的驱动性任务设计　/ 144

| 语文 | 【研究报告】 小学语文学科跨学科主题学习实践研究报告 / 149
【实践案例】 助力健康成长 / 157
【教学论文】 小学语文跨学科主题学习:现状、路径与反思 / 166

| 艺术(美术) | 【研究报告】 小学艺术(美术)学科跨学科主题学习实践研究报告 / 174
【实践案例】 我是商品陈列师 / 180
【教学论文】 学习支架支持下的跨学科主题学习实践研究 / 189

| 体育与健康 | 【研究报告】 小学体育与健康学科跨学科主题学习实践研究报告 / 203
【实践案例】 龙腾鼓韵展风采 / 210
【教学论文】 素养导向下"体育+美育"跨学科主题学习的设计与实践
——以五年级"民族传统体育项目——舞龙大单元"为例 / 222

第三编　跨学科主题学习中跨学科教学能力的培养 / 229

| 科学 | 【研究报告】 核心素养视角下小学科学跨学科主题学习的行动研究报告 / 231
【实践案例】 馒头里的小世界 / 240
【教学论文】 跨学科教学:内涵理解与教师培养
——以小学科学为例 / 251

| 英语 | 【研究报告】 小学英语学科跨学科主题学习策略实践研究报告 / 259
【实践案例】 我是梦想改造家 / 271
【教学论文】 素养导向下小学英语跨学科主题学习设计与实施策略 / 280

| 艺术(音乐) | 【研究报告】 小学艺术(音乐)学科跨学科主题学习实践研究报告 / 288
【实践案例】 编演小型音乐剧 / 296
【教学论文】 音乐学科"自在"的跨学科学习 / 307

后记 / 313

第一编

跨学科主题学习中复杂真实问题的解决策略

跨学科主题学习是对学生真实生活的回归,是为了当学生面对复杂真实问题时,具备灵活运用在各学科中获得的本领去应对的能力。本编中的数学、信息科技、劳动和道德与法治四门学科重点关注了真实问题或议题从哪里来;在解决复杂问题的过程中,核心问题或议题如何分解为子问题或子任务;教师如何适时点播、引导学生发现问题,如何指点迷津、助力学生主动解决问题;如何指导学生综合运用各学科知识、思想方法,整合各类资源工具去解决问题,并在问题解决的过程中实现知识的建构和问题解决能力的提升。

小学数学学科跨学科主题学习实践研究

项目主持：章　敏

项目实验校：上海市浦东新区第二中心小学

项目组长：陆佩香　彭雪晶

项目组核心成员（按姓氏拼音排序）：

陈　佳　高　菲　胡静怡　黄舒平　陶淑旻　王　蓓
许　怡　杨枫慧　朱莉萍

小学数学学科跨学科主题学习
实践研究报告*

一、研究背景

（一）研究目的

跨学科主题学习的素养培育价值在深化课程改革和强化课程整合的背景下逐渐得到认可，但跨学科主题学习仍然是学校课程建设与教学设计的薄弱环节，其表现在：理念层面上，对基于小学数学学科本位的跨学科主题学习应该具有的特征要素认识不清，将跨学科主题学习理解为不同学科或多个学科的简单叠加，缺少深入融合和有效跨界；实践层面上，把跨学科主题学习活动简单粗暴地等同于放任式的活动体验，或是同一情境素材下的不同学科活动的简单拼凑。因此，对该问题的研究尚有很大空间，这也成为我们开展本项研究的直接动因。

（二）研究意义

《义务教育课程方案（2022年版）》明确提出"设立跨学科主题学习活动，加强学科间相互关联，带动课程综合化实施，强化实践性要求"。

小学数学跨学科主题学习指向的是素养导向，是学生学习方式的转变和突破，是提升核心素养的有效途径。《义务教育数学课程标准（2022年版）》设立"综合与实践"领域，强调要以数学学科学习为基础，融合其他学科的知识，通过学生的自主思考、探究和实践，实现对真实问题的解决，培养学生的数学实践能力、创新意识、社会担当等综合品质，提升学生的综合素养，达成育人目标。

为此，我们依托学校的跨学科主题学习案例设计与实施，提炼设计框架，分析实施过程，以期深化对小学数学跨学科主题学习的理解和认识。

---

* 执笔人：胡静怡、彭雪晶，上海市浦东新区第二中心小学；陆佩香，上海市浦东教育发展研究院；章敏，上海市教师教育学院（上海市教育委员会教学研究室）。

二、研究设计

(一) 文献综述

1. "跨学科学习"的起源与发展

"跨学科"起源于大学和科研机构的跨学科研究,这一概念最早由美国哥伦比亚大学心理学教授伍德沃斯(R. S. Woodorth)于1926年提出,是指超越一个已知学科的边界而进行的涉及两个或两个以上学科的实践活动。

在我国,以"跨学科"为对象的理论研究起步于20世纪50年代,蓬勃发展于20世纪80年代。最初,我国学者把interdisciplinary译成"交叉学科",后在深入研究过程中逐渐用"跨学科"一词替代。以"跨学科""跨学科教学""跨学科学习"为关键词在中国知网上检索,通过对检索到的文章内容分析发现,国内跨学科研究同国外类似,主要集中于高等教育阶段,中小学的跨学科研究在近几年才刚刚兴起,而且主要是从大教育的视角来阐述。

2. 小学数学跨学科主题学习的概念界定

北京师范大学教育学院郭华教授认为:跨学科主题学习有三个关键词,即"跨学科""主题""学习"。首先是"跨学科",即立足某门学科来主动跨界,实现课程间的主动关联,通过"主题"实现学科间的关联。主题是学生能够主动参与的、有情境的复杂问题。围绕着问题解决,需要综合运用不同学科知识,即通过学生的主动活动来实现。这就是跨学科主题学习的特点:既综合又实践。

学者孟璨认为,跨学科主题学习是基于学生的知识基础,围绕某一研究主题,以某一学科课程内容为主干,运用并整合其他课程的相关知识和方法,开展综合学习活动的过程。其实质是打破学科已有界限,对学科内容作整合和情境化设计,进行跨界教学与应用,以培养学生的信息应用、批判思维、问题解决和创造思维能力,促进学生学习的综合化,使学生的知识结构成为一个紧密联系的整体,以全面的观点、思维去认识客观世界和解决实际问题。

《义务教育数学课程标准(2022年版)》也明确指出,作为四大学习领域之一的"综合与实践"模块,"要以跨学科主题学习为主,适当采用主题式学习和项目式学习的方式,设计情境真实、较为复杂的问题,引导学生综合运用数学学科和跨学科的知识与方法解决问题。"

(二) 研究目标

基于跨学科主题学习相关理论的研究,提炼小学数学跨学科主题学习活动开发原则、流程、要素及实施策略,积累典型案例,着力提升学生解决问题能力,提升学生数学学科核心素养。

(三) 研究内容

(1) 小学数学跨学科主题学习活动的理论研究。

(2) 小学数学跨学科主题学习活动的设计研究。

(3) 小学数学跨学科主题学习活动的实施研究。

(四) 研究方法

1. 文献研究

通过对跨学科主题学习与小学数学跨学科主题学习活动相关文献的研究分析、比较和提炼,从而得到其基本概念和内涵,总结出其基本特征,为小学数学跨学科主题学习活动的设计奠定基础。

2. 案例研究

通过对多个小学数学跨学科主题学习活动实践案例的深入研究和剖析,收集学生活动的数据与证据,剖析活动流程及影响活动的各方面因素,比较异同,整理关联度,从而得到小学数学跨学科主题学习活动的设计策略。

3. 行动研究

在开展小学数学跨学科主题学习活动设计与实践时,以发展学生核心素养为目标,把数学课程内容和其他学科的知识、学生知识水平与能力发展水平特点,以及小学数学跨学科主题学习各要素三个方面进行关联分析和思考,并开展跨学科主题学习活动的设计与实施,进而总结提炼出可操作、可迁移的实践路径。

(五) 研究过程

1. 组建研究团队

由项目负责人牵头,组建由数学学科低、中、高三个学段教师及信息技术人员参加的"数学跨学科主题学习"项目团队,进行研究任务分工。

2. 编制研究方案

研究团队围绕"数学跨学科主题学习"开展预研究,确立本学科研究主题,编制研究方案。

(1) 根据主题确定研究方法和研究内容。

(2) 确定学生学习目标和关联学科素养。

(3) 预设学习主题思考路径和子任务活动,形成研究方案。

3. 开展实践研究

根据研究方案开展实践研究,做好过程性资料积累,形成一个典型案例。

(1) 根据研究方案合理安排实践课时。

（2）教师收集学生活动的过程性资料。

（3）根据实践过程，教师总结反思授课过程和学生学习过程，形成案例。

4. 总结经验，展示成果

完成经验提炼，形成研究报告。开展学科、领域和学段的经验交流与展示活动。

三、研究结论

（一）小学数学跨学科主题学习活动设计

基于跨学科主题学习活动设计的研究，我们提炼了小学数学跨学科主题学习活动设计要点，学习活动设计要关注以下三个方面：设计原则、设计流程、设计要素。

1. 设计原则

（1）兼顾学科性和综合性。跨学科主题学习的突出特点是跨学科，跨学科就意味着综合应用各学科知识来解决问题。作为数学跨学科主题学习，设计时首先就要立足于数学学科，凸显数学学科的主体地位，在此基础上寻找与相关学科之间的联系，各学科要素协同作用。跨学科主题学习的"学科性"与"综合性"并不矛盾，设计活动时要同时兼顾，做到立足学科，综合育人。

（2）加强问题性和开放性。学生参与跨学科主题学习，就是在经历发现问题、提出问题、分析问题、解决问题的过程，发展核心素养。因此，数学跨学科主题学习的设计应加强问题性。首先，活动中学生面向的应是一个能主动参与、比较复杂的真实问题。其次，跨学科主题学习的真实问题，可以分解成为围绕核心问题或统领性问题建构起来的有逻辑、有共同主题目标的问题序列。最后，问题性还表现在主题学习的问题设计应指向学生的素养发展。跨学科主题学习的设计也应加强开放性。开放性既是指问题本身的开放，也是指学习时空、学习资源的开放。

（3）重视实践性和创新性。"做中学、做中思、做中创"是跨学科主题学习的基本形态，在探究、试错、合作中逐渐明晰其成果。因此，活动设计应重视实践性，要能够引发学生的认知冲突，激起学生的探究兴趣，让学生"动起来"。

在众多繁杂的信息中，运用多种方式展开学习，要求学生的做法具有一定的创造性。因此，鼓励学生创新，提升学生主题创新、过程创新、结果创新等方面的创新意识和创新思维能力，创新性在活动设计中也是必不可少的。

2. 设计流程

在小学数学跨学科主题学习活动的一般设计流程中，应包含以下几个环节：选取主题、制订目标、任务设计和评价设计。其中最主要的就是任务设计，该环节包括设计与实施。在设计环节，首先需要确定核心任务，再围绕核心任务分解成若干个子任务，最终归纳整理形成问题链。在任务实施阶段,教师应该根据学生生成的资源与遇到的问题不断调整与再开发,逐步优化问题链,形成符合学生逻辑、可实施的活动设计。见图1-1-1。

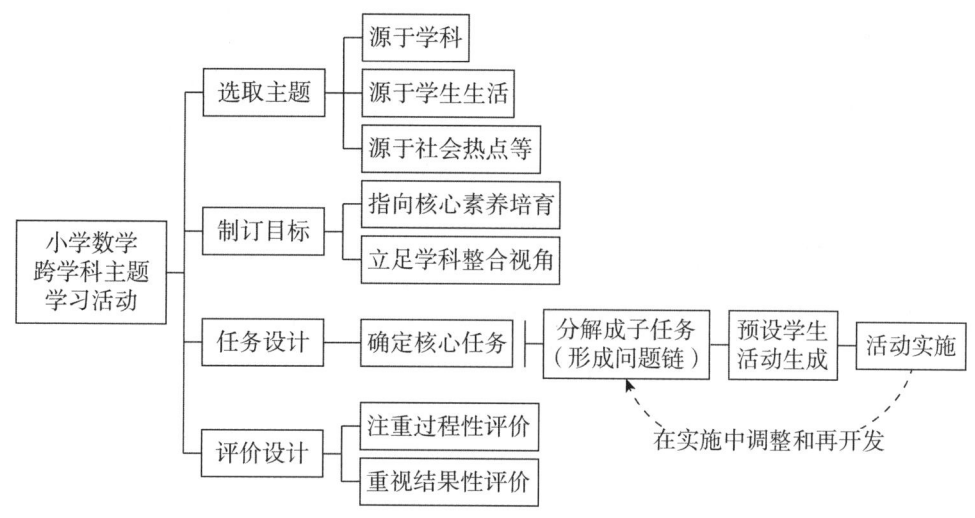

图1-1-1 小学数学跨学科主题学习活动设计流程图

3. 设计要素

根据上述任务设计的流程,我们对重要环节的设计操作要领,也就是操作要素作了提炼。

(1)主题的选取。主题的选定和设计是跨学科主题学习实施的开端,具有现实性、开放性的主题可以衍生出系列问题和学习活动。学校和教师可以根据数学课程标准列举的案例,结合学校资源条件,设计跨学科主题学习活动。当然,教师还可以扩展主题选取的范围,依托数学学科知识内容,从其余学科课程、校园生活、学生兴趣爱好、热点话题、社会环境中选取合适的素材,创编主题内容。要注意的是,在选题时要充分考虑其学科属性以及跨学科属性,更要关注本学科的核心素养以及相关学科的素养表现。

比如:"小小包装设计师"就是在学习五年级课程内容长正方体展开图时作了单元重构,引导学生学习新知识,解决毕业礼物包装的问题。涉及的相关内容见图1-1-2。

而"运动会"这一跨学科主题学习活动则是来源于学校生活,分在三个年级实施开展(图1-1-3)。针对每个年级设计不同的学习任务,各任务之间又具有进阶性和整体性。以数学学科为主,涉及体育、信息科技、美术等学科,主要关注数感、空间观念、运算能力、数据意识、推理意识等核心素养的培育。

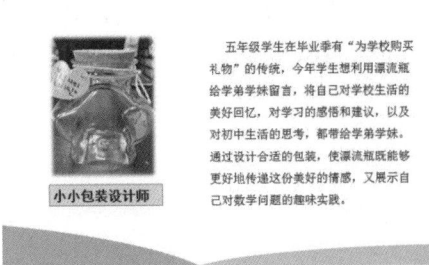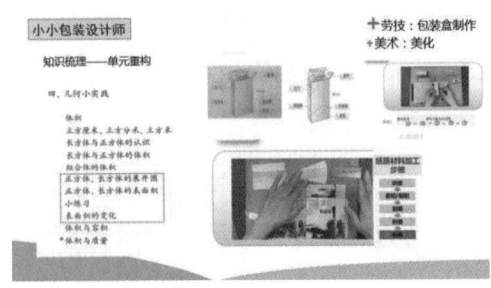

图1-1-2 "小小包装设计师"跨学科主题学习任务分析

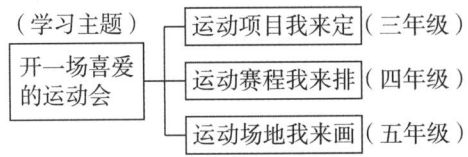

图1-1-3 "运动会"跨学科主题学习任务分析

(2) 目标的制订。目标表述应准确、清晰,包含学生在什么样的任务中,通过哪些途径获得哪些方面的发展,以便结合目标设计详细的、适切的任务,引导学生开展指向问题解决的系列学习活动。

目标的制订还应兼顾多维性和层次性。多维性体现在小学数学跨学科主题学习活动目标除了应该围绕数学核心素养,特别是聚焦在应用意识和创新意识上,重点应是问题解决能力的培养外,还应明确其他学科或课程领域的素养培育目标,以及信息加工处理能力、学习策略等共同的素养培育目标。层次性包含两个层次,一个是跨学科主题学习的整体目标,二是素养导向的目标设计,确定预期的学生学习成果和达成预期结果所依托的具体内容与方式。在达成目标的途径、参与活动的体验、活动产出的成果等方面也要考虑学生的学习基础、能力水平。

教师可以参照数学课程标准"综合与实践"领域中的表述,分解、细化学业要求的维度,调整学业要求的难易程度,形成适用于具体主题活动的要求及制订适合教学对象的主题学习目标。

(3) 任务的设计。跨学科主题学习的任务设计应包含核心任务(问题)、规划子任务序列以及预设活动流程。核心任务(问题)的设计应体现开放性、探究性、联结性等特征,即这个统领性问题应有一定的分解、细化、延展的空间,适宜联结多学科知识与方法,也有一定的复杂性和难度,可以激发学生思考、探究及创造性地解决问题的兴趣。在任务设计中,核心任务(问题)可以被划分为若干个子问题或子任务,若干个子问题或子任务构成任务序列或问题链条。但要注意核心任务(问题)与子任务(子问题)、各子任务(子问题)间应有明确、清晰的逻辑关系。以"'数'说运动场地设计"小学数学跨学科主题学习的案例为例(图1-1-4),在计划阶段,面对统领性问题:"如何合理规划校园闲置场地,增设既受欢迎又能促进体质发展的体育器材?"一开始,学生很盲目,并不清楚怎么做才是合理、科学、有序的,教师通过提供思维支架,帮助学生厘清要解决的关键问题,把大问题分解成几个子问题,列出各项任务清单,初步拟定各项任务的实施步骤与分工。

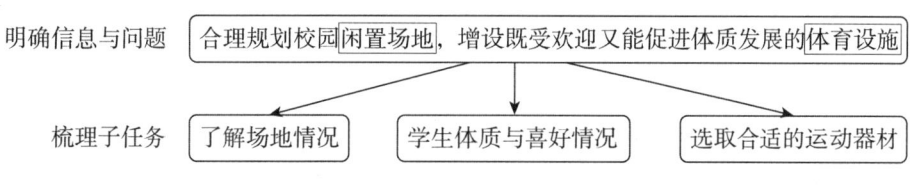

图1-1-4 "'数'说运动场地设计"跨学科主题学习任务设计

主题学习的流程没有固定不变的程序或环节。但在设计跨学科主题学习活动时,不仅要对环节流程作初步预设(如问题解决类活动,通常可以预设提出问题、制订计划、方法指导、活动实施、展示交流、评价反思等环节),更要根据具体的任务以及班级学生的知识能力发展水平预设学生可能的生成,明确学生在解决问题过程中可能遇到的困难与障碍,搭建必要的学习支架,适时提供帮助和支持。要注意的是,在活动实施过程中会对原先拟定的子任务系列作调整和开发,利于问题的解决,促进学生素养的培育。

(4)评价的设计。跨学科主题学习的评价是跨学科主题学习设计的有机组成部分,应伴随着目标、任务、过程的设计同步进行。除了关注学习结果的评价,更应加强对学习过程的评价,因为从活动实施到最终呈现结果是一个较长的过程,过程评价不仅能鼓励学生参与活动,还能不断推动、校正学生的学习进程,从而在一定程度上优化学生的学习结果呈现。在进行评价设计时,教师应关注以下方面:评价要回应目标,进行整体规划;评价主体要多元,方式要灵活;评价量规及工具要科学、适切、操作性强。以"'数'说运动场地设计"案例为例,任务成果采用智慧校园平台来展示,教师、学生、家长都可以作为评价主体共同参与到跨学科主题学习的评价中,并通过点赞和留言发表看法,后台也能采集数据,及时让小作者看到反馈。

(二) 小学数学跨学科主题学习活动实施研究

1. 多学科教师协作,适时提供支架

在跨学科主题学习中,学生面临的是一个较为复杂的综合性问题,其中涉及的不是单一学科的知识和方法,因此需要多学科教师团队共同参与,教师之间要相互沟通(图1-1-5)。

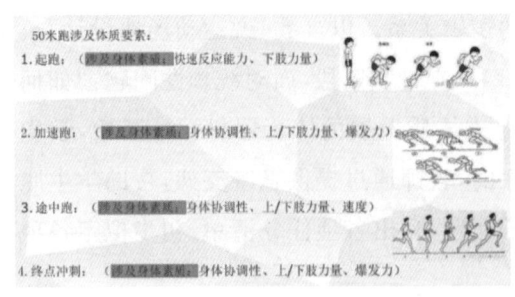

图1-1-5 "'数'说运动场地设计"项目体育教师讲解50米跑相关体质要素

当学生实践过程中遇到困难时,可以先让学生独立尝试解决,教师观察学生遇到的难点在哪里,再根据不同的问题类型适时提供思维支架,帮助学生厘清思路。例如,针对知识障碍时,可以提供知识型支架;针对探究遇到的多样情况时,可以提供资源型支架;针对学生无序思考,想法混乱时,可以提供策略型支架等。但也要注意在跟进学生学习中,教师应正确把握自己的角色,不要过多干扰,明晰学生才是"决策者",注意引导的方式方法。

2. 关注生成资源,及时调整改进

在活动实施时,问题的解决过程是开放性的,并不只是按部就班地执行计划。在实施过程中,学生生成的资源与教师的预设肯定不是完全相同的,因此需要在实践中不断地发现问题、分析问题,在探究交流、反思总结中不断完善、迭代原先的活动设计。

例如,在"'数'说运动场地设计"案例中,在设施选择的调查问卷上,初版学生调查问卷内容较简单,得到的调查数据价值、意义不大,学生自主探究寻找原因:问卷设计时没有关注到所选设施与促进体质发展之间的关系,因此在教师的指导下改进生成第二版的调查问卷,添加各类设施图、作用等,再次开展调查,收集到的数据仍存在一定的问题;接着是第三次修改,将个体体质信息与体育器材关联起来,最终获得有效数据。

3. 小组分工合作,协作共进提升

跨学科主题学习多以小组合作的形式展开活动,在与小组同学合作解决问题的过程中,应合理分工、共同协商解决问题,提高合作能力。

4. 多元评价融合,促成反思改进

跨学科主题学习评价要"教—学—评"一体化,回应多维目标,兼顾过程和结果,适配多样的学习方式,因此需要根据实际情况灵活选择评价方式。在跨学科主题学习中,展示阶段的评价是学习结果的评价,但学生在展示学习过程的反思收获也是一种评价。例如:对得分高的成果的展示与评价,是对该组设计的肯定,也能够帮助其他小组解决遇到的问题;对得分低的成果的展示与评价,是对设计的反思,也是学生寻求帮助、借鉴其他组经验的过程。这样的评价交流，能让学生回顾整个跨学科主题学习的活动过程，总结在活动中的思维发展和收获，从而掌握跨学科主题学习的方法，为后续开展其他主题学习打下基础。

四、效果与反思

通过对小学数学跨学科主题学习理论及活动设计实施的研究，并结合我校"'数'说运动场地设计"案例的实践，我们提炼出活动设计的一般流程以及设计与实施的关键要素，对于一线教师来说具有一定的参考与借鉴价值。

对于我校教师而言，结合具体的小学数学跨学科主题活动的设计与实施历程，在实操体验、观摩合作中，教师逐步能用跨界思维主动打破学科边界，基于数学学科并跳出数学学科，探寻数学学科与其他学科的"跨界点"，积累不同主题的设计与实施经验及教训，提升基于本学科的跨学科主题学习设计与实施能力。而学生在感兴趣的真实问题和情境中，通过观察、提问、设计、交流、合作、展示等学习活动，使学习从被动转变为主动，加深对同一概念（观念）不同维度的理解，并且认识到生活中复杂问题的解决经常需要多方面知识的共通融合，需要团队力量的共同参与，促进了核心素养的提升和发展。

当然，本案例设计也有一些不足之处。譬如：在评价设计方面，尽管对于过程与结果设计了评价方法与评价内容，但是评价缺乏针对性，包含以下几个方面：第一，评价内容更多指向预期成果的评价，而忽略学生在活动过程中的关键性体验，缺少对个性化反思的引导；第二，评价的对象不够丰富，只关注到不同评价主体对学生个体表现的评价，而缺乏把学习团队本身作为评价的对象；第三，如何根据不同学段学生的认知发展水平调整评价内容，制订素养发展的进阶标准等，这些都需要我们作进一步思考。

参考文献

[1] 张玉华.核心素养视域下跨学科学习的内涵认识与实践路径[J].上海教育科研，2022(05):57-63.

[2] 同上。

[3] 郭华.跨学科主题学习及其意义[J].文教资料，2022(16):22-26.

[4] 孟璨.跨学科主题学习的何为与可为[J].基础教育课程，2022(11):4-9.

[5] 储召生.专访王焰新:跨学科教育——一流本科的必然选择[N].中国教育报,2016-5-23.

[6] 中华人民共和国教育部.义务教育数学课程标准(2022年版)[S].北京:北京师范大学出版社,2022.

实践案例

"数"说运动场地设计*

一、育人价值

枣庄校区是我校新开办的一个校区,目前仅五年级学生在该校区学习。校园内学生活动区域面积较小,学生课间活动比较单调,而近两年的体测结果显示五年级部分学生的测试数据不甚理想。针对这一现状,学校打算组织五年级学生一起参与"闲置场地的改造"工作——在闲置场地上增添好玩又能锻炼身体的体育器材,于是就有了"'数'说运动场地设计"这个跨学科学习主题。

在闲置场地上,该添置怎样的体育活动器材才能达到"既丰富学生课间活动,又促进学生体质健康发展"的目的?学生面临的是一个较为复杂的综合性问题,其中涉及的不是单一学科的知识和方法,而是有数学学科的计算、测量、统计、绘图,还有体育以及信息科技学科相关的知识和方法。在解决问题的过程中,学生不仅可以感受到不同学科知识和方法的综合运用与融通互补,更能体会到现实中真实问题的复杂性:如何入手,如何分析,如何获取解决问题所需的不同学科知识,如何面对诸多的不确定性,从中平衡各种需求和现实,进而取舍、调整和决策。学生在持续探索中,主动查找各类相关信息,学习拓宽知识面,积极与同伴合作,对其中涉及的知识、方法和策略有了更深入的理解。

因此,我们认为,"'数'说运动场地设计"小学数学跨学科主题活动,能使学生经历基于自主探究基础上的思考质疑、表达沟通、想象创新等机会,从而提高学生整合知识与技能、解决较复杂真实问题的能力,积累解决问题的经验,促进和落实学生的素养发展。

---

* 执笔人:高菲、胡静怡、黄舒平,上海市浦东新区第二中心小学;陆佩香,上海市浦东教育发展研究院;章敏,上海市教师教育学院(上海市教育委员会教学研究室)。

二、主题学习方案

参见表1-1-1。

表1-1-1 "'数'说运动场地设计"跨学科主题学习方案

学习主题		"数"说运动场地设计		
实施年级		五年级	总课时	5课时
学习目标		1. 能"对校园闲置场地作合理规划,增设体育器材"这一任务进行分析,明确需要解决的问题和已有的条件,从数学和关联学科中明确问题解决所需要的主要知识和方法,初步形成解决问题的整体设计方案 2. 能在解决问题过程中根据实际情况调整完善对问题的判断和探索,综合运用所学知识加以解决,丰富解决问题的策略和方法,指向核心素养的形成 3. 能在团队合作中善于倾听、主动质疑、勇于承担、积极沟通,增强团队意识和责任意识		
内容组织	统领性任务	如何合理规划操场闲置场地,增设好玩又能锻炼身体的体育器材		
	子任务	子任务1:讨论利用学校的闲置场地添置体育活动器材需考虑的条件因素、实施步骤,列出行动任务清单 子任务2:根据行动任务清单分小组开展实践活动,及时交流活动信息,调整设计思路,形成小组设计方案 子任务3:各小组介绍方案,提问交流,修订完善,校园网展示方案		
	数学	1. 能运用相关的几何知识与方法测量闲置场地、计算占地面积、绘制平面图,丰富量感、发展空间观念、提高运算能力 2. 能运用统计知识收集和分析既受学生喜爱又能促进体质发展的活动器材,在此基础上作出合理的判断和决策,发展数据意识 3. 能根据本校五年级学生的体质健康水平、个人的喜好,场地的大小、活动器材的尺寸、单价、预算等多方面因素综合考量,设计购买方案,提升统筹规划能力,发展创新意识和应用意识 4. 结合体育器材特点与场地特点,合理布置不同场地中的体育器材并作方案分享,能用数学语言进行表达与交流,发展核心素养		
	关联学科	体育与健康	1. 了解自己体质健康水平以及国家对五年级学生体质达标要求 2. 了解体测数据与体质健康之间的关系 3. 了解不同体育器材的使用方法和功能 4. 能根据自己体质健康水平制订合理的锻炼计划,养成健康生活的意识和习惯	
		信息科技	1. 利用网络查找各类所需信息 2. 利用智慧校园平台收集学生体质信息 3. 利用智慧校园平台开展方案设计的评价分享	

（续表）

学习活动设计	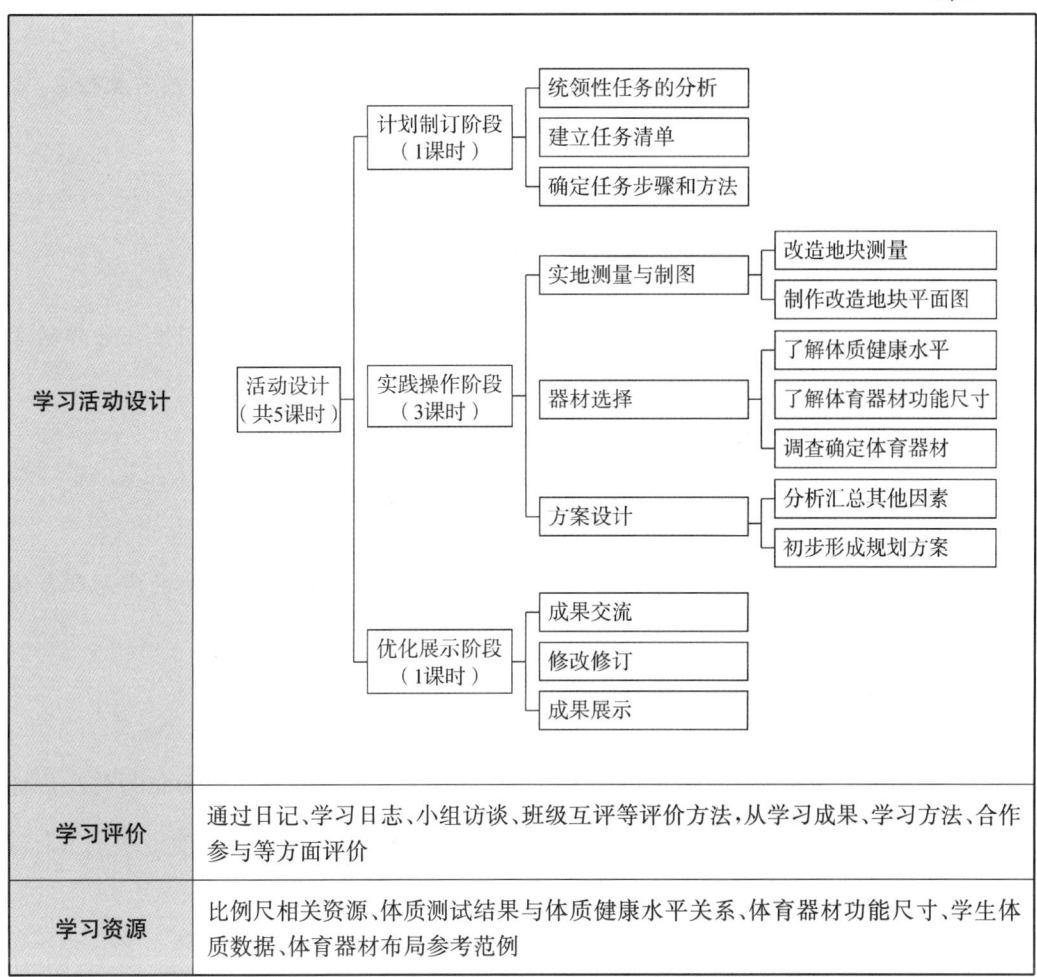	
学习评价	通过日记、学习日志、小组访谈、班级互评等评价方法,从学习成果、学习方法、合作参与等方面评价	
学习资源	比例尺相关资源、体质测试结果与体质健康水平关系、体育器材功能尺寸、学生体质数据、体育器材布局参考范例	

三、子任务学习活动设计

子任务1:讨论利用学校的闲置场地添置体育活动器材需考虑的条件因素、实施步骤,列出行动任务清单。

所需课时:1课时。

学习目标:

1.能根据统领性任务讨论,提出需要了解和解决的信息,罗列相关任务清单。

2.能根据任务清单,分组逐一讨论针对每个任务的主要步骤和方法,提升解决问题统筹规划的意识。

学习流程:

1.自行根据统领性任务了解相关信息,展开思考。

2. 头脑风暴全班讨论:罗列解决统领性任务所需要落实的相关任务清单。通过有理有据的讨论,筛选、归纳和整理清单。

3. 根据任务清单,小组初步讨论如何开展分工合作,主要包括如何得到所需信息、实施的步骤与方法。

学习资源:

1. 网络资源、活动设计模板等。

2. 教师提供活动支持:

(1) 流程1实施前提供学生思考支架。可以从以下几个方面对统领性任务作思考和分解:

① 关于这一问题我已经了解了哪些信息?

② 关于这一问题我还想知道什么?

③ 解决这一问题我们需要做什么?

(2) 流程2的讨论中,注意引导学生根据实际情况有依据地对要解决的问题取舍信息,围绕需要解决的问题明确需要完成的任务清单。具体任务清单如下:

① 学校有哪些闲置场地?形状与大小分别怎样?

② 了解学生体质现状以及需要加强的锻炼项目。

③ 哪些体育活动器材是同学们喜爱的?这些体育活动器材的占地面积如何?价格约多少?这些体育活动器材对同学们的体质发展有哪些帮助?

④ 确定需要购买的活动器材,设计出闲置场地的区域划分图。

(3) 流程3中针对各任务开展设计,可提供如下参考任务清单。

> 任务清单一:测量闲置场地,制作场地平面图
> 小组:
> 测量工具:
> 测量方法:
> 组员分工:
> 活动步骤:
> 结论:
> 收获与困惑:

学习评价:

1. 能主动明晰问题,梳理相关信息,提出有价值的问题并作思考。

2. 合作讨论时,能有理有据地表达自己的观点,并能在交流讨论中反思调整,形成解

决问题的任务清单。

3. 小组讨论形成的任务清单中活动步骤、方法基本符合任务特点,有利于完成任务。

子任务 2:各小组根据活动任务清单开展实践活动,组内及时交流进展信息,调整思路,形成初步方案。

所需课时:3 课时。

学习目标:

1. 经历各项任务的完成过程,了解并积累不同任务的解决方法。

2. 能在计划和实际操作发生冲突时根据需要作调整。

3. 能在分工合作中充分交流,形成初步方案。

4. 能感受真实问题的复杂性,具有探索的热情和面对困难的勇气。

学习流程:

1. 完成各项任务清单。

(1) 任务清单一:测量闲置场地,制作场地平面图。

① 根据选定的不同测量方法(如:步测、用卷尺测、用测距仪测等)测量场地。

② 自学比例尺相关知识,对实际场地的尺寸确定合适的比例尺,制作平面图。

(2) 任务清单二:了解同学体质现状以及锻炼指南。

① 从智慧校园平台收集统计学生体质数据,并对收集到的数据作分析,初步了解同学体质现状。

② 通过访谈体育老师,进一步了解需要改善学生体质的方面及锻炼项目。

③ 通过上网查询、咨询体育老师等选择适合不同学生锻炼和活动的器材。

④ 针对自己的体质状况,制订合理的锻炼计划。

(3) 任务清单三:设计调查问卷、收集数据。

① 设计问卷,了解哪些体育活动器材既受同学欢迎又能促进体质发展。

② 通过上网查询、实地测量、体育教材查询等了解体育活动器材尺寸、功能、价格。

2. 设计方案:体育器材的选择和设计。

(1) 根据完成上述任务得到的各类体育器材的功能、尺寸、单价,再从安全性、场地大小、经费预算等因素,综合考虑选择体育活动器材。

(2) 制作闲置地体育设施布局图。

(3) 撰写设计意图说明。

学习资源:

1. 网络资料、问卷设计、访谈提纲设计、数据分析、布局图模板等。

2. 教师全程跟进各项任务实施过程,提供必要支持:

(1) 在完成任务清单一中须确认测量方法和比例尺寸选择是否合理。

(2) 在完成任务清单二中须确认各种调查方法、数据分析方法是否可行。

(3) 在完成任务清单三中须确认问卷设计、收集信息方法是否可行。

(4) 提供不同样例的方案设计布局图。

(5) 在展示方案前,对"如何开展方案展示交流"作一定的指导。

3. 教师全程跟进各项任务实施过程,提供必要干预:

(1) 在完成体育器材选择时需关注学生选择的结果是否合理。

(2) 关注场地整体布局图的设计是否具可行性,撰写的设计意图是否表达清晰和准确。

学习评价:

1. 能根据设计的任务清单有计划有步骤地实施,遇到困难不放弃。

2. 能根据实施过程中遇到的具体问题对方案作调整与修改,创造性地解决问题。

3. 解决问题的过程中,有团队意识,主动承担,积极沟通,善于合作。

子任务3: 交流修订设计方案。

所需课时: 1课时。

学习目标:

1. 经历设计方案互动分享的过程,能简明清晰地表达和交流。

2. 能在倾听、理解他人方案的基础上提出合理的建议。

3. 能对他人的意见作反思,调整优化设计方案。

学习流程:

1. 各小组介绍设计方案,互动、提问与交流。

2. 各小组组内讨论落实方案展示中听到的意见,说明理由,并修改优化。

3. 修改调整方案后,总结本次跨学科主题学习中的收获,作品在校园网展示。

学习资源:

1. 方案交流前,组织学生讨论"展示"和"互动交流"有哪些需要关注的角度。

展示主要须关注:

(1) 方案形成的依据。

(2) 解决问题中的思考、调整和亮点。

(3) 困惑和不足。

互动交流需关注:

(1) 方案形成的过程是否清晰合理。

(2) 方案的结果是否可靠合理，能否实现预期目标、解决实际问题。

2. 在调整优化环节，帮助各小组对收到的建议进行分析，作出合理的反馈与调整。

3. 在总结收获环节前，可提供学生反思总结的思路，比如：自己是如何认识要解决的问题并想到解决办法的；遇到怎样的困难，后来是如何解决的；意见不统一时，是如何处理的；等等。

学习评价：

1. 能积极参与方案的交流，有理有据地提出合理化的建议。

2. 能结合他人的建议，修改完善设计方案。

3. 能运用信息技术公开展示方案。

四、课时举隅

（一）学习任务分析

"方案设计"是"'数'说运动场地设计"实践操作阶段第三个活动，要求学生根据前期调查分析的结果及收集的信息，布局设计闲置场地上的体育设施，并撰写设计方案。在设计方案的过程中，学生将经历完整的基于数据分析并作出判断决策的全过程，体会到解决真实问题的复杂性：不仅要考虑调查问卷中所得到的数据，还要考虑这些体育器材的占地大小、功能配备、购买经费、摆放区域与教室的距离等，在这些因素的综合考量下，合理规划三块不同场地上的设施布局，完成设计。学生的数据意识、空间观念、运算能力以及统筹规划的能力都得到同步提升。而对方案设计意图的撰写说明，重在帮助学生学会用数据来表达和说理，体会运用数据信息进行有理有据表达的重要性，逐步形成"用数据说话"的思维习惯。

（二）学习目标

1. 能根据调查数据作分析，统筹设计体育设施，确定购买的器材品种及数量。

2. 能根据场地尺寸，合理规划布局体育设施，撰写设计意图。

3. 提高质疑能力和知识整合能力。

（三）学习重难点

根据不同的数据信息作分析并合理布局体育设施。

（四）学习资源

体育器材受欢迎程度的调查数据，体育器材尺寸、价格、占地面积、功能，学生体质表、国家体质健康标准。

(五) 学习过程

1. 思考:根据前期收集的信息及数据,你认为运动场上应该添置哪些器材?为什么?

2. 小组讨论。

思考角度1:添置这些器材的理由是什么?能从数据上给出说明吗?

思考角度2:本校学生体质发展水平的数据与国家体质健康标准中相关数据的差异比较。

思考角度3:添置器材除了考虑学生收集到的数据外还要考虑哪些因素?

3. 初步形成设计方案的基本思考路径。

(1) 计算各运动器材的占地面积。

(2) 根据数据分析结果确定器材品种及数量。

(3) 从场地大小及特征,体育器材的功能性、安全性、价格等角度进行综合考量,规划方案。

4. 以小组为单位,初步拟订方案并交流。

(1) 教师引导学生根据前期收集到的数据信息作陈述,体会运用数据信息有理有据表达的重要性。

(2) 质疑讨论,对他人方案质疑并讨论。

预设1:各体育器材的占地面积是否合适?

预设2:各体育器材的数量是否与调查数据相匹配?

预设3:各体育器材的数量与场地总容纳器材数量的占比是否合适?

预设4:是否对各体育器材留出安全区域?

……

5. 回顾反思。

五、案例反思

在跨学科主题学习中,学生面临的是一个较为复杂的综合性问题,难免在解决问题的过程中遇到困难,这时就需要教师在整个活动的过程中提供必要的支持和干预,促进问题的解决。

具体来说,以下几点值得关注:

1. 在知识技能的"盲"点处

本次活动中有平面图的绘制这项任务,学生虽然没有学习过比例尺内容,但通过自学"比例尺"的相关知识,也能掌握简单使用方法(如长方形场地的一般画法)。但在实际绘图过程中,还是会遇到各种真实的问题,如不规则图形、椭圆形或半圆形,这些场地的测量和作图又有什么特殊的要求呢？这些需要教师适时根据问题的展开提供必要的指导，弥补学生知识技能上的空白。

2. 在学生思维的"乱"点处

学生刚接触驱动性问题，会产生不同的奇思妙想，但由于经验不足，思考时不够聚焦，提出的问题杂乱无序，如何帮助学生正确分析问题？教师在驱动问题的设计时可以提供思考框架。

3. 在表达交流的"阻"点处

在本活动中，学生收集到的信息非常多，但是在思考或者表达过程中，往往会忽视"观点"与"证据"间的相关性和逻辑性，从而影响了探究结果的科学有效，这时教师就需要引导学生运用收集的数据和信息来论证和说理。

总之，实施跨学科主题学习时，在充分关注学生主动参与、主体探究的同时，更要认识到：由于问题的复杂性，教师需要根据学生解决问题中的真实需求和困惑，在适当的时机给学生提供相应的支持与引导。

小学数学跨学科主题学习实施过程中教师作为的思考*

摘 要:小学数学学科开展跨学科主题学习是对《义务教育课程方案(2022版)》提出的强化课程综合的积极回应。真实情境中的问题解决需要"跨界"的知识、技能、方法,需要学科思维方式的整合,这些给学生带来了挑战,同时引发了教师在实施过程中该如何提供引导和支持的思考。文章基于案例的实践,提出教师在跨学科主题学习中要提供适切的学习支架,把握引导的时机,善用过程性评价,从而使学生在活动中不断积累相关的方法策略,提高解决较为复杂问题的能力,助力素养发展。

关键词:跨学科主题学习;学习支架;引导时机

一、问题的提出

《义务教育课程方案(2022年版)》中指出要"加强课程内容与学生经验、社会生活的联系,强化学科内知识整合,统筹设计综合课程和跨学科主题学习",意在通过育人方式的变革,促进学生的素养发展。

对小学数学学科教师而言,跨学科主题学习并不陌生。在2001年公布的《全日制义务教育数学课程标准(实验稿)》中就设置了"实践与综合运用"领域,2022年版数学课程标准,对这一领域的内涵及学习方式作了更明确的界定,指出"综合与实践"以跨学科主题学习为主。新课标强调创设真实的情境,通过问题驱动,培养学生问题解决的能力。真实情境是跨学科主题学习的土壤,真实情境中的问题解决需要"跨界"的知识、技能、方法,需要学科思维方式的整合,因此跨学科主题学习对学科教师而言是一种挑战。

虽然"综合与实践"板块的设置已20多年,但相关资源缺乏,实施难度大,尚有以下

---

* 执笔人:陆佩香,上海市浦东教育发展研究院;章敏,上海市教师教育学院(上海市教育委员会教学研究室)。原文发表于《小学数学教师》2024(1),选入本书时略有改动。

现象出现:将跨学科认为是不同学科或多个学科的简单叠加,缺乏必要的素养导向以及学科立场;学习活动主题过于简单或者过于复杂,无法激起学生探究的兴趣或无从下手;面对问题解决过程中学生生动丰富的学习表现束手无策,或采取"放任式",或延续"主导式"等。这些现象都说明在学科教学中实施跨学科主题学习对广大一线教师来说仍有一定的困难。

目前,相关研究对厘清跨学科主题学习的内涵、价值、特征等给教师很多启发,近年来也出现了一批案例,却少见对跨学科主题活动的设计与实施过程中教师行为及关键作用的讨论。笔者尝试以"'数'说运动场地设计"这一跨学科主题学习活动的开展为例,探讨教师在跨学科主题学习活动设计与实施中的作用。

二、实践案例

1. 源于现实,确立学习主题

跨学科学习的主题来源可以多样,本次活动的主题源于学生熟悉的校园生活。国家历来重视学生的体质健康发展,学校每年都要组织相关测试,近两年体测数据显示我校五年级部分学生的测试数据不甚理想。正值学校计划对五年级学生所在的校区作环境改造,于是我们思考能否组织学生共同来参与这个任务:在校园闲置场地添置合适的体育器材,既可以丰富学生课间活动,又能促进学生体质发展。在完成这个任务过程中,需要实地测量闲置场地,了解其形状、大小,还需要确定添置体育器材的品种、数量、布局等,更重要的是要思考为什么要添置这些器材?需要考虑的因素有哪些,又如何实现?其间,学生将经历根据需求实地测量计算、调查统计分析、信息收集处理、整理筛选判断、合理布局设计、绘制平面图呈现方案等以数学学科为主,同时又涉及体育和信息科技学科的知识与方法的综合学习过程。通过这样一个真实情境中较复杂问题的解决,不仅可以让学生体验并感悟如何明晰问题、梳理信息、逐步探寻解决方案的一般路径,还可以在问题解决过程中让学生经历平衡现实情境中各种需求、不断调整优化方案的过程,进一步丰富问题解决的策略和方法;更能在团队合作完成任务的过程中学会有效表达、积极沟通、主动质疑、勇于承担等个性品质,促进学生核心素养的形成和发展。于是,"'数'说运动场地设计"这个学习活动主题便确立下来了。

2. 提供支架,明晰任务路径

面对"激活校园闲置场地,增设既受学生欢迎又能促进体质发展的体育器材"这一较为复杂和开放的问题,学生难有清晰的思路:问题从何入手?如何分解问题?怎样解决问题?为帮助学生正确梳理已有信息,明确所需解决的问题,拟定有效的问题解决方案,教师提供了策略型学习支架——KWL表格(表1-1-2),帮助学生从"已经知道什么"

"还想知道什么""可以怎么做"这条解决问题的基本路径去思考。在教师的恰当点拨引导下,学生小组间相互启发、补充、质疑、完善,各小组最终形成解决这个问题的基本路径,并进一步拟定完成各项子任务的分工与操作步骤(图1-1-6)。

表1-1-2 KWL表

建议可以从以下方面对任务进行思考和分解:
① 关于这一问题我已经了解哪些信息?
② 关于这一问题我还想知道什么?
③ 解决这一问题我们需要做什么?

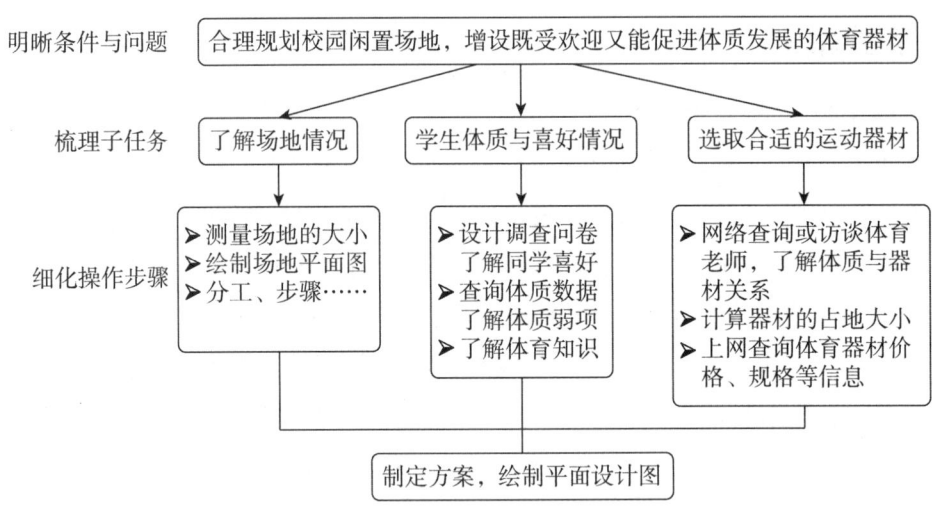

图1-1-6 任务清单图

3. 全程跟进,适切点拨指导

在测量闲置场地任务中,学生充分利用已有的测量经验,根据具体场地的特征(规则图形、不规则图形、直边图形、曲边图形)灵活合理地选择不同测量工具和方法获得结果。在这个阶段,教师除了充分关注学生的活动进程,关注学生遇到的困难,提供必要的支持外,活动结束后,还进一步组织学生对测量方法和测量结果作反馈交流:"你使用的测量工具是什么?为什么选择这个工具?""为什么同样一块场地的长度,测量的结果不同?可能的原因是什么?""在本次学习任务中,对测量结果的描述需要精确到哪一级计量单位比较好?"等等,引导学生关注不同测量方法的共同点,体会面对不同测量对象如何合理选择测量工具和计量单位,了解对不同测量工具和方法所引起的数值误差的合理处理方法,以及根据需求准确换算计量单位的必要性等,在实践中丰富对"量感"的理解。

4. 提供支持，自主学习新知

绘制平面图时，学生遇到了"比例尺"这一新知。是先教再用，还是边学边用？教研组教师在对学生已有学习经验和能力的考量后，尝试放手以小组为单位开展自主学习，做中学，用中学，边学边用，让学生经历试错、调整、优化的反复，不断加深对这一新知的理解。当然，教师需在活动实施前充分预设，根据学生间自学能力的差异、学习风格的差异提供不同的资源供选择。大多数同学都能主动从网上查询相关信息并在小组内交流看法，但教师也需要细致地观察学生的行为，给有困难的学生提供及时合适的支持甚至辅导。

5. 指点迷津，助力问题解决

要解决"哪些体育器材既能促进学生的体质健康发展，又深受学生的喜欢"这一关键性问题，需要从体测数据入手分析学生的体质健康水平，进而确定体质发展薄弱点及关注点；再结合各类健身器材的使用方法对促进体质发展的作用，设计适切的调查问卷，收集并汇总数据，得出结论。活动中发现，这项任务对五年级学生来说有一定的难度：学生最初设计的调查问卷内容较为随意，只关注到学生的喜好程度。教师及时引导他们思考问卷的内容要围绕调查的目的来设计，在关注学生喜好度的同时，还要考虑这些设施与体质健康发展之间的关联，要考虑所收集到的体测数据背后所反映出的学生身体素质发展情况，这些体育知识都同要选择锻炼的体育器材直接相关，是设计问卷的基础。于是在学习了相关的体育知识和查阅相关资料信息后，学生修改问卷设计，使问卷的题目指向调查目标所需要的信息。

6. 搭建平台，学会数学表达

方案形成后，教师搭建交流展示的平台，不仅引导学生对各小组设计方案的合理性、科学性与准确性进行评价，更关注学生表达交流的方法策略：是否借助图表、图像等辅助手段提高了表达效果？是否借助于数据的分析增强了方案的可信度？等等，鼓励倾听者主动质疑和提出建议。交流结束后，再次组织学生围绕交流中提出的建议讨论：这些建议是否合理？哪些可以采纳？方案需要作怎样的调整？与原方案相比，新方案有了哪些进步？进一步完善优化原有设计。

三、跨学科主题学习实施过程中的教师作为

建构主义研究表明，"无指导的探究"不利于学生的学习。如果没有教师的引导，学习活动就会变成漫无目的、随心所欲的"闲逛"，从低阶开始并且主要徘徊在低阶。但同时，过多的支持并不能带来良好的收益。只有提供适当适时、适度适量的教学指导和支持才能促发学生的真探究，在习得知识技能的同时提升自主学习的能力，在真实的情境

中学以致用。

1. 提供适切的学习支架

由于跨学科主题学习活动所涉及的任务一般都具有整合性、开放性的特点,是非良构问题,学生难以直接调用课堂上的学习经验轻易完成,在探究过程中会遇到各种不同的困难,因此需要教师提供各种不同类型的学习支架,减轻学生的学习负担,支持学生在复杂情境中顺利解决问题。

(1) 知识型学习支架。

知识型学习支架能帮助学生顺利跨越解决问题时所遇到的知识障碍,助力探究活动的开展。如上文中提到的对"比例尺"的相关学习,体育老师提供的"体测数据、体质健康、体育器材的使用方法三者间的关联"都属于这一类。教师需要提前预设,结合活动的展开,从不同角度给学生提供知识型学习支架,弥补学生既有知识能力水平与问题解决所需之间的差距,保障活动的顺利开展。

(2) 资源型学习支架。

资源型学习支架通过预设学生在跨学科主题学习中遇到的各种可能情况,为其提供一些多元个性化的资源支持,帮助学生开展丰富的探究活动。如本次活动中资源型学习支架主要有:测量场地四周长度所需的各种设备、器具,学校网站学生体质健康数据,自主学习所需的资源和设备,调研"学生最喜爱的体育器材项目"所需的统计工具,一些可供参考的体育设施、场馆布局规划的设计案例等相关资源。通过对资源型学习支架的有效运用,可以优化学生的探究过程,生成多样化的解决方案。

(3) 策略型学习支架。

策略型学习支架能引导学生将实践过程中的思考和想法用更合理的方式呈现,深化对问题的理解,提升核心素养。策略型学习支架可以分为两类:第一类是通用的表格类学习单,如上文中提及的 KWL 表格、小组合作测量制作场地平面图所用的任务单等模板;第二类是实践操作过程中的方法提示,如本案例中,教师提醒学生"要根据前期收集到的数据信息来表达自己的观点和理由",体会收集合理的数据信息进行有理有据表达的重要性,形成"用数据说话"的思维习惯等。

需要注意的是,学习支架的提供是为了帮助学生更顺利地开展探索和解决更为复杂的问题,而非使用支架替代思考和探究的过程。

2. 把握教师引导的时机

古语云:"不愤不启,不悱不发。"现代教育研究也指出:教学需要延迟,延迟至让学生到达"僵局",即在学生探索失败不能再解决问题的时候,教师再进行教学,这样更富有成效。因此,在跨学科主题学习实施过程中,教师要善于把握引导的时机,找准学生思维发展的"关键点",拨开云雾,因势利导,助力探究任务的开展。

(1) 在知识技能"盲"点处。

在跨学科主题学习开展过程中不可避免会遇到学生未曾涉及过的知识,对这类问题该怎么解决则需要视知识本身的复杂程度而定。

如果基于对学生的学习经验和能力综合了解后,发现学生有能力自主获取,则应提供充分的探究时空,学习资源的获取、学习方式的选择、学习内容的确定都交由学生自主决定;而对班级中学习能力相对较弱的学生,教师则需给予更多的帮助和支持,除了给学生准备多样化的学习资源以供学生按需选用外,还要在活动中观察学生的学习效果,及时跟进,达成认知。如果涉及的新知相对比较复杂,则教师需要更多地介入,精心设计学习过程,为知识技能在真实问题情境中的迁移运用扫清障碍。具体实施时还要根据班级学生的能力基础和需求确定所提供学习支架的量以及详略程度。

(2) 在解决问题的"阻"点处。

在跨学科主题学习各项任务中,由于任务的复杂性、多样性,学生往往会遇到一些困难。如初次接触统领性问题时,学生的思维往往显得散乱无序,这时教师可以像上文所述提供KWL表格这一策略型学习支架帮助学生梳理思绪,厘清各子任务间的逻辑关联,形成解决问题的整体方案。教师在这个阶段的作用在于引导启发学生思考,帮助学生厘清问题,形成子问题链。再如实践过程中,学生有时会遇到无法解释的现象或无法解决的困难,如上述案例中学生对调查问卷结果分析中发现"两个数据不对等"的现象,就要求教师适时寻找学生思维的生长点,在关键处启发引导,进一步深化对已有概念内涵的理解,促进学生核心素养的提升。

(3) 在表达交流的"结"点处。

跨学科主题学习很多时候都需要学生间的相互合作与交流分享。怎样帮助学生有效表达自己的观点?这也是教师在设计时需要关注的一个增长点。

如前面案例中所提及的展示交流环节,学生收集到的信息是非常充分的:"本校五年级学生的体测数据怎样?""体测项目与体质健康之间有什么关联?哪些体育器材及其功能可以提升体质健康?""这些体育器材原本的尺寸大小怎样?在使用时所需的空间大小怎样?""如何在有限的空间里作合理安排?方案的总预算是多少?"等等,学生统筹考虑这些相关因素后作出整体的设计方案,但在方案呈现与交流时往往会因为缺乏过程与结果间的逻辑关联,甚至只有结果没有过程,或缺乏一定的表达策略技巧,导致设计方案缺乏说服力。这时教师要在学生交流表达的"症结"处,提供引导和帮助。适时组织全班同学讨论,分析原因,思考"如何表述才能使设计方案更具说服力",也可以给学生提供一定的表达交流的模式,使学生逐步学会整理收集到的数据和信息,建立证据和结论之间的联系,有条理地进行表达。

3. 过程性评价助力素养发展

跨学科主题学习中的评价不仅要关注学习成果,引导学生将问题探究过程和解决的结果转化为"作品",更要重视学习过程,关注学生在学习过程中的参与程度、遇到的困难、与他人的合作分享等,特别要重视学生的自主反思和经验提炼。如本案例中,测量活动结束后教师组织的反思与交流,不仅可以帮助学生进一步体会测量方法的内涵,同时与学生的互动交流也是一种过程性评价,积累的测量经验可以有效迁移到其他问题情境中,促进了对量感的理解、对图形的认识,发展了数学素养。

总之,实施跨学科主题学习,指向的是学科间的相互关联与综合运用,关注解决真实问题方法策略的探寻与思考,进一步提升对知识技能本质的理解与把握,同时通过学生对情境、问题或任务的亲身经历和体验,逐步形成有理有据的科学思维、科学表达和科学态度,积淀跨学科思维习惯,是提升学生素养的有益手段。但由于问题的复杂性,教师需要根据学生解决问题中的真实需求和困惑,在适当的时机给学生提供相应的支持与引导。只有恰当引导,才能使学生在活动中不断积累学习的方法策略,提高学生整合知识、解决较为复杂问题的能力。

参考文献

中华人民共和国教育部.义务教育课程方案[S].北京:北京师范大学出版社,2022:5.

小学信息科技学科跨学科主题学习实践研究

项目主持：费宗翔

项目实验校：上海交通大学附属小学

项目组长：章 惠

项目组核心成员（按姓氏拼音排序）：

顾 文 刘 影 童 琳 詹俊杰 章 惠

小学信息科技学科跨学科主题学习实践研究报告[*]

一、研究背景

《义务教育课程方案(2022年版)》提出在"增强综合素质上下功夫",要求"开展跨学科主题教学,强化课程协同育人功能",并明确"各门课程用不少于10%的课时设计跨学科主题学习"。可见,跨学科主题学习是本次义务教育课程改革的重点之一。但跨学科主题学习是什么?为什么要进行跨学科主题学习?如何开展跨学科主题学习?跨学科的知识谁来教、怎么教?这些都是开展跨学科主题学习无法回避的问题,需要厘清其内涵意蕴,具身实践研究,形成方法策略。

信息科技课程倡导真实性学习,提倡以真实问题或项目驱动,引导学生经历原理运用过程、计算思维过程和数字化工具应用过程,构建知识结构,提升问题解决能力。但真实问题大多不会是指向单一学科知识的,真实问题的解决往往需要运用多学科知识、思想和方法。因此,跨学科主题学习是信息科技学科开展真实问题解决的重要抓手。《义务教育信息科技课程标准(2022年版)》(以下简称"信息科技课程标准")中独立设置了17个跨学科主题,每个主题的表述都能立足本模块的学习内容,明确学习的价值。通过问卷调查了解到,一线教师普遍希望看到对照新课标跨学科主题的具体案例,并获得具体操作方法指导。因此,本研究选择信息科技课程标准中给出的跨学科主题开展实践探索,经历"设计—实施—评估—完善"的研究过程,尝试形成跨学科主题学习的案例,提炼真实问题驱动的跨学科主题学习的设计要点和实施策略,加深教师对跨学科主题学习的认识,为教师实施跨学科主题学习提供可借鉴的范例。

---

[*] 执笔人:费宗翔,上海市教师教育学院(上海市教育委员会教学研究室);童琳,上海市闵行区教育学院。

二、研究设计

（一）文献综述

从国内外的已有研究来看，学者们对"跨学科""跨学科学习""跨学科主题学习"有着不同的阐释。有些是从跨学科研究的视角，为了追求课题研究结果，需要整合多个学科的理论、方法和技术，以获取更全面、深入的理解，获得更新的研究视角或创新思路。有些是从跨学科学的角度，凸显多学科背景下学科之间的交叉，相交的范围即跨学科的领域。也有一些是从跨学科教育的角度，旨在培养学生的综合素养和能力，使他们能够整合多学科的知识、思想和方法，应对现实生活中的复杂问题。这些阐释在大方向上基本一致，跨学科主题学习强调既要立足学科，依托各自学科的坚实基础，又要打破学科之间已有的界限和壁垒，整合多门学科的知识、思想和方法，以学生为学习主体、以主题为组织中心、以真实的问题情境为背景开展学习，为学生提供综合运用多学科知识去解决真实问题的机会，形成综合解决问题的意识和能力。

信息科技课程标准虽然未对跨学科主题学习有明确的定义，但给出的 17 个跨学科主题都是从信息科技学科的立场和目标出发主动"关联"其他学科。因此，我们认为小学信息科技课程中实施的跨学科主题学习是立足信息科技学科的主动跨界，是以信息科技课程内容为主干，整合其他课程的知识、思想和方法，以主题为中心组织学习内容，以学生为主体开展的综合学习。

（二）研究目标

（1）以"跨学科主题学习"为研究对象，形成小学信息科技学科教师对跨学科主题学习的理解。

（2）以核心素养发展为导向、以真实问题为驱动，通过案例研究，形成小学信息科技学科跨学科主题学习的典型案例、设计要义和实施策略。

（3）通过项目研究，服务教师专业成长，引导学校提升校本教研质量。

（三）研究内容

1. 了解小学信息科技学科跨学科主题学习的现状

通过问卷调查和教师访谈，了解小学信息科技教师在跨学科主题学习上的已有探索、存在的困难和希望获得的支持。

2. 理解跨学科主题学习的内涵与特征

通过文献研究、专题学习与研讨交流等方式，形成信息科技学科对跨学科主题学习的内涵界定，加深对跨学科主题学习的理解。

3. 开展跨学科主题学习的案例设计与实施

以"数据与编码"模块中的"用数据讲故事"为研究主题展开探索,完善案例的设计与实施。

4. 提炼小学信息科技学科跨学科主题学习的设计要义和实施策略

通过案例研究,总结实践中的经验,提炼跨学科主题学习的设计要义和实施策略,为教师开展跨学科主题学习提供参考。

5. 总结与展示研究经验和成果

梳理、总结研究经验,形成跨学科主题学习的研究报告。通过各种宣传、展示活动辐射经验。

(四)研究方法

1. 文献研究

了解国内外研究现状,形成教师对跨学科主题学习的理解与认识。

2. 调查研究

通过问卷调查、教师访谈,了解教师的现实需求,同时对一些教师急难愁盼的问题达成共识,明确项目的研究方向和研究边界。

3. 行动研究

以"数据与编码"模块中的"用数据讲故事"为学习主题,进行单元整体教学设计与实施。在"行动—反思—再行动"中,形成跨学科主题学习的典型案例。

4. 经验总结

总结实践经验、提炼设计路径和实践策略,交流展示、辐射经验,形成项目研究报告。

(五)研究过程

1. 组建研究团队

结合信息科技学科的校本教研基础与成效、学科教师研究与实践能力等因素,遴选项目实践研究校,组建项目研究团队,确定研究校负责教师。

2. 编制研究方案

研究团队围绕"跨学科主题学习"开展预研究,通过问卷调查、师生访谈,了解区域教师困境,确立本学科研究主题和研究关键词。结合校本实际,编制项目研究方案。

3. 学习文献资料

跨学科主题学习对于一线教师来说是一个新名词、新课题。项目组组织开展文献研究,学习跨学科主题学习的内涵界定和价值意蕴,梳理教师对跨学科主题学习理解的盲区和误区,凝聚更多共识,以便更好地实践探索。

4. 开展行动研究

在内涵理解、释疑解惑的基础上开展行动研究。以信息科技课程标准为依据、以核心素养培育为导向，以"数据与编码"模块中的"用数据讲故事"为学习主题，进行单元整体教学设计。以自主、合作、探究为主要学习方式，以真实问题驱动，设计符合学生认知发展、层层递进的活动任务，开展教学实践。根据实施情况作策略分析、方法调整，重新设计后再进行实践，记录实践过程，总结实践经验，形成跨学科主题学习的典型案例。

5. 总结经验展示成果

结合项目实践经验，撰写研究报告、实践案例和教学论文，组织经验交流与展示活动，辐射项目研究的阶段成果，服务教师的专业成长。

三、研究结论

（一）形成对小学信息科技跨学科主题学习的共识

1. 怎样算"跨"

很多教师会问，如何判断是否跨到了这个学科？从跨学科的内涵来看，其特点之一就是学科立场。不同于以往开展的综合实践活动或项目式学习，跨学科主题学习是设在学科课程内的，是课程内容的重要组成部分。因此，跨学科学习不是凭经验的"跨"，而是要遵从各学科背后的学理、遵从各学科的知识和思想方法的"跨"。可以对标各学科的课程标准，从课程标准的内容要求、学业要求等描述中去判断是否运用了这门学科的知识和技能，是否整合了其思想与方法，是否加深了对其意义和价值的认识。

2. 学知识还是用知识

跨学科主题学习是一种综合的学习方式，它既适用于未学知识的新学，也适用于已学知识的深化运用。前者是把学生未学过的新知置于真实问题情境中，经历问题解决，实现知识建构；后者是通过真实问题的解决，深化对已学知识的理解、运用和迁移，加强学科知识与社会生活的联系，促进高阶思维的发展。但不管是学知识还是用知识，其前提都要基于学生的认知基础、符合教育教学规律。如果涉及的新知是学生已有认知无法达到的高度，那么在主题选择、问题设计的时候就应该提前考虑，要么舍弃这个主题，要么增加约束条件去回避。

3. 真实问题

跨学科学习的主题通常是一个真实问题。但完全真实的问题会是一个复杂的系统，对于小学生来说，解决这样的问题往往超出他们的能力范畴。信息科技课程标准提到"倡导真实性学习"，与"真实"相比，"真实性"强调了反映事物真实情况的程度。因此，我们认为"真实问题"某种程度上是指"真实性问题"，它需要教师基于学情，增加约束条件、去掉繁杂信息,虽然可能会降低问题的真实性,但只要它能让学生主动调用已有知识、经验与生活中的场景建立连接,能激发学生利用所学知识主动解决一个有实际意义的问题,解决问题的思路方法能在现实生活的其他场景中迁移运用,那么这就是一个好的真实性问题。

4. "教—学—评"一致

跨学科主题学习强化学科间的整合,因此,在编制教学目标时除了要考虑本学科的教学目标,还要关注关联学科的学习要求和跨学科素养的培育要求。从"教—学—评"一致性的角度来看,有了教学目标就要有与之对应的教学活动和教学评价。实施其他学科的教学,对很多一线教师来说是有难度的。建议学校成立跨学科研究小组,相关学科的教师共同参与案例研究,对课堂上如何落实关联学科的内容献计献策。

(二)提炼小学信息科技开展跨学科主题学习的设计要义

小学信息科技跨学科主题学习设计可以结合学科六大逻辑主线,参考信息科技课程标准,确定主题、编制目标、组织学习内容、设计学习评价。

1. 确定主题

信息科技课程标准所主张的"跨学科主题学习"既是"跨学科"的,又是"主题学习"。这里的主题通常是一个相对复杂的、有真实情境的综合问题,是建立学科关联的桥梁、是设计跨学科学习的第一步。因此,主题的选择和确定需要认真思考、反复琢磨。

(1)主题要基于课程标准。

信息科技学科开展跨学科主题学习,要基于信息科技学科的教学内容,要体现学科的核心知识和思想方法。因此,主题首先要参考学科课程标准。比如,"用数据讲故事"是信息科技课程标准中17个跨学科学习主题之一,它对应了课程标准中第二学段的"数据与编码"内容模块。课程标准从该主题学习的目的、过程建议、会关联到哪些学科等角度作了简要的说明,为教师选择和设计主题提供了很好的参考。其次,跨学科学习主题要关联其他学科,也可以从其他学科的课程标准中去发现哪些主题是多门学科共同关注的,那么这样的主题就比较适合开展跨学科学习。

(2)主题要源于日常生活。

除了课程标准给出的主题参考,学生的学校生活、社会生活蕴藏着丰富的素材和资源,从这些素材和资源中可以提炼出适合跨学科学习的主题。比如,"数说碳排放"主题源自学校的校园科技节,在科技活动中全校一至五年级都开展了"碳认知"的科普教育,学生对"碳中和""碳排放"形成了基础的认知,也产生了继续研究的兴趣。以此为基础,学生可以从碳排放的活动探究中感受身边无处不在的数据,学会用数据支撑观点,讲好节能减排的故事。

2. 编制目标

(1) 依据课程标准，明确目标要求。

信息科技课程标准中明确了课程要培养的核心素养，也给出了总目标、学段目标和每个内容模块的内容要求与学业要求，这是确定各学科素养培育要求的重要依据。比如，"数说碳排放"主题学习是为了让学生通过学习，形成对"数据"这一学科核心概念的理解和认识，教师可以参考学段目标中与"数据"有关的描述，确立"了解数据的作用与价值""依据问题解决的需要，组织与分析数据，用可视化方式呈现数据之间的关系，支撑所形成的观点"的目标要求。

(2) 依托主题情境，确立学习目标。

主题确定后，可以依托具体情境，站在完成核心问题或统领性任务的角度，思考主题的学习需要分解成几个任务去完成，每个任务的背后需要用到哪些学科的哪些知识、技能与思想方法，再将其汇总为跨学科主题学习的学习目标。在"数说碳排放"的目标编制过程中，围绕"如何用数据讲好低碳减排的故事"这一核心问题，将其分解为四个子问题，每个子问题的解决除了需要信息科技学科的知识、方法，还需要综合应用其他学科的知识与方法。比如，需要用到科学学科中的环保知识，用到数学学科的单位换算、数量关系等知识，加深学生对数据作用的认识。教师需要对标科学学科和数学学科的课程标准，找到其对相关内容的学习要求，整合形成跨学科主题学习的学习目标。

3. 组织学习内容

安桂清教授提出"跨学科学习是一种融知识综合与问题解决为一体的深度学习方式"。因此，跨学科主题学习需要重构各学科学习内容，在问题解决的过程中，深化学生对学科知识的理解，建立知识与生活之间的联系。

(1) 以主题为中心，组织学习内容。

跨学科主题学习的学习内容不是仅仅基于某一门学科的某一个章节，而是围绕特定主题，根据问题或任务解决的需要，整合不同学科的知识方法。因此，跨学科主题学习可以以主题为中心，将主题指向的核心问题或统领性任务分解为若干具有逻辑关联的子问题或子任务，围绕问题或任务的解决，组织学习内容，设计学习任务。

(2) 以学生为主体，设计学习活动。

跨学科主题学习要转变教师讲、学生听的传统教学形态，转而以学生为主体设计学习活动，多为学生创造动脑、动口、动手的时间和空间，鼓励学生通过做中学、用中学、创中学，建构知识、提升能力。如何支撑学生主动学、自己"做"？学习任务单是个好抓手。但在实际操作过程中，不能把学习单变成练习单，看似放手给学生探究，其实学生还是跟着教师亦步亦趋地做，教师也一步一步地教，把做中学变成了讲练结合。建议把学习单设计成导览图,既给学生总任务的概览,让他们明晰总目标是什么,又给学生提供解决任务的阶梯和相匹配的学习资料,让学生知道到达目标可以通过哪些路径、借助哪些资源。学生可以根据自己的情况,选择适合的路径和资源去体验与学习。

4. 设计学习评价

在编制学习目标、设计学习活动的同时,也要关注学习评价的设计。小学信息科技学科从学习兴趣、学习习惯、学业成果三个维度来设计评价,既关注对学生学习过程的评价,也关注对学生学习成果的评估。

每个维度设置不同的观察点。例如:在学习兴趣维度上,我们从学生课堂学习的参与程度、问题与任务解决的主动探索程度和交流分享的表达意愿这三个观察点作评价。评价方式以课堂观察、表现性任务为主。借助学习任务单、评价量表、课堂问答等工具开展评价。评价贯穿于学习活动中,一方面能及时关注到学生的学习情况,以便及时调整教学方式,达成学习目标;另一方面能通过评价来激励学生更好地自我反思,促进自我成长。

(三) 总结指向复杂真实问题解决的实施策略

1. 明确跨学科主题所指向的核心问题

信息科技课程标准虽然给出了跨学科主题,但比较宽泛。以"用数据讲故事"为例,这一主题明确了学科的核心内容,但看不出关联了哪些学科的哪些学习要求,也不明晰具体讲什么故事、要解决什么问题。因此,主题需要进一步聚焦,明确主题所指向的核心问题。

首先,基于学生的认知基础。核心问题的设计应充分考虑学情,基于学生的已有经验和认知基础选取情境、设计问题。若问题情境所涉及的学科知识超过了学生的认知能力,是他们"跳一跳"也达不到的高度,那么这个情境还须再调整。比如,结合"'天问'一号火星探测器发现生命迹象"这一热点事件,设计"解读火星上采集到的数据,挖掘数据中蕴藏了哪些信息"这一核心问题。但要解决这一问题,学生需要有比较专业的地理、科学等学科知识,这是一般小学生不具备且难以在现阶段学习和理解的,这样的问题不适合在小学中低年级展开。

其次,核心问题要具有一定的开放性和复杂性。核心问题可以生发出系列子问题,因此要具有一定开放度,才能启发学生从多个角度积极思考、整合多门学科的思想方法主动尝试。核心问题要具有一定的复杂性,才能激发学生的探究欲,加深对学科知识的理解与运用,促进高阶思维的发展。但在关注开放性和复杂性的同时,要把握好边界。比如,设计"记录豆芽每天的生长数据,尝试从数据中分析哪些环境、条件会对植物的生长造成影响"这一核心问题,实验周期太长,如果让学生带回家观察,家庭环境变量过于开放,会导致实验复杂,结果无法聚焦。且信息科技学科的跨学科主题学习是在本学科的10%课时中开展,因此要立足本学科,突出本学科的主导地位,但要解决此问题,科学学科的比重过大,主干学科被弱化。

最后,核心问题要体现研究的现实价值。问题不能脱离实际需要,问题的解决要具有一定的现实意义,不能为了做而做。比如"校园八景游记",校园八景每个景点都有它自己的内涵和历史典故。我们想通过采集校园八景的数据、等比例缩放,为校园八景制作一份电子导览图。但校园八景的资料信息需要学生花费较多的课外时间去调查收集,并且校园八景身处校园中,学生随时可以去观赏,制作电子导览图来云游八景,其实际意义并不大。

2. 分解核心问题形成有层次性的子问题

在解决核心问题的过程中,子问题起到了分散难度的作用。将核心问题分解成若干个子问题,可以降低问题的复杂度,使得解决问题变得相对容易。核心问题的分解可以纵向分,按学生认知发展的进程,比如从现象、本质到应用,层层递进、逐步解决。问题或任务的分解也可以横向分,把问题分成几个组成部分、几种类型或几种情况,逐个解决。

3. 制作数字资源和工具助力问题解决

问题解决过程中关联学科的知识技能怎么教、怎么学?已经学过的知识,教师可以制作微视频或者提供图文资料,让学生自学巩固;未学过的知识,教师可以请相关学科的授课教师,就这部分学习内容制作教学视频,学生先自主学,再找教师答疑,培养学生的自主学习能力。如果在问题解决中,无法避免碰到超过学生认知能力的知识,教师可以制作数字化学习小工具,通过数字化工具的使用,帮助学生回避对这部分知识的理解。比如"如何计算每天的碳排放量",解决此问题涉及碳排放量计算公式,这是小学生无法理解的、复杂的公式计算。为此,教师制作了"碳足迹计算器"小工具(图1-2-1)。学生使用此工具时,只要知道输入什么数据,会输出怎样的结果即可。多媒体学习资源和数字化学习工具可以为学生更好地体验跨学科主题学习提供助力。

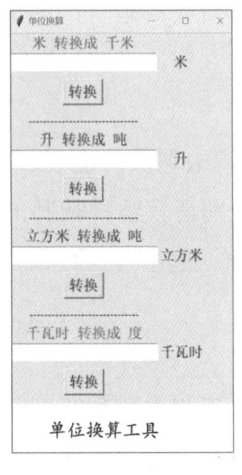

碳足迹计算器

类型	名称	数量	单位	碳排放量(千克)
住	用电量	0	度/天	0
	用水量	0	吨/天	0
	天然气用量	0	立方米/天	0
行	公交	0	千米/天	0
	地铁	0	站/天	0
	汽车	0	千米/天	0
	电瓶车	0	千米/天	0
	自行车	0	千米/天	0
	步行	0	千米/天	0
食	主食量	0	碗/天	0
	蔬菜量	0	盘/天	0
	肉食量	0	盘/天	0
计算结果——您一天的碳排放量是:				0

图1-2-1 数字化学习小工具

4. 重视对问题解决过程的交流

跨学科主题学习重视学生的主动实践，倡导学生做中学、用中学、创中学。但学生"做"过是否就学会，"做"的过程中产生的典型问题谁来解决、如何解决却不够清晰。在学习过程中，教师常常会关注学生给出的答案是否正确，却忽视了学生是如何得到这个答案的行动过程和思考路径。有时学生虽然答案正确，但其解决问题的过程未必科学，甚至只是碰巧蒙对了答案。所以，对问题解决过程的交流比结果更重要。交流有助于教师深入了解学生的学习情况，发现学生在问题解决过程中的难点和痛点，对所教的核心概念、思想方法，学生是真的理解并能迁移应用，还是仅仅停留在按部就班的模仿阶段，形成客观判断。交流也有助于学生深度理解问题。学生除了充分表达自己对问题的见解，还可以在听取同学思路时，了解到不同的思考角度和方法，进而开阔自己的眼界。

四、效果与反思

通过对本项目的研究，教师对跨学科主题学习的内涵意蕴有了比较深入的理解，对开展跨学科主题学习需要注意的几个要点有了相对统一的认识，对如何依据信息科技课程标准中给出的跨学科学习主题，进一步选取情境、确立主题、编制目标、组织学习内容、设计与实施学习活动和学习评价有了比较清晰的设计路径，对于一线教师开展跨学科主题学习具有一定的参考与借鉴价值。

学生通过"数说碳排放"的主题单元学习，不仅仅是习得信息科技学科的核心概念、思想方法，更重要的是学生能面对真实场景，站在问题解决的特定需求上思考运用什么样的知识、方法能解决当前的问题。在此过程中，学生不仅是课程内容的学习者，还是各类学科资源的整合利用者和问题的主动解决者，提升了他们解决现实问题的综合能力。

"行是知之始，知是行之成"，本次对跨学科主题学习的实践与研究只是"行"的第一步，还存在诸多的不足之处。

1. 尚未形成良好的跨学科教研机制

在主题学习过程中，对于关联学科主要还是深化运用已学知识去解决问题，教师对关联学科了解不深，需要用到关联学科知识、方法时，主要采用个别请教学科教师的做法，尚未组建较为成熟的跨学科教研团队，继而围绕同一主题，大家一起思考、深入研究、共同实践，形成良好的跨学科教研机制。

2. 对关联学科的学习评价浮于表面

学习评价的维度还比较单一，主要还是针对主干学科的知识、思想方法和跨学科素养的评价，对于关联学科的学习效果评价浮于表面，没有深入研究如何检测关联学科的目标是否达成，且评价的手段也比较单一。

对于跨学科主题学习的研究还须继续增强认识、总结经验、提炼路径和策略,发挥好跨学科主题学习综合育人的功能,使其更好地服务于学生成长。

参考文献

[1] 安桂清.基于核心素养的课程整合:特征、形态与维度[J].课程·教材·教法,2018(09):48-54.

[2] 郭华.跨学科主题学习及其意义[J].文教资料,2022(16):22-26.

[3] 伍红林,田莉莉.跨学科主题学习:溯源、内涵与实施建议[J].全球展望,2023(52):35-46.

[4] 张文超,陈名瑞.跨学科整合的价值意蕴、基本取向与实施理路[J].教育理论与实践,2023(43):3-7.

[5] 程龙.重申跨学科学习的学科立场[J].全球展望,2023(52):25-33.

实践案例

"数"说碳排放[*]

一、育人价值

《义务教育信息科技课程标准(2022年版)》中单独列出了17个跨学科主题,"'数'说碳排放"这一主题是依据课标中的"用数据讲故事"主题,结合学校组织的低碳减排校园科技节活动而设计的。在我国"双碳"目标的大背景下具有一定的现实意义。

该主题以碳排放数据为主要研究对象,通过寻找生活中碳排放的真实场景,观察、记录数据;根据数据统计和分析的需要,组织数据、制作数据可视化图表,并尝试用数据讲节能减排的故事。在此过程中,综合运用自然学科的碳排放知识,数学学科的单位换算、数量关系,语文学科的语言组织和文学表达方式等学科的思想方法,引导学生从多角度思考问题,体验采集数据、组织数据、呈现数据、形成观点的过程。

该主题从真实问题出发,引导学生发现生活场景背后的数据,提升学生的信息意识和计算思维能力,培养学生的表达交流能力和数字化学习与创新能力,塑造他们在数字时代的适应力、胜任力和创造力,自觉倡导并践行绿色的生活方式,形成节约能源和保护环境的社会责任意识。

二、主题学习方案

参见表1-2-1。

表1-2-1 "'数'说碳排放"跨学科主题学习方案

学习主题	"数"说碳排放		
实施年级	四年级	总课时	4课时
学习目标	• 经历查找碳排放资料的过程,初步了解人类活动、碳排放与地球环境之间的关系,知道数据的作用与价值,认识数据在信息社会中的重要作用		

[*] 执笔人:章惠、詹俊杰、刘影,上海交通大学附属小学。

（续表）

		• 能依据计算碳排放量的需求，采集数据、组织数据，借助数字化工具分析和统计数据，解决问题 • 了解常见统计图的类型和特点，能根据需要选择不同的碳排放数据，借助可视化方式呈现数据之间的关系 • 能结合不同数据描述身边低碳减排的故事，不拘形式地表达自己的想法和感受			
内容组织	统领性任务	日常学习和生活中，我可以为低碳减排做哪些努力？			
	子任务	查找碳排放的相关资料，发现人类活动、碳排放与地球环境之间的关系	采集生活数据，计算个人碳排放量，分析数据并交流结果	根据数据特点和分析需求，制作数据可视化图表	加工处理前期所得的数据，用数字故事的形式表达低碳减排的观点
	信息科技	了解数据的多样性，认识数据在信息社会中的重要作用与价值	依据计算的需要，能采集数据、组织数据，借助数字化工具统计和分析数据	能借助可视化方式、工具，形成可视化图表，呈现数据之间的关系	能用数据描述身边发生的低碳减排故事，不拘形式地表达自己的想法和感受
	关联学科 自然	能通过收集到的资料说出碳排放过量对气候变化、自然资源和自然灾害产生的影响，形成科学观念	知道人类活动会对环境产生影响，自觉倡导绿色生活方式，提升科学思维		知道人类生活离不开自然资源，能认知到节约自然资源和保护环境的重要性，形成可持续发展的社会责任感
	关联学科 数学		能运用单位换算、数量关系等知识辅助采集、组织数据，初步形成模型意识	理解条形图、折线图和饼图的特点和功能，能用不同类型的统计图合理表示数据，作出简单的分析，形成数据意识	
	关联学科 语文		能辩证地思考问题，分享自己的发现，养成积极思考的习惯，提升思维能力		掌握描述故事的基本格式，能正确、规范地运用语言文字展示自己观察生活的收获，表达观点，提升表达交流能力

（续表）

	单元主题	单课课题	学习活动
学习活动设计	"数"说碳排放	碳调查（1课时）	观看微视频，总结地球"发烧"的原因
			查找资料，寻找碳排放与环境之间的关系
			展示数据，交流表达自己的发现
		碳足迹（1课时）	认识生活中的行为与碳排放背后的联系
			体验数据的采集过程，分享采集的方法
			整理采集到的数据，计算碳排放量
			计算班级碳排放平均值，分析数据，交流讨论
		碳行动（1课时）	认识不同统计图的功能
			使用可视化平台将碳排放数据转化成恰当的统计图
			展示并分析统计图
		碳故事（1课时）	小组讨论，确定碳故事的结构内容、素材的呈现方式等
			小组合作，制作电子故事作品
			小组展示，分享幻灯片表达碳故事

	评价维度	观察点	评价方式
学习评价	学习兴趣	• 课堂各类学习活动的参与积极性 • 乐于合作、勤于思考、愿意表达自己的观点	日常观察 表现性任务
	学习习惯	• 能主动思考并判断网络数据来源的可靠性 • 自主学习采集数据的方法，并准确记录 • 自主参与小组讨论、倾听发言与表达想法的情况	日常观察 表现性任务
	学业成果	• 能提炼关键词，筛选信息，表达碳排放对环境的影响 • 能采集碳排放数据、组织数据、计算数据、分析数据，并形成初步的判断 • 认识统计图功能，能根据制作与表达的需要选择合适的统计图呈现结果 • 能制作与讲述碳排放数字故事，提出低碳减排建议的情况	日常观察 课堂问答 作品成果 表现性任务

学习资源	• "碳调查"任务单、"生活数据收集单"任务单、"碳足迹"任务单、"我们的故事构思——碳故事"任务单 • "碳足迹计算器"学具、食物测量学具 • "班级碳排放平均值"在线协作文档 • 数据可视化平台

三、子任务学习活动设计

子任务 1：查找全球碳排放资料，寻找资料中的数据，并尝试用数据表达人类活动、碳排放与地球环境之间的关系。

所需课时：1课时。

学习目标：寻找资料探究地球"发烧"的原因，使用不同形式的数据呈现方式表达碳排放对地球环境、人类生活的影响。

学习流程：

1. 观看"地球'发烧'了"微视频，总结可能引起地球"发烧"的因素。
2. 提炼关键词，使用搜索引擎查找资料，认识温室气体与碳排放的关系。
3. 筛选信息，说出碳排放对地球环境或人类生活产生的影响。
4. 使用搜索引擎查找生活中的碳排放总量是多少，判断数据来源的可靠性。
5. 交流讨论，比较不同年份的碳排放量，能用不同的数据呈现方式（数值、图表或文字等）从全球、地区和生活生产方式等角度出发，表达自己的发现。

学习资源：台式计算机、搜索引擎网站、"碳调查"任务单。

学习评价：

1. 借助学习任务单，获得学生提炼关键词、使用搜索引擎搜索资料和筛选信息的情况，如图1-2-2所示。

一、请寻找"温室气体是什么"？

你的搜索关键词是：_____。

二、请寻找"碳排放会对生活产生什么影响"？

你的搜索关键词是：_____。

请写下你的发现（1点）：_____。

三、请搜索"生活中的碳排放总量是多少"，并填写。

数据来源：_____，是否可靠（√）：是（　）　否（　）。

年　　　　份（　　　　），中国总碳排放量（　　　　　），

全球总碳排放量（　　　　），其他发现（　　　　）。

图 1-2-2　碳调查任务单

2. 运用评价量表,评价学生参与碳排放调查活动的情况(表1-2-2)。

表1-2-2 子任务1课堂参与情况评价表

评价内容	评价标准	评价结果	
		自评	师评
参与课堂活动	能积极参与课堂活动 (获得1颗☆)	☆☆☆	☆☆☆
	能积极参与课堂活动,主动与同伴合作完成任务 (获得2颗☆)		
	能积极参与课堂活动,愿意表达自己的想法 (获得3颗☆)		

子任务2: 采集生活数据,计算个人碳排放量,分析数据并交流结果。

所需课时: 1课时。

学习目标: 能依据每位同学每天的碳排放量,采集数据,借助数字化工具组织数据,分析判断个人碳排放量是偏高还是正常。

学习流程:

1. 观看"一顿食物的碳排放"微视频,认识生活中的行为与碳排放息息相关。

2. 预览碳足迹计算器,明确需要采集的数据。

3. 自主探索采集生活数据的方法并分享,判断其合理性。

4. 组织采集的数据,使用碳足迹计算器,计算各自的碳排放量。

5. 分享自己的计算结果,交流讨论结果的差异性与合理性。

6. 将数据填入在线平台,计算全班同学碳排放量平均值。综合比较不同数据,表达自己的发现。

学习资源: 台式计算机、"生活数据采集单"任务单、"碳足迹"任务单、"碳足迹计算器"学具、食物测量学具、"全班同学碳排放量平均值"在线文档。

学习评价:

1. 运用学习任务单,获得碳排放数据采集的情况,如图1-2-3所示。

请同学们回家寻找并收集以下数据(方法不限),请拍摄 1 张或多张照片(保存在 U 盘或打印)呈现收集的过程或方法。填写时,请画○圈出你使用的量值单位。

家庭人口数:_____

家庭用电量(1 天):_____、人均用量:_____(千瓦时,度)

家庭用水量(1 天):_____、人均用量:_____(升,吨,米^3)

家庭天然气用量(1 天):_____、人均用量:_____(米^3)

上学的交通工具:_____,上学的距离:_____(米,千米,公里)

图 1-2-3 碳足迹课前任务单

2. 运用学习任务单,获得学生组织、计算、分析数据的情况,如图 1-2-4 所示。

(1) 碳足迹的类型是:_____。

(2) 经过计算,我的碳排放量是:_____。

(3) 该类型中,全班碳排放量的平均值是:_____。

(4) 我的碳排放量在班级中是(打√):

高于全班碳排放量平均值( );

等于全班碳排放量平均值( );

低于全班碳排放量平均值( )。

图 1-2-4 碳足迹课中任务单

3. 运用评价量表,评价学生参与小组讨论的情况(表 1-2-3)。

表 1-2-3 子任务 2 小组合作情况评价表

评价内容	评价标准	评价结果	
		自评	师评
小组合作	我能认真倾听同伴发言 (获得 1 颗☆)	☆☆☆	☆☆☆
	我能认真倾听同伴发言,并能说出自己的建议 (获得 2 颗☆)		
	我能认真倾听同伴发言,积极参与讨论、发表意见 (获得 3 颗☆)		

4. 运用评价量表,评价提出低碳减排建议的情况(表1-2-4)。

表1-2-4 子任务2学习情况评价表

评价内容	评价标准	评价结果	
		自评	师评
低碳减排的意识	我能说出生活中的哪些行为会产生碳排放 (获得1颗☆)	☆☆	☆☆
	我能说出1个合理降低碳排放的方法 (获得2颗☆)		

子任务3:根据数据的特点和分析的需求,制作数据可视化图表。

所需课时:1课时。

学习目标:认识不同统计图之间的特点,选择个人、同学或班级的碳排放数据,借助可视化工具形成可视化图表,呈现数据之间的关系。

学习流程:

1. 阅读同学的1天碳排放量数据,发现数据比较繁杂,提取信息较难。
2. 回顾条形图的特点,认识折线图、饼图的功能和特点。
3. 观察不同的数据并根据分析的需要,能选择合适的统计图呈现数据。
4. 学习数据可视化平台的使用,根据自己的需求,选择合理的统计图,呈现碳排放数据。
5. 交流讨论,分享自己的统计图。

学习资源:台式计算机、"生活数据采集单"任务单、"碳足迹计算器"学具、数据可视化平台。

学习评价:

1. 通过课堂回答和评价量表,评价学生对统计图认识的情况(表1-2-5)。

表1-2-5 子任务3对统计图认识的评价表

评价内容	评价标准	评价结果	
		自评	师评
统计图的认识	我能回答出1种统计图的功能和特点 (获得1颗☆)	☆☆☆	☆☆☆
	我能回答出2种统计图的功能和特点 (获得2颗☆)		
	我能回答出3种统计图的功能和特点 (获得3颗☆)		

2. 运用评价量表,评价学生统计图的制作情况和成果(表1-2-6)。

表1-2-6 子任务3制作成果评价表

评价内容	评价标准	评价结果	
		自评	师评
统计图的制作	我能根据需求筛选碳排放数据 (获得1颗☆)	☆☆☆	☆☆☆
	我能依据数据特点选择恰当的统计图 (获得2颗☆)		
	我能使用碳排放数据制作统计图 (获得3颗☆)		
作品呈现	图上有图表标题、坐标轴标题 (获得1颗☆)	☆☆☆	☆☆☆
	图上有图表标题、坐标轴标题、数据标签 (获得2颗☆)		
	图上有图表标题、坐标轴标题、数据标签, 并能美化图表 (获得3颗☆)		

子任务4:加工处理前期所得的数据,用数字故事的形式表达低碳减排的观点。

所需课时:1课时。

学习目标:回顾自己的经历,选择不同数据,借助幻灯片软件不拘形式地表达低碳减排的数字故事。

学习流程:

1. 了解语文课上讲故事的格式和要素,确定"碳"故事的格式。

2. 小组讨论,确定"碳"故事的结构内容、要素和素材的呈现方式。

3. 小组分工合作,使用幻灯片软件制作有关"碳"的故事。

4. 小组展示,分享幻灯片表达"碳"故事。

学习资源:台式计算机、"生活数据采集单"任务单、"碳足迹计算器"学具、数据可视化平台。

学习评价:

1. 运用学习任务单,获得参与碳故事制作活动的情况,如图1-2-5所示。

一、我们的故事讲的是：_____
二、我们一共制作（　　）页幻灯片。
三、请将故事的思路（或流程）简单地写在方框中吧。

> 可用图形、文字等各种形式表达故事的思路。

图1-2-5　碳故事任务单

2. 运用评价量表，评价"碳"故事作品展示的情况。

根据评价标准，在评价结果处画☆，做到几个方面就画几个☆（表1-2-7）。

表1-2-7　子任务4作品展示情况评价表

评价内容	评价标准	评价结果		
		自评	互评	师评
演讲表达	故事内容主题明确，结构合理，见解恰当			
	运用姿态、手势、表情辅助表达			
	声音响亮，表述自然流畅，富有感染力			
	语言规范，吐字清晰			

四、课时举隅

1. 学习任务分析

"碳足迹"一课是跨学科主题学习中的子任务2。学生通过前期任务（子任务1）查找碳排放的相关资料，了解了人类日常活动会产生碳排放，过量的碳排放会对环境造成众多影响，由此产生了本课时的核心问题："日常生活中，我1天的碳排放量是多少？"本课时学生将学习：如何采集家中的水、电、燃气等用量数据；使用数字化学习工具，计算每日碳排放量；借助在线平台，计算全班同学碳排放平均值，并通过综合比较发现数据中的问题。学生经历采集数据、组织数据、计算结果的过程，会认识到节约自然资源和保护地球环境的重要性。本任务中采集、组织得到的碳排放数据，也为子任务3的数据可视化图表制作提供了支撑。

2. 学习目标

（1）通过采集家庭用水、用电、用气量以及上学距离等数据，了解数据采集的常用方法,并能判断数据来源的可靠性和采集方法的合理性。

(2) 依据碳排放量的计算需要,能使用数字化工具组织采集到的数据,并对不同量值单位的数据进行换算。

(3) 通过对计算结果的分享,进一步认识到人类生产活动所产生的碳排放对地球环境的影响,逐渐形成节约能源和保护环境的意识。

3. 学习重难点

了解采集数据的常用方法,能使用数字化工具组织采集到的数据。

4. 学习资源

课前:生活数据采集单。

课堂:"碳足迹"课件、"碳足迹"任务单、"碳足迹计算器"学具、"单位换算"学具、食物测量学具、"班级碳排放平均值"在线文档。

5. 学习过程

课前准备

课前下发"生活数据采集单",使用不同的方法采集家中人均用水量、用电量、燃气用量和上学距离及方式等数据,拍摄过程性照片作为记录,填写采集单。

课堂实施

参见表1-2-8。

表1-2-8　课堂实施过程

活动环节	学生活动	教师组织	活动意图
认识生活中的行为与碳排放的联系	• 回顾"1天中的哪些行为会产生碳排放"。带着问题"食物是如何产生碳排放的?"观看视频《一顿饭的碳排放》 • 预览碳足迹计算器上的内容,了解计算碳排放需要采集哪些数据	• 播放微课,引导学生探究生活中碳排放背后的秘密 • 出示碳足迹计算器,认识计算器中的每一项,让学生初步了解本节课的活动任务	• 认识生活中的行为是如何产生碳排放的 • 了解计算碳排放需要采集哪些数据,认识到采集数据需要有科学依据
参与数据的采集活动,了解数据采集的方法	• 展示"生活数据采集单"。课堂分享"住""行"数据的来源和采集的方法 • 尝试判断"住""行"数据采集的方法是否合理、可靠	• 总结学生采集数据的方法,分析"住""行"数据采集方法的合理性和可靠性	• 学会判断数据采集方法的合理性和可靠性,体验数据采集的过程

(续表)

活动环节	学生活动	教师组织	活动意图
组织采集到的数据，计算碳排放量	• 观察"碳足迹计算器"上对输入数据的要求。通过分类小游戏认识不同的单位，组织数据（单位换算） • 分组展开活动。将组织后的数据输入不同类型的"计算器"中，获得1天该类型的碳排放量总值，并填写任务单 • 小组讨论，比较组内谁的数据最大、谁的数据最小，为什么	• 引导学生观察"计算器"，认识不同单位间的换算方式，填入"碳足迹计算器"并计算数据 • 展示"食"类型中碗、盘的大小，辅助学生采集数据 • 展示不同小组的结果，并展开分析讨论	• 计算、处理数据，获得1天不同类型生活行为的碳排放量
计算班级平均值，表达自己的发现	• 通过在线平台填写碳排放量获得全班同学的平均值，并将其填入"碳足迹计算器"，分享自己的发现 • 继续观察"碳足迹计算器"。了解自己每天的碳排放量需要多少树木的碳吸收才能中和	• 采集全班同学碳排放量的数值，并计算得出班级平均值作分享 • 引导学生观察"碳足迹计算器"显示的最终结果，帮助学生形成低碳减排的意识	• 分析碳排放数据，辩证看待实现低碳生活的方法
课堂小结	• 总结课堂活动，体验数据采集、组织、计算的过程 • 根据课堂学习情况填写学习评价单		

5. 学习任务单

课前任务单参见图1-2-3。课中任务单参见图1-2-4。

五、案例反思

1. 加深对跨学科主题学习的认识

在设计"'数'说碳排放"主题的学习活动时，一开始将重点放在了碳排放上，出现了主学科与其他学科主次颠倒的问题。后续及时调整，以碳排放知识为铺垫，围绕学科六条逻辑主线之一——"数据"这条主线组织教学内容。根据解决问题的需要，综合运用数学、科学、语文等学科知识、思想方法，引导学生通过观察生活场景，发现食、住、行背后的碳数据，认识到数据在信息社会的重要价值，提升学生的科学思维能力以及表达与交流能力。

2. 形成开展跨学科主题学习的方法路径

项目研究伊始,通过问卷调查了解到教师普遍不知该如何实施课标要求的跨学科主题活动,希望能提供一些方法和路径。通过实践探索、反思修改、再实践验证,我们形成了"基于课标建议提炼主题学习的关键点、围绕关键点梳理课标对应的内容要求和学业要求,依据学情创设问题情境,将核心问题分解为子问题(子任务),结合问题解决确定跨学科能力要求"的路径。

小学信息科技跨学科主题学习设计与实施[*]
——以"碳足迹"教学为例

摘　要：《义务教育信息科技课程标准（2022年版）》提出强化课程的综合性和实践性，开展跨学科主题教学，并设立了跨学科学习主题。文章聚焦小学信息科技的"数据"这个核心概念，以"'数'说碳排放"为跨学科主题，确立了"主题确定—目标编制—组织内容—活动设计"的跨学科主题学习实践的路径。以主题单元中的"碳足迹"一课为例，设计了"采集数据—组织数据—计算数据"的活动过程，融合科学学科、数学学科的知识技能与思想方法解决真实性问题，培养学生的信息意识、计算思维、数字化学习与创新和科学思维的核心素养。

关键词：小学信息科技；跨学科；核心素养；数据

一、研究背景

2016年9月，《中国学生发展核心素养》总体框架在北京发布，其以培养"全面发展的人"为核心，阐明了新时代中国学生应具备的核心素养。2021年11月，中央网络安全和信息化委员会在《提升全民数字素养与技能行动纲要》中提出"注重培养具有数字意识、计算思维、终身学习能力和社会责任感的数字公民"。在此背景下，在义务教育阶段培育学生的信息科技核心素养，使其适应未来社会对数字公民的发展需要，显得尤为重要。

但学科领域与素养之间的关系不是一一对应的，一种素养的发展不会专门依赖一个学科。因此落实核心素养培育需要打破学科间的界限，加强知识的横向联系，实现不同学科内容的整合，发挥课程教学的整体育人功能。《义务教育课程方案（2022年版）》（以下简称"课程方案"）提出把"加强课程综合，注重关联"作为基本原则之一，要求"开展跨

---

[*] 执笔人：章惠，上海交通大学附属小学。原文发表于《上海课程教学研究》2024年第1期，收入本书时有改动。

学科主题教学,强化课程协同育人功能",加强学科间的相互联系,带动课程综合化实施。这意味着,跨学科主题学习已是义务教育阶段课程改革倡导的一种新的重要的学习方式,也是落实新课标精神的重要途径。

因此,结合现阶段小学生的认知基础,我们决定选择信息科技课程标准中四年级对应的跨学科主题,围绕该主题开展小学信息科技跨学科主题学习实践。

二、主题确定

主题通常指向一个开放的、复杂问题。解决该类问题往往需要学生在实践活动中综合运用不同学科的知识。

为了了解学生目前的认知水平、信息运用能力,我们组织了对学生的访谈通过访谈,我们发现:四年级学生已经掌握了计算机基本操作要领,但对于数据的认知较为粗浅,并且缺乏利用数据进行分析、加工、获得问题解决方案的经验。新课标中与四年级相关的跨学科主题有"用数据讲故事""用编码描述秩序",结合学情调研,我们选择"用数据讲故事"这一主题来开展活动。

有了主题,情境从哪里来呢?我们希望通过情境支撑知识构建,让学生在情境中体验生活,培养解决问题的能力。校园特色活动的对象往往是全校学生,这类活动的主题贴近生活、有一定的意义和价值,通常会蕴含不同学科的知识,便于实践的开展。因此,我们决定结合学校 2022 学年的"科技筑梦,'碳'索未来"校园科技节活动,用数据讲低碳减排的故事,将学习主题确定为"'数'说碳排放"。

三、目标编制

跨学科主题学习是立足学科学习,运用两种或以上的学科知识或方法解决问题,开展综合学习的一种活动。因此,张玉华、万昆等学者认为,除本学科外,我们也需要关注其他学科的目标,培养学科核心素养和跨学科素养。

首先,我们从"用数据讲故事"这一跨学科学习主题的课标要求中提炼了四个关键点,分别是:发现生活背后的数据,观察记录数据,通过数据预测和分析,提升科学思维、表达与交流能力。前三点是本学科的思想方法,第四点是跨学科的素养要求。然后,针对前三点梳理了新课标的内容要求和学业要求,找到了对应的描述:感受无所不在的数据、借助可视化方式表示数据之间的关系以支撑自己的观点、能用数据记录并描述规律性发生的事件。在科学学科和语文学科的课标中找到了第四点"提升科学思维、表达与交流能力"的对应描述和要求:运用模型分析、解释现象和数据,建立证据与解释之间的关系并提出合理见解;观察周围世界,能不拘形式地写下自己的见闻、感受和想象。

最后,基于上述探索,我们创设了"日常生活中,我可以为低碳减排做哪些努力"的核心问题,确定了本学科和关联学科(科学、语文、数学)的目标和思想方法(图1-2-6)。本单元通过寻找生活中碳排放的真实场景,引导学生观察、采集、记录数据,体验数据组织、计算、呈现、表达的过程,学会用数据支撑自己的观点。在问题解决过程中,以科学学科中的碳排放知识为铺垫,运用数学学科的单位换算、数量关系等知识辅助组织碳排放的数据,在作品展示中运用语文学科的语言组织和表达方式尝试用数据讲低碳减排的故事。

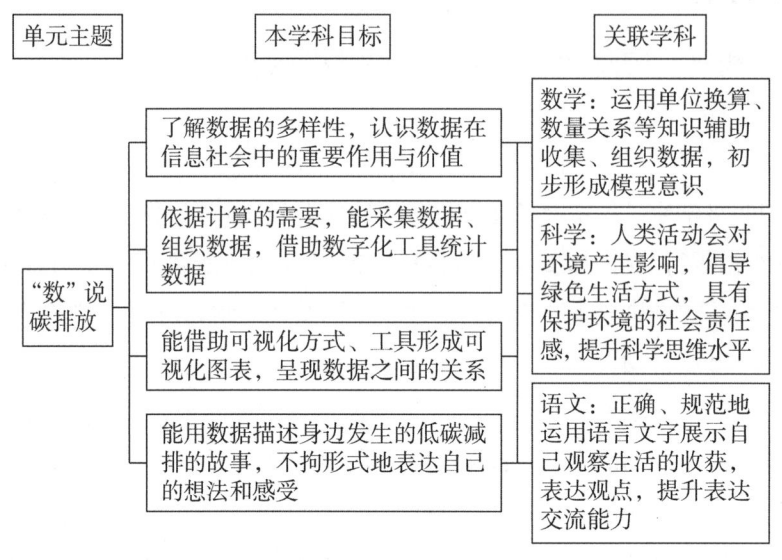

图1-2-6 学习目标

四、内容组织

结合新课标对每学年的课时要求,决定集中安排4课时展开"'数'说碳排放"单元学习活动。围绕"日常生活中,我可以为低碳减排做哪些努力"的核心问题,形成系列子问题,每个子问题对应一课时,具体结构如图1-2-7所示。

在"碳调查"一课中,学生通过完成"查找全球碳排放资料,寻找资料中的数据,并尝试用数据表达人类活动、碳排放与地球环境之间的关系"的课时任务,解决本课的核心问题"不同年份的碳排放量产生了环境怎么样的差异",以了解数据的多样性,认识数据在信息社会中的重要作用与价值。

在"碳足迹"一课中,学生通过完成"采集生活数据,计算一个人1天的碳排放量,分析数据、交流结果"的课时任务,解决本课的核心问题"日常生活中,我1天的碳排放量是多少",体验数据采集、组织和计算的过程。

在"碳行动"一课中,学生通过完成"认识统计图,根据数据的特点和分析的需求,制作数据可视化图表,分享交流"的课时任务,解决本课的核心问题"从哪些方面作改善可以减少碳排放量",学习借助可视化方式、工具形成可视化图表来呈现数据之间的关系。

在"碳故事"一课中,学生通过完成"小组合作使用碳排放数据制作数字作品,讲述低碳减排的故事"的课时任务,不拘形式地表达自己的想法和感受,解决本课时的核心问题"如何用不同的数据讲述低碳减排的故事",提升表达与交流能力。

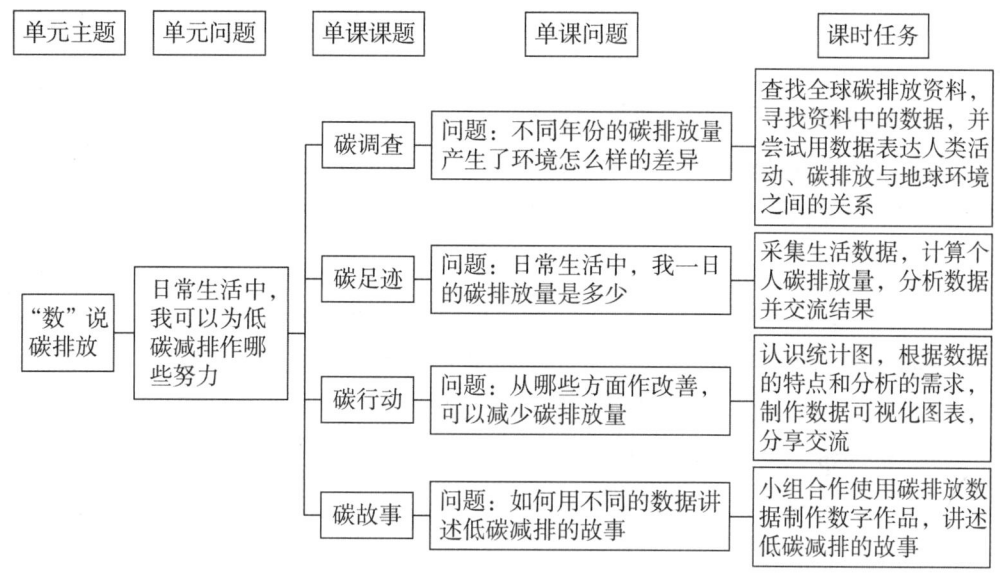

图1-2-7 单元结构

五、活动的设计与实施

下面以"碳足迹"一课为例,描述活动设计与实施的过程。本课时学生将通过以下活动经历采集数据、组织数据、计算数据的过程:采集家中的水、电、燃气等的用量数据;使用数字化学习工具组织采集到的数据,计算每日碳排放量;借助在线平台,计算全班同学碳排放平均值,小组讨论数据中的问题。通过解决问题,引导学生认识到节约资源和低碳生活的重要性。

(一) 创设情景,提出问题

学生通过前期任务(第1课时)查找碳排放的相关资料,了解了人类的日常活动会产生碳排放,过量的碳排放会对环境造成众多影响。由此产生了本课时"碳足迹"的核心问题"日常生活中,我1天的碳排放量是多少?"并将核心问题分解成如下的子问题:"1天中的哪些行为会产生碳排放?""这些行为会产生多少的碳排放?""每人每天碳排放量需要多少树木的碳吸收才能中和?"依据问题链,结合课程标准的内容要求,开展活动的设计与实施。

（二）设计课前任务单，感受数据的采集与记录

1. 教师准备：设计课前任务单

本课围绕学生的每日生活数据计算碳排放量，生活数据包含每人每天的用水量、用电量、燃气用量、上学的方式和距离、一日三餐的量等。因部分生活数据在课堂上是无法采集和记录的，故通过课前任务单的设计及发放，引导学生回家自主探究、寻找合适的方法采集相关量并填写在任务单上。由于采集到的生活数据往往是以家庭为单位的，因此在设计任务单时，需引导学生分步填写获得每人每日用量，降低记录难度。

2. 学生活动1：认识"计算器"，寻找需要采集的数据

回顾了第1课时的调查结果，总结出人1天中衣食住行等方面的行为都会产生碳排放。通过观看科普影片关注到生活中的不同行为产生的碳排放量不同，也由此引出了"这些行为会产生多少数量的碳排放"这一问题。

本课学生将使用"碳足迹计算器"辅助计算每人1天中不同行为的碳排放量。通过公式"碳排放量＝活动用量×排放因子"认识"碳足迹计算器"，寻找需要采集并填入计算器中的"活动用量"，认识到采集数据须有科学依据。

3. 学生活动2：分享数据采集的方法

采集生活数据的方法是多样的。学生在课前通过自主探究，选择不同的方式采集家中1天的用水、用电、用燃气的数量和上学的距离及交通方式，将采集的结果填写在任务单上，并勾选数值对应的单位。课堂上，学生通过任务单和过程性照片分享自己的采集方法，如：查看纸质或电子账单，计算每日家庭水、电、气用量；观察家中的水表、电表和燃气表，记录每日家庭用量；询问父母，填写每日家庭水、电、气用量；使用手机导航软件，记录上学的出行方式和对应的距离等。各种数据的采集方式各有利弊，有些方法采集到的数据会存在不合常理的情况。通过采集方法的分享，引导学生学会判断数据采集方法的合理性和可靠性，提升信息意识。

（三）借助数字化工具，体验数据的组织与计算

1. 教师准备：制作数字化工具

本节课需要依据碳排放量计算公式计算碳排放量数据，计算的过程较为复杂和烦琐。当教师将关注点放在如何计算碳排放量时，会偏离信息科技学科的教学目标，弱化主干学科的主导地位。因此，根据数据组织和计算的需要，我们使用Python语言设计单位换算工具，使用表格工具设计制作"碳足迹计算器"，引导学生初步了解工具背后的工作原理和使用方法。借助数字化工具降低数据组织或计算过程中的难度，将复杂问题简单化，帮助学生将学习重点放在体验数据的采集、组织和计算这一过程，并形成关注数据来源的可靠性、计算结果的合理性等意识。

2. 学生活动 3:使用单位换算工具组织数据

在分享水、电、气用量数据时,学生发现每个人填写的用电量单位、用水量单位和距离单位不同。运用统一的计算公式计算碳排放量需要统一水、电、气用量的单位,由此,引发了思考"我该如何进行单位换算"。

学生在数学课上已经初步接触和学习了这部分单位换算的知识,例如米和千米的转换。学生可以运用已有的知识和经验直接换算或对照黑板上呈现的换算公式计算或使用数字化工具(单位换算工具)辅助计算,将采集后的水、电、气用量的单位转换成计算器中要求的单位:度、吨、米^3 和千米。

3. 学生活动 4:使用"碳足迹计算器"计算数据

采集数据、组织数据后开始计算数据。"碳足迹计算器"依据生活行为的类型分为住、行、食三类。在填写水、电、气数据计算碳排放量时,明确计算的内容是每人每天的碳排放量。学生发现:填写"行"类数据时上学的距离应包括上学和放学;填写"住"类数据时需要注意单位;填写"食"类数据时需要依据自身情况课堂当场采集数据。填写完数据后,"碳足迹计算器"会自动计算碳"排放因子",显示不同行为产生的碳排放量。

(四) 分组设计任务,交流分享结果

1. 教师准备:分组设计不同任务

碳排放量数据较多,在对比时学生难以聚焦在某一数据上。因此,依据计算类型将学生分为三大组:第一大组关注"行"类的碳排放量数据,第二大组关注"住"类的碳排放量数据,第三大组关注"食"类的碳排放量数据。除了聚焦某一组数据外,为了更深入地展开探究,每大组内再将学生分为 4 人一小组,对比碳排放量的计算结果,交流各自的发现。最后将计算结果与班级平均值作比较,归纳总结碳排放量数据与日常行为的关系,培养学生的数据敏感性,形成低碳生活的意识。

2. 学生活动 5:计算全班同学碳排放量平均值,小组讨论交流

计算完成后,组内讨论各自的碳排放数据计算结果并寻找发生差异的原因。经过对比和总结学生发现:出行时不同的交通工具产生的碳排放量不同,其中步行和自行车几乎不产生碳排放量,燃油汽车产生的碳排量较多;在食材中,肉类碳排放量比蔬菜类碳排放量高;家中用水、用电、用气量越多,碳排放量越高。

借助在线平台采集、统计全班学生碳排放数据,获得每位同学的碳排放量并计算平均值。阅读班级学生碳排放数据,判断每位同学填写的碳排放数据是否合理,分析产生偏差的原因。对比全班同学碳排放量平均值,阅读低碳小提示,了解自己的生活方式产生的碳排放量是高于平均值还是低于平均值,表达自己对低碳生活的认识。

（五）课堂评价

新课标提出"注重评价育人，强化素养立意"。本课时以素养培育为导向，从学生学习兴趣、学习习惯、学业成果三个维度，设置了四个观察点。针对不同观察点，本课运用学习任务单、评价量表、课堂问答及日常观察等方式展开观察和评价。课前下发任务单，学生自主学习采集生活数据的方法，将结果记录在任务单上，并在课堂上分享。课堂上下发学习任务单，将学习过程中组织计算的碳排放结果填写在任务单中。学生小组讨论，表达自己的发现。课后填写评价量表，对小组讨论、计算数据过程中的课堂表现和学习成果开展自评和师评活动。

六、反思与感悟

1. 开展跨学科教研，加深对关联学科的了解

开展跨学科主题学习，教师不仅要掌握本学科的专业知识，也要对关联学科的知识、方法有所了解。因此，学校为项目研究特别组织了几次跨学科教研，比如小学四年级单位换算已经学到什么程度、碳排放的知识怎么讲才能通俗易懂等。通过研讨，教师对关联学科在相关主题下学了什么、学到什么程度、是怎么学习的，有了比较深入的理解，在设计课程时能更好地融合关联学科的知识与方法。

2. 设计数字化工具，聚焦学习目标

学生在实践活动时，往往会因单位换算有误、碳排放计算太难等问题，将注意力放在数学计算上，偏离了本课时的学习目标。因此，通过设计数字化学习工具，例如单位换算工具、"碳足迹计算器"帮助学生弱化在组织、计算过程中遇见的困难，将学习重点放在体验数据采集、组织和计算的过程上，帮助学生认识到使用数字化工具也是解决问题的一种方法，提升学生的数字化学习与创新能力。

参考文献

[1] 王少峰,万伟.跨学科主题学习的特点、现状与实施要素[J].江苏教育,2022(49):65-68.

[2] 万昆.跨学科学习的内涵特征与设计实施:以信息科技课程为例[J].天津师范大学学报(基础教育版),2022,23(05):59-64.

[3] 张玉华.核心素养视域下跨学科学习的内涵认识与实践路径[J].上海教育科研,2022(05):57-63.

小学劳动学科跨学科主题学习实践研究

项目主持：管文川

项目实验校：上海市宝山区第二中心小学

项目组长：孙　奇

项目组核心成员（按姓氏拼音排序）：

洪玲芳　伍冰清　夏　添　徐　弘
徐宇洲　杨丽莉

> 研究报告

小学劳动学科跨学科主题学习实践研究报告*

一、研究背景

自2018年习近平总书记在全国教育大会上强调"要在学生中弘扬劳动精神,教育引导学生崇尚劳动、尊重劳动,懂得劳动最光荣、劳动最崇高、劳动最伟大、劳动最美丽的道理"起,劳动教育被重新纳入党的教育方针。之后,在党的十九大以及二十大报告中都提到了"弘扬劳模精神和工匠精神""弘扬劳动精神、奋斗精神、奉献精神、创造精神、勤俭节约精神,培育时代新风新貌"的要求,可见劳动教育已经成为国家的长远规划。

《义务教育课程方案(2022年版)》提出在"增强综合素质上下功夫",把"加强课程综合,注重关联"作为基本原则之一,要求"开展跨学科主题教学,强化课程协同育人功能",并明确"各门课程用不少于10%的课时设计跨学科主题学习",以加强学科间的相互联系,带动课程综合化实施。可见,跨学科主题学习是本次义务教育课程改革的重点之一。

研究通过开展跨学科主题学习的实践教学,总结和归纳小学劳动教育跨学科主题学习的实施策略与方案,期望一方面能够丰富小学劳动教育实践经验,另一方面能够为跨学科融合教育在小学劳动教育中实践提供思路。当前,小学劳动教育正处于改革发展的初始阶段,研究小学劳动教育的实践策略,探索跨学科融合教育与劳动教育结合的途径,有利于进一步推进当前小学劳动教育的变革与发展。通过跨学科融合教学的设计与实践,研究在小学开展劳动教育跨学科主题学习实践的方案和策略,提炼小学劳动教育跨学科主体学习的实践模型,为学校更好地开展劳动教育、设计劳动教育课程以及跨学科融合提供案例与实践经验,期望通过研究形成案例,供广大教师参考。

---

* 执笔人:孙奇,上海市宝山区第二中心小学;管文川,上海市教师教育学院(上海市教育委员会教学研究室);杨丽莉,上海市宝山区第二中心小学。

二、研究设计

(一) 文献综述

1. 跨学科融合下劳动教育的实证研究

李作林在其发表的《劳动教育:促进学生个性自由而全面发展的有效途径》中提出"与时俱进,探索跨学科融合的综合育人模式"。唐烨伟、陆淑婉等在《跨界融合视域下劳动教育课程体系研究》一文中提出:"要想充分发挥新时代的劳动教育功能,就要使劳动教育的实践从单一的形式走向一体化的实施路径,实现课程、活动等资源的有机整合。"陈小山在《跨学科融合教学的实践与思考》中提出"学科融合是技术革新、学科发展的必然要求",其在高中阶段地理学科进行了跨学科融合教学的实践尝试,最终得出了在时代背景下,跨学科融合教学是理想教育的必然选择和应有追求的结论。陈艳婷在《劳动教育背景下的跨学科融合探究》中指出了小学阶段学生自理能力差的现象,而后以"艾的味道"课程为实例,在小学五年级开展了跨学科融合的教学活动,最终得到融合教育能够渗入小学生的学习生活,培养学生的科学素养、劳动意识、创造能力的结论。

跨学科融合教育是顺应当前时代发展的产物,是众多学者与一线教师努力开拓的方向,然而实践研究的案例为数不多。研究若不能落地,便如同建造空中楼阁,无法企及,所以需要进行更多跨学科融合下的劳动教育实践。

2. 对本研究的启示

我国教育部门十分重视中小学劳动教育,相关的政策与指导文件也已出台,国家正大力提倡劳动教育。然而,对劳动教育的相关研究虽越来越多,但纵观整个小学劳动教育的研究范围,在理论方面大多集中于对学校劳动意义、内涵、价值等方面的论证。还可以发现,虽然在理论指导的层面上研究内容较为丰富,体系较为完整,但具体实施的案例却介绍得很少。比如,有的学校虽然有案例介绍,但介绍不全,读者不能够系统地了解学校开展课例的具体方法;而有的学校的顶层框架设计较为系统,然而缺乏案例作有力的支持,使得设计停留在较高的位置,无法落地。通过初步的文献调查,发现在小学段开展跨学科融合劳动教育,尤其是实践研究的内容较为贫乏,其可供借鉴参考的案例以及方法经验较少,有研究的必要。

(二) 研究目标

(1) 完善跨学科主题学习"校园清洁机械手"的单元教学设计。

(2) 提炼开展"校园清洁机械手"跨学科主题教学中的教学实施策略。

(3) 评价"校园清洁机械手"跨学科主题学习的教学效果。

(三) 研究内容

通过劳动项目组共同研讨,预想课程实施过程中可能会遇到的问题,在课前完善单元教学设计。通过同侪教研,让各学科教师从其主讲课出发,对跨学科单元设计的内容提出建议与修改,使教学设计所涉及的各学科知识更精准。通过课堂实践与专家指导,对课程实施过程中实际遇到的问题作反思和改进,在课后进一步完善单元教学设计。通过积累课堂教学中的过程性资料,提炼跨学科主题学习的策略,作资料整理和文本分析。借助学校课题成果,依据劳动教育单元教学的特点制订课堂评价量表,对课堂教学给出评价。对应新课标的要求,评价跨学科主题学习对学生劳动素养提升的效果。

(四) 研究方法

1. 文献研究

通过在中国知网以及书籍、期刊上查找文献资料,查阅国内外有关跨学科主题学习的论文、案例,了解跨学科主题学习的有关资料,寻找跨学科主题学习实施的相关经验与做法,从而启迪课题组成员的思想,开阔研究思路。

2. 调查研究

通过问卷调查、课堂观察和学生访谈,了解和分析劳动跨学科主题学习的成效。运用定性分析与定量分析相结合的方法,分析跨学科主题学习后学生劳动方式和劳动能力水平的变化情况。

3. 行动研究

发现、分析在课题研究过程中存在的问题,同时邀请专家给予指导,并根据专家意见采取改进措施,适时改进计划。

4. 教学实践

在教学实践过程中,探索小学劳动教育课程开展跨学科融合的方法与策略,不断对教学内容和方法作反思与改进。

5. 经验总结

及时对实施过程作持续的总结和反思,提供有关劳动跨学科主题学习的经验启示,助力课题的开展。

(五) 研究过程

研究过程详见图1-3-1。

研究从"设计阶段""实施阶段""总结阶段"分步开展。设计阶段中的主要任务是完善教学设计,通过查阅资料,对教学设计及实施方案给予补充。通过团队研究,预设开展项目中可能遇到的问题,并邀请市教研员作指导,把握研究方向,确认落实重点,初步形成实施方案。

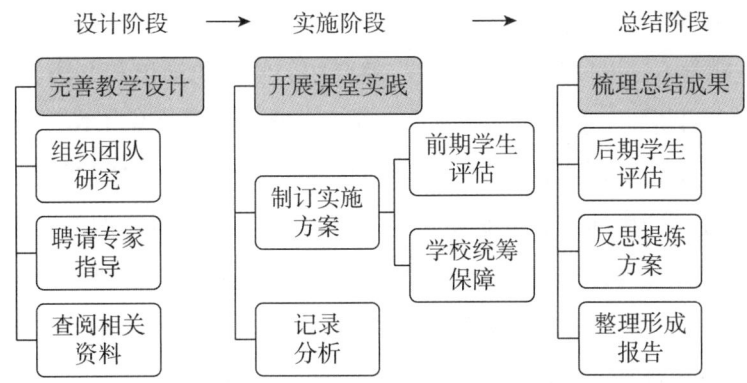

图 1-3-1　跨学科主题学习研究过程图

实施阶段的主要任务是开展课堂实践,通过制订方案,完成项目实施的具体操作流程及保障措施,开展"校园清洁机械手"的实践教学,完成实践案例。

总结阶段的主要任务是梳理成果,通过反思提炼,完成项目实施的实践报告,通过定性分析和定量分析,得到实践效果的评测报告。而后整理所有资料与经验成果,撰写基于数据的跨学科主题学习班级对比的实效研究论文。

三、研究结论

通过教学实践将理论研究落地是本研究的重点,在实践过程中得出了跨学科主题教学设计中的"三个步骤"和教学实践中的"四个要点",使教学目标与内容有依据,教学过程有重点与保障。

(一)跨学科主题教学设计策略的三个步骤

本项目在单元设计时按"梳理课标—整合教材—落实重点"的设计策略开展(图1-3-2)。首先梳理各学科相应学段的课标内容,明确教学目标和要求;然后在教材中找寻相关学习内容并作整合,确定重点知识和重要技能;最后确定每节课要落实的重点,设计具体教学活动和评价方式,确保学习活动的科学性和有效性。

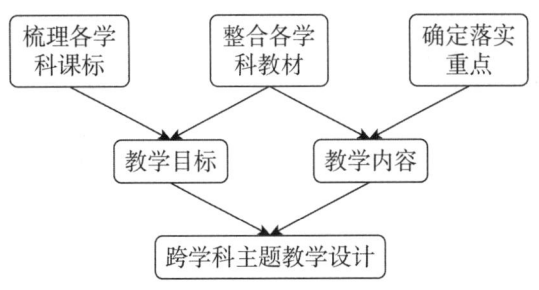

图 1-3-2　跨学科主题教学设计策略

1. 以课标要求为指引把握教学方向

跨学科主题学习是以一门学科为主线，整合相关学科的知识和方法，通过综合性实践活动解决真实问题的学习方式。这种学习方法有助于加深学生对主干学科的理解，培养学生的整体性思维。因此，在明确主干学科课标要求的同时，也需要关注相关学科的课标要求，以确定符合整体课程方案要求的教学方向。例如，本案例是以劳动学科为主干学科的，从立意来看与道德与法治学科存在关联，从实践来看需要科学学科及信息科技学科的支持，从内化评价来看需要语文写作与表达能力的支持。对这些学科课标中的要求要有所把握，才能使教学设计具有精准的导向。

2. 以教材内容为载体设计具体目标

梳理各学科在现有教材中的相关内容能够让课标的要求在载体中变得具象化，也能够帮助教师构建合理的教学框架、梳理教学内容和任务，设定具体可操作的目标，促进跨学科整合，从而提高教学的实际效果。通过对主学科及相关学科相应学段教材内容的梳理（表1-3-1），可在现有教材中发掘相关内容作整合，在各学科中找到已有的知识基础，在教学设计时就为学生能运用跨学科知识解决问题做好保障。例如，本案例中，校园清洁方案在三年级道德与法治学科的学习中就已有述及，而机械手的制作会用到四年级科学学科中杠杆相关的知识，这些内容或作为基础巩固加深学生的认知，或作为新知让学生在具体需求中深化对知识的理解，能够使教学效益更高。

表1-3-1 相关学科核心素养及教材梳理表

学科	核心素养要求	教材相关内容
主学科	主学科 义务教育课程标准 相应学段学习目标： 1.…… 2.…… ……	《教材》（主学科）—相应年级—相应课题 教材版本及出版社
相关学科1	相关学科1 义务教育课程标准 相应学段学习目标： 1.…… 2.…… ……	《教材》（相关学科1）—相关年级—相关课题 教材版本及出版社
……	……	……

在将上述要求和教材梳理完成后，便可以基于已有的教学目标和教学内容开展跨学

科主题学习的目标设计(表1-3-2),并明确每个目标对应培养的核心素养,使得教学更加有的放矢。

表1-3-2 单元目标设计表

单元目标描述	核心素养
单元目标1	学科1核心素养 学科2核心素养
单元目标2	学科1核心素养 学科3核心素养
……	……

3. 以主干学科为核心设计教学内容

根据主干学科设计教学内容可以聚焦教学主题,并确保课时任务的系统性和连贯性,厘清学习过程中学科间的联系和主次,促进学生跨学科思维和创新能力的发展,从而提高学习效果和学生的综合素养。例如,本案例是以劳动为主干学科的,该学科重实践与反思,那么在设计教学内容时可安排更多实践环节,留有充足的时间让学生实践、讨论和反思。

此外,在课时设置上,跨学科主题学习本身融合了多学科的内容,故在课时任务安排时可使用关联学科的课时。比如,跨学科主题学习设计的总课时为6课时,则可以在主学科中安排3课时的教学内容,需要相关学科知识或技能参与时,则使用该学科的课时来完成剩余课时的教学内容。尤其是当一些学科的实践性较强、课时不够时,还可以将跨学科主题教学以课内教学与课外活动相结合的形式设置学习任务,并可将课外活动与学校活动相结合,结合学科特点统筹课时安排。

(二)跨学科主题教学的实施策略的四个要点

1. 在真实情境中聚焦问题主体

情景引入是教学中常见的一个环节,若情景来源是从现实生活中获取的,则可以促进学生的实践意识、好奇心、批判性思维、学科知识整合能力和实践能力的提升,也有助于培养学生的综合素养和社会责任感。例如,在本案例中,学生通过自主调查与交流自然产生了本课的核心问题:在清洁校园及周边道路时,有些脏污的垃圾用手拾取,既不卫生,也不方便,怎么办?通过前期组织学生对生活中的一个个现象、一个个问题的调查,从而引导学生关注现实生活,观察其中的细节,感知问题所在,从而聚焦问题主体。

2. 在搭建支架中学习知识技能

搭建支架可以引导学生明确学习的方向和目标,使学习更加有序和高效,同时,支架还可以帮助学生解决学习中遇到的问题和困惑,提供支持和导引,使学生能够较快地克服困难,取得进步。例如,在本案例中,要解决核心问题可以从这三个问题着手考虑:"什么样的劳动工具能替代手来拾取垃圾?""清洁机械手的结构是怎样的?""如何自制清洁机械手?"而这三个问题既搭起了整堂课的学习框架,也能够通过不断聚焦出现的新问题,为学生逐步搭建所需的支架,从而完成劳动工具的制作。

3. 在实践活动中培养核心素养

实践活动能够提升学生的实践能力和解决问题的能力,通过将理论知识应用到实际情境中,不仅能够使学生更好地理解和掌握知识,增强动手能力和实际操作技能,还能够促使学生在实践中全面发展各方面的素质,包括认知能力、情感态度、价值观念等,提升学生的综合素养。例如,在本案例中,学生通过前期实践,设计并制作出了清洁机械手,然而在实际的校园保洁劳动中,他们还会发现工具使用、团队合作、环境维护等一系列问题并进一步思考和解决,这一过程不仅提升了学生的劳动素养,还促进了学生的团队合作能力和沟通协作能力的提升,既提高了教学效果,也激发了学生学习的热情和动力。

4. 在过程评价中提升自我认同

劳动成果固然重要,如果能记录劳动过程,那么对学生树立良好的劳动观念效用更大。所以在最后一课的教学中,结合四年级语文教学中的习作内容开展,运用语文习作的方法写劳动感悟,是融合课标要求与教学内容的一种尝试。习作交流既是对学生语言运用能力的锻炼,也是对学生劳动实践的多维度评价。学生在交流中学会客观地评价自己和他人的劳动成果,培养客观评价的能力,树立良好的劳动观念,促进形成劳动精神,再次体悟劳动与生活、社会与家庭间的密切联系。

过程评价在教学中扮演着至关重要的角色,具有多方面的作用。首先,过程评价可以帮助教师了解学生的学习过程和学习策略,及时发现学生的学习困难和问题,从而相应调整教学方法和内容,帮助学生更好地理解和掌握知识。其次,过程评价有助于激发学生的学习兴趣和提高学生的学习积极性。通过及时的反馈和评价,学生可以更清晰地了解自己的学习情况,从而更有动力地投入学习。最后,过程评价可以促进学生的自我认知和自我调节能力的培养,让学生学会自我评价和自我反思,从而更好地规划学习目标和学习策略。另外,过程评价还有助于促进教师和学生之间的互动和交流,建立良好的师生关系,增强教学效果。最重要的是,过程评价有助于全面评价学生的学习情况,不仅关注学生的学习成绩,还可以了解学生的学习态度、学习方法、思维能力等多方面的表现,为学生的个性化发展提供更全面的指导和支持。综合来看,过程评价在教学中起到了重要的作用,有助于提高教学质量,促进学生的全面发展和成长,是教学中不可或缺的一部分。因此,教师应该重视过程评价,在教学中及时作评价和反馈,为学生的学习提供有效的指导和支持。

四、效果与反思

(一) 提升了学生在解决问题时的综合能力

有别于传统的课堂教学,劳动课程本身就会有大量的实践时间,而在本主题的学习中,学生更是需要多次走出教室,到校园开展调查采访、记录情况、打扫清洁等实践。这样的实践给了学生提出问题的机会,让提出问题的主体从教师转变为学生,也让问题变得更多元化,变得更具跨学科的"味道"。当然,关注点的不同使得思考问题的角度不同,进而也使学生解决问题的方向变得多元。每一种想法的主题都指向劳动,每一种想法的方式不限于一种学科,每一种想法都体现出了跨学科主题学习的方式,培育了学生的综合素养。

(二) 构建了劳动跨学科主题学习的教学模式

在研究中,整合了劳动、科学、道德与法治、信息科技等多门学科的知识内容,让学生在学习过程中了解科学原理、认识自己与社会的关系,运用信息技术记录过程、展示成果等。在实践中综合运用各学科知识和技能,培养了学生的实践能力和创新精神。同时还采用了多元化的评估方式,包括小组展示、劳动实践、过程记录等,充分考察了学生的综合能力和创新思维,促进了学生对跨学科学习成果的全面展示和评价。

通过这一教学模式的实践,学生的学习兴趣得以激发,学习动力得以提高,他们在跨学科学习中展现出了更多的创新意识和团队合作精神。此外,学生的综合能力和实践能力也得到了有效培养和提升,对学生的综合素质发展起到了积极的推进作用。

(三) 对新时代背景下劳动教育的育人方式作了有效的实践

通过劳动主题教育,引导学生树立正确的劳动观念和价值观,让他们明白劳动的重要性,培养学生勤劳、诚实、负责的品格。通过劳动实践活动,动手、动脑、动心,培养了学生的实践能力和动手能力。在劳动实践中,鼓励学生发挥创造力,培养他们的创新意识和创新能力,让他们在实践中不断探索、创新。在劳动实践中,组织学生小组合作,让学生学会与他人合作、协作,培养他们的团队合作精神和沟通能力。

通过这一实践,学生对劳动教育的认识得到了提升,对劳动的态度也发生了积极的变化。他们在劳动实践中不仅学会了技能,更重要的是培养了勤劳、创新和合作的品质。因此,这一劳动教育的实践取得了良好的效果,对学生的全面素质发展起到了积极的促进作用,符合新时代背景下劳动教育的育人目标。

(四)反思与不足

对于研究的过程,我们也深知一定存在诸多不足之处,如跨学科主题学习需要教师具备多学科知识背景,但现实中很多教师可能只具备本专业的知识,对其他学科的知识掌握不足,这会影响到跨学科教学的实施。又如,跨学科主题学习需要多学科的教学资源,例如教材、设备、实验室等,但很多学校的教学资源有限,难以满足跨学科教学的需要。再如,跨学科主题学习需要各学科之间的紧密融合,但有时学科之间的融合不够紧密,难以形成有机的整体,影响学习效果。这些问题都需要教师和学校在实践中不断探索和完善,从而进一步提升跨学科教育的质量和效果。

参考文献

[1] 李作林.劳动教育:促进学生个性自由而全面发展的有效途径[J].创新人才教育,2019(02):33-37.

[2] 唐烨伟,陆淑婉,赵一婷,等.跨界融合视域下劳动教育课程体系研究——内涵、路径与模型构建[J].中国电化教育,2021(05):49-56.

[3] 陈小山.跨学科融合教学的实践与思考[J].现代职业教育,2021(39):62-63.

[4] 陈艳婷.劳动教育背景下的跨学科融合探究——以"艾的味道"课程为例[J].中小学信息技术教育,2021(Z2):127-128.

实践案例

校园清洁机械手*

一、育人价值

"校园清洁机械手"项目是针对学生在清洁校园及周边道路时,发现有些脏污的垃圾用手拾取,既不卫生,也不方便的问题设计的,其既属于劳动课程任务群中的"清洁与卫生",又属于"工业生产劳动",对劳动课程的实施与实践具有一定的参考价值。

本项目以如何在清理垃圾时既能够保持个人卫生,又能提高劳动效率为驱动性问题,通过调查、思考和制作劳动工具,从而使得清洁任务能够更好地完成。教学中融合了道德与法治、信息科技、科学等课程的相关内容,问题源于真实情景,成果用于劳动实践,促进学生形成正确的劳动观念,发展劳动能力,进一步构建"健康与安全""生产效率与分工"等跨学科大概念。

基于四年级学生已有较为丰富的室内清洁经验,该项目将劳动教育与学生校园生活,乃至社会生活有机结合,丰富劳动实践体验,在实施过程中灵活运用相关课程所学的知识开展劳动实践,形成用劳动创设洁净学习环境的意识,进一步培养学生热爱劳动的态度,初步学会与他人合作劳动。

二、主题学习方案

参见表1-3-3。

表1-3-3 "校园清洁机械手"跨学科主题学习方案

学习主题	校园清洁机械手		
实施年级	四年级	总课时	5课时
学习目标	1. 通过查找"全国文明城市(区)"有关资料,学会利用在线平台和数字设备获取学习资源,初步学会关心公益事业,主动参加力所能及的校园清洁、社会公益和志愿者活动		

---

* 执笔人:孙奇,上海市宝山区第二中心小学;管文川,上海市教师教育学院(上海市教育委员会教学研究室);伍冰清,上海市宝山区第二中心小学。

（续表）

学习目标		2. 通过在校园、社区的清洁劳动实践，体会劳动最光荣，认识到美好生活离不开各行各业的劳动者 3. 通过试用和拆装各种清洁机械手，了解产品的构造和特点，探究设计技术产品的科学原理，并尝试制作清洁机械手的简化实物模型 4. 通过清洁机械手模型与实物的制作，掌握尖嘴钳、手工锤等工具的操作方法并学会规范使用，知道日用产品的来之不易，懂得爱惜日用产品 5. 通过撰写劳动日记、展示交流活动，学会用日记、观察手记等记录并展示自己的劳动过程以及劳动中的收获		
内容组织	统领性任务	设计、制作并使用清洁工具从而在创设干净整洁校园环境时保持个人卫生，提高劳动效率		
	子任务	调查校园室内外场地的卫生状况	调查并设计清洁机械手，运用常见或废弃材料制作清洁机械手	使用清洁机械手开展校园清洁
	劳动	调查劳动场地的状况，确定劳动目标和实践内容，统筹规划劳动对象和方法，预想实践中会遇到的问题	认识清洁机械手的一般结构，了解各部分的作用。能初步设计清洁机械手，掌握尖嘴钳、手工锤等工具的操作方法并学会规范使用	熟练掌握清洁机械手的使用方法，提升清洁劳动能力，形成良好的劳动观念
	关联学科 道德与法治	主动参加力所能及的校园清洁、社会公益和志愿者活动，自觉维护公共卫生，形成公共服务意识		
	关联学科 信息科技		学会利用在线平台和数字设备获取学习资源	
	关联学科 科学		了解产品的构造和特点，探究技术产品设计的科学原理	
	关联学科 语文			学会用日记、观察手记等记录并展示自己的劳动过程以及劳动中的收获

（续表）

学习活动设计	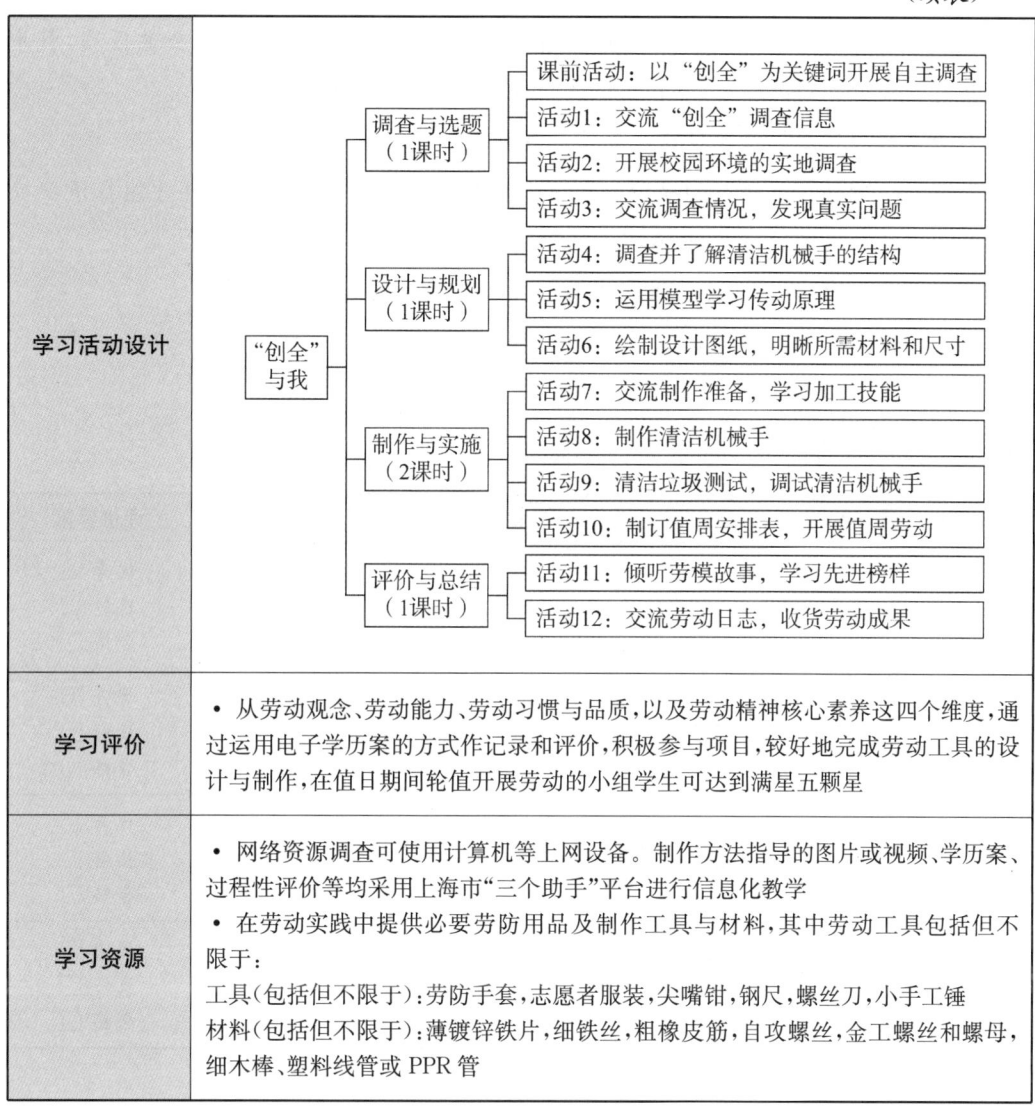
学习评价	• 从劳动观念、劳动能力、劳动习惯与品质，以及劳动精神核心素养这四个维度，通过运用电子学历案的方式作记录和评价，积极参与项目，较好地完成劳动工具的设计与制作，在值日期间轮值开展劳动的小组学生可达到满星五颗星
学习资源	• 网络资源调查可使用计算机等上网设备。制作方法指导的图片或视频、学历案、过程性评价等均采用上海市"三个助手"平台进行信息化教学 • 在劳动实践中提供必要劳防用品及制作工具与材料，其中劳动工具包括但不限于： 工具(包括但不限于)：劳防手套，志愿者服装，尖嘴钳，钢尺，螺丝刀，小手工锤 材料(包括但不限于)：薄镀锌铁片，细铁丝，粗橡皮筋，自攻螺丝，金工螺丝和螺母，细木棒、塑料线管或PPR管

三、子任务活动设计

子任务1：调查与选题。

所需课时：1课时。

学习目标：通过交流所处城区"创全"情况，了解文明城市（区）的意义，对校园及上学途经道路作保洁，主动发现保洁中的问题，尝试找寻合适的劳动工具。

学习过程：

1. 组织学生开展交流，按"'创全'是什么？为什么？怎么做？"来介绍。

2. 组织学生讨论劳动内容,引导学生以"环境清洁"为首要劳动目标开展学习。

3. 提供学校道路和公共区域平面图,带领学生实地调查校园道路和公共区域,引导学生及时清理所见到的垃圾,并拍照记录清理过程。

4. 结合学校道路和公共区域平面图开展调查情况交流。

5. 展示学生清理垃圾时的视频或照片,组织学生发现核心问题:怎样才能在清理校园及周边道路的垃圾时,保持个人卫生,并提高劳动效率?

学习资源: 学校道路和公共区域平面图、PAD、劳防手套。

学习评价:

参见表1-3-4。

表1-3-4 "调查与选题"学习评价表

评价维度	评价内容	评价等第
劳动观念	积极参与调查活动,尊重校园保洁员	优秀 □ 良好 □ 合格 □
劳动能力	调查结果具体,能主动捡拾调查时发现的垃圾	优秀 □ 良好 □ 合格 □
劳动习惯和品质	调查活动有始有终,捡拾垃圾时不怕脏、不怕累	优秀 □ 良好 □ 合格 □
劳动精神	认为校园清洁很有必要,对劳动有较强的认同感,甘于奉献	优秀 □ 良好 □ 合格 □

子任务2: 设计与规划。

所需课时: 1课时。

学习目标: 通过交流不同清洁机械手的特点,进一步了解劳动工具,通过清洁机械手的设计,学习机械手的传动原理,明晰所需材料和尺寸。

学习过程:

1. 调查清洁机械手的种类,并组织学生对找寻到的机械手资料展开介绍。

2. 适时补充,进行小结:各种清洁机械手利用不同的传动方式达到了相同的目的——抓取。

3. 组织学生分析拾取的垃圾情况,归纳特点。

4. 组织学生讨论制作哪种机械手。

5. 根据学生讨论情况,适时小结,引导学生先分析负责区域的清洁需求,再作选择。

6. 开展制作连杆和转轴这两个结构的教学,阐述科学原理。

7. 引导学生讨论制作一个清洁机械手需要用到哪些材料,其结构尺寸如何?

8. 组织学生设计连杆型机械手或钳子型模型机械手。

9. 交流设计方案并评价。

学习资源:PAD、清洁机械手模型教学具。

学习评价:

参见表1-3-5。

表1-3-5 "设计与规划"学习评价表

评价维度	评价内容	评价等第
劳动观念	积极参与调查与设计活动,合理使用并爱惜实物模型	优秀 □ 良好 □ 合格 □
劳动能力	能根据调查结果选择合适的清洁机械手,并能作合理设计	优秀 □ 良好 □ 合格 □
劳动习惯和品质	设计活动有始有终,小组讨论时有自己的想法,也能聆听他人的意见	优秀 □ 良好 □ 合格 □
劳动精神	遇到困难时不轻言放弃,有钻研精神	优秀 □ 良好 □ 合格 □

子任务3:制作与实施。

所需课时:2课时。

学习目标:通过交流不同材料的特点,用合适的方式加工,学习清洁机械手的实际制作,掌握清洁机械手的使用方法,在试用过程中学会对清洁机械手作调试和改进。汇报值周安排表,明确每人的分工和职责,共同商讨并制订值周劳动评价标准,阅读劳动日志,学习劳动周志的习作方法。

学习过程:

1. 组织学生结合设计图开展交流。

2. 教授木材、金属片钻孔技能。

3. 教授较粗金属丝、较大金属片的弯折技能。

4. 组织学生规整各自带来的材料,而后开始分工协作。

5. 巡视、指导学生制作。

6. 引导学生试用清洁机械手,并思考调试或改进清洁机械手。

7. 分发值周安排表空表,组织学生课后以小组为单位商议人员安排和分工。

8. 分配小组保洁区域,组织学生制订值周计划,引导学生思考值周安排上需要注意哪些方面。

9. 组织学生制订遇到突发情况无法值日时的预案。

10. 组织学生讨论值周的劳动评价标准。引导学生从"劳动前、劳动中、劳动后"展开讨论,明确劳动目标和评价标准。

11. 发放劳动日志记录册,并组织学生阅读范文。

12. 组织学生交流感受。

学习资源: PAD、尖嘴钳、钢丝钳、螺丝刀、手工钻。

学习材料: 细木棒、薄镀锌铁片、细铁丝、自攻螺丝、精工螺丝及螺母、劳动日志纸质稿。

学习评价:

参见表 1-3-6。

表 1-3-6 "制作与实施"学习评价表

评价维度	评价内容	评价等第
劳动观念	积极参与制作活动,乐于参与校园的清洁值日活动	优秀 □ 良好 □ 合格 □
劳动能力	1. 能根据设计图制作清洁机械手,能正确使用劳动工具 2. 能根据值周安排表开展校园清洁劳动,打扫室外场地有顺序,能扫干净	优秀 □ 良好 □ 合格 □
劳动习惯和品质	1. 制作活动有始有终,制作完成后场地能保持整洁 2. 清洁劳动有始有终,打扫完毕后能及时收纳劳动工具	优秀 □ 良好 □ 合格 □
劳动精神	1. 遇到制作困难时不轻言放弃,有钻研精神 2. 在轮值期间能够坚持劳动,有奉献精神	优秀 □ 良好 □ 合格 □

子任务4:评价与总结。

所需课时:1课时。

学习目标:通过交流劳动经历,畅谈劳动的感悟与收获,展示值日期间的劳动成果照片,总结评价并授予荣誉徽章。在完成校园劳动清洁后,探讨新的劳动目标,思考下一步行动。

学习过程:

1. 组织学生交流劳动经历、劳动体会或感悟。
2. 教师交流观察到的细节与感受。
3. 播放学生劳动视频集锦。
4. 根据评价表作综合评价,颁发荣誉徽章,表彰劳动模范。
5. 播放劳模先进事迹介绍视频,感受劳模精神。
6. 组织学生交流思考"创全"中还能做哪些事情。

学习资源:劳模先进事迹视频、学生视频集锦。

学习评价:

参见表1-3-7。

表1-3-7 "评价与总结"学习评价表

评价维度	评价内容	评价等第
劳动观念	积极参与交流分享活动,对自己的劳动成果有认同感	优秀 □ 良好 □ 合格 □
劳动能力	能完成劳动日志,记录内容有重点,有体悟	优秀 □ 良好 □ 合格 □
劳动习惯和品质	能坚持完成劳动日志,认真倾听他人交流,尊重他人劳动成果	优秀 □ 良好 □ 合格 □
劳动精神	学习劳模事迹,并从中感受劳模精神,愿意去参与社区清洁劳动	优秀 □ 良好 □ 合格 □

四、课时举隅

第 3 课时

1. 学习任务分析

"清洁机械手的制作"建立在学生前期学习的基础之上。学生在调查清洁机械手的设计需求并进行初步设计之后,自然会想要将清洁机械手制作出来,于是他们通过在身处环境中查找所需材料,与小组同伴一起开展清洁机械手的制作。在本节课中,学生将交流不同材料的特点,学习用合适的方式对塑料、金属片、木条等加工;学习清洁机械手的制作方法,初步掌握清洁机械手的使用方法,在使用过程中学会反思,并提出对清洁机械手改进的建议。学生经过实际的制作会对设计有新的认识,也会对自己制作的清洁机械手的结构更加了解,从而意识到通过劳动创造工具的喜悦,并为后续课时中的校园清洁提供了基础条件。

2. 学习目标

(1) 通过交流不同材料的特点,了解各类材料的加工方式,并运用找到的材料制作清洁机械手,逐步形成安全操作意识,提升劳动素养。

(2) 通过机械手模型与实物的制作,掌握尖嘴钳、手工锤等工具的操作方法并学会规范使用,知道日用产品的来之不易,懂得爱惜日用产品。

(3) 通过运用自制清洁机械手比赛,熟悉机械手的使用方法,并根据使用情况对机械手作调试和改进,初步形成产品质量意识和精益求精的劳动品质。

3. 学习重难点

(1) 学习重点:运用找到的材料制作清洁机械手。

(2) 学习难点:根据使用情况提出对机械手的改进建议。

4. 学习活动设计

参见表1-3-8。

表1-3-8 学习活动设计表

活动环节	教师组织	学生活动	设计意图
交流制作准备,学习加工技能	1. 组织学生结合设计图开展交流 2. 教授木材、金属片钻孔技能 3. 教授较粗的金属丝、较大的金属片的弯折技能 演示:靠模弯折金属丝和金属片 演示:尖嘴钳弯折金属丝,钢丝钳弯折窄的金属片	1. 结合设计图开展交流 2. 学习木材、金属片钻孔技能 3. 学习较粗的金属丝、较大的金属片的弯折技能	通过设计图的交流,预想制作过程中可能会发生的问题,提前做好预案。学会规范地使用常用生产工具、设备加工制作

（续表）

活动环节	教师组织	学生活动	设计意图
小组通力协作，制作清洁机械手	1. 组织学生对各自带来的材料作规整，而后分工协作 2. 巡视指导学生制作	1. 对各自带来的材料作规整，而后分工协作 机械臂：PVC 管、细木工板、金属管…… 抓手：金属片、粗塑料管、木片、橡胶垫片…… 连杆：金属丝、棉绳…… 辅助零件：金属丝、U 形钉、自攻螺丝、精工螺丝和螺母、皮筋、弹簧…… 2. 制作清洁机械手，可向其他小组调剂制作材料，必要时可向教师求助	通过小组合作，丰富制作资源，减少材料浪费，共同完成清洁机械手的制作，增强团队协作意识
清洁垃圾比试，调试清洁机械手	1. 宣讲比赛规则，组织学生使用自制的清洁机械手参加比赛 2. 在指定区域内有垃圾若干种，每种各 10 个。参赛者（一人）进入后运用自制的清洁机械手拾取，并分类投放至规定的垃圾桶内，其间不允许用手接触垃圾的任何部位。速度快者胜 3. 引导学生思考调试或改进清洁机械手，讨论使用技能的重要性	1. 聆听比赛规则，在小组内委派代表参赛 2. 根据规则参加比赛 3. 就比赛过程复盘，讨论制作上的改进或使用中的改进	通过比赛进一步提高学生对于改进劳动工具和劳动方法的兴趣，提高劳动意愿
根据小组情况制订值周安排表	分发值周安排表空表，组织学生课后以小组为单位商议人员安排和分工	根据值周安排表的要求，以小组为单位劳动	通过值周安排表的制订，学习如何合理分工，给学生分配劳动任务以提升其责任意识

五、案例反思

　　劳动跨学科融合教育就是把劳动教育和语文、数学等多个学科相融合而打破学生单一学科学习壁垒，将各科知识与技能融会贯通而达到教育目的的一种学生培养方式。相比于学科的单元教学，跨学科学习的教学范围更加宽泛，因此学生可以接触到不同学科的知识和思维方法，能够更加全面、深入地了解和掌握问题。在将原劳动技术四年级第二学期"模型机械手"一课作重构后，其教学内容与道德与法治、信息科技、科学等学科融合后形成了"校园清洁机械手"这一跨学科主题学习项目，使其变为在解决一个真实问题的过程中，学习和运用多个学科的知识解决问题的课程。

（一）依据素养目标，创设情境任务

《义务教育劳动课程标准（2022年版）》（以下简称劳动课程标准）关注在课程学习中形成和发展核心素养，所以教学目标应从学科本位、知识本位转向学生发展的素养本位。在原本的教学中，设计与材料都是现成的，学生的制作成果也是千篇一律的，学生劳动素养的提升有限。

在设计情境任务时依循了劳动课程标准中"清洁与卫生"任务群和"工业生产劳动"任务群中的要求，融合了原有的教学内容与校园清洁劳动，创设了"校园的清洁"这一任务。这样的任务设计使得原本注重技术学习的教学变为了劳动为主、技术支持的教学。在劳动中，学生自主产生对新劳动工具的需求，从而主动学习清洁机械手的制作，并最终运用该机械手作进一步的清洁劳动。在教学过程中不断体会技术服务于人、服务于劳动的认知。在这种教学任务的重构中，学生能够通过一个真实的问题，学习到清洁劳动中的知识和技能，掌握清洁机械手的设计与制作，在解决问题的过程中综合发展劳动素养。

（二）挖掘情境内涵，整合教学内容

劳动课程涉及多个任务群，这样的安排决定了每学期学生在劳动课程中的时间是受限的，但如果能够联系学科内的知识，就可以做到拓展劳动的时间。在"校园清洁机械手"这一案例中就将"清洁与卫生"和"工业生产劳动"两个任务群的内容作了关联，在同一个情景任务中实施不同劳动任务群内容的学习，从而使得学生在劳动学习的时间上得到保障。

而通过对校园清洁这一情境的深度挖掘，会发现其与道德与法治、信息科技、科学、语文等学科的教学内容存在诸多关联。比如，调查垃圾分类、收集机械手结构等资料时，学生需要运用学到的信息知识和技术；再如，制作清洁机械手时，抓手上连杆连接的点位是否合适与学生学习科学学科时了解到的杠杆知识密不可分；又如，记录校园清洁劳动感受时，能否准确合理地表达，同样离不开学生语文写作、语言表达等能力。所以在确定了教学情境后，深挖情境的内涵有助于整合更多学科的教学内容。

（三）基于任务主线，设计主要活动

跨学科学习并不等同于多学科学习，不能简单地累加各学科的内容，而是要确定学习的主线任务，并以此设计学习过程中的主要活动。如本案例中的主线任务是安全高效地清洁校园，所以在设计主要活动时先通过"'创全'与我"的调查，让在校园中的学生的

视野落到生活,再通过实际调查了解校园清洁过程中可能遇到的问题从而制订计划。接着通过资料调查、自主学习、实践制作劳动工具,并在之后的劳动实践中,发现机械手使用中的不足之处并加以改进,最后对劳动的过程以日志的形式记录交流。可以发现整个教学活动都是围绕任务主线而设计的,这些活动很自然地串起了劳动、信息科技、道德与法治、科学和语文学科,既有已有知识和技能的复习和运用,也有新知的习得和感悟,切实做到学以致用。

教学论文

指向综合能力提升的劳动
跨学科主题学习教学设计与实施*

摘　要：综合能力对学生的重要性不言而喻，而通过跨学科主题学习的方式提升学生的综合能力是近些年教育领域普遍认同与推崇的。"校园清洁机械手"劳动技术跨学科主题学习的教学，在设计时经过梳理课标要求、整合教材内容、确定课时重心三个步骤。在实施时可以从现实生活中发现劳动问题，统整教材内容从而确定单元目标。学生在劳动实践中培养了劳动习惯，记录过程中的感悟以提炼收获价值。在教学中运用好信息技术与数字平台提质增效，为学生未来的发展打下坚实的基础。

关键词：跨学科主题学习；设计与实施；小学劳动；综合能力

《义务教育课程方案（2022年版）》倡导的跨学科主题学习活动旨在促进学科之间的融合和交叉，使学生能够在跨学科的学习环境中养成批判性思维、问题解决能力和创新精神。这种学习方式注重整合不同学科的知识和技能，使学生能够更好地理解和应用所学内容，提升综合素养和跨学科能力。同时，新课程理念强调学生综合能力培养，不再仅仅强调知识的传授，而是更加注重学生综合素养的培养，包括批判性思维、创造力、合作能力等方面。跨学科主题学习正是为了实现这一目标而设立的，它能够帮助学生在解决实际问题中培育这些素养，使他们能够更好地适应未来社会和职业的发展。而在劳动课程中，学生可以在实际操作中学习知识，培养动手能力和解决实际问题的能力，且劳动课程通常涉及多个学科的知识和技能，因此具有天然的跨学科属性，能够促进学生综合能力的发展。本文以"校园清洁机械手"这一跨学科学习主题为例，具体阐述小学劳动课程中的跨学科主题学习的教学设计与实施。

---

* 执笔人：孙奇，上海市宝山区第二中心小学；管文川，上海市教师教育学院（上海市教育委员会教学研究室）；洪玲芳，上海市宝山区第二中心小学。

一、设计基础

(一) 基于劳动课程的开发

2022年10月,上海市宝山区第二中心小学被遴选为上海市34所"上海义务教育劳动课程设计与研究"试点校之一,负责"清洁与卫生"任务群中"校园的清洁"一课的教学设计与实践。在设计课程的过程中我们发现,劳动课程的目标与道德与法治、科学等课程的部分目标相近,要传授劳动课程的内容也需要多门学科的知识技能作为基础,于是将"校园的清洁"这一劳动课程作为基础,开展跨学科主题学习的设计。

(二) 基于学生学习的需求

在开展"校园的清洁"课程的过程中,发现四年级学生已有较为丰富的室内清洁经验,但在做户外保洁区清洁时,有不少学生都是用纸巾包裹垃圾后拾取,而后重复利用该纸巾(图1-3-3);对于绿化丛中的垃圾,他们会找寻树的枝杈,将垃圾挑出来后拾取(图1-3-4)。通过访谈这些学生后,得知他们在劳动时存在一定困惑。其中不少学生表示存在诸如"徒手拾取垃圾不卫生""弯腰或蹲在地上捡垃圾效率不高""有些垃圾藏匿在绿化丛中,不方便拾取"等问题。

图1-3-3 学生使用纸巾包裹垃圾

图1-3-4 学生使用树枝挑取垃圾

二、设计过程

基于以上两个背景,本项目围绕"如何在清洁校园及周边道路时,既能够保持个人卫生,又能够提高清洁效率"这一核心问题,以"校园清洁机械手"为主题开展跨学科主题学习。在单元设计时按"梳理课标—整合教材—落实重点"的设计策略来设计(图1-3-5)。首先梳理各学科相应学段的课标内容,明确学科教学目标和要求;接着在各学科教材中,找寻相关学习内容并作整合,确定重点知识和技能;最后对整合的内容作取舍,确定每节课要落实的重点并设计具体教学活动和评价方式,从而确保学习活动的科学性和有效性。下文将以"校园清洁机械手"为例具体阐述教学设计的过程。

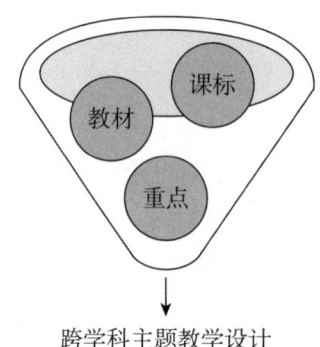

图 1-3-5　跨学科主题教学设计策略

（一）梳理课标要求，确定教学方向

跨学科主题学习是以一门学科学习为主干，整合与运用相关学科的知识或方法，开展综合性实践活动以解决真实问题的一种学习方式，从而深化对载体学科的深度理解，培养学生整体性的价值关切。所以在明晰"主干学科"课标要求的同时还需要关注其他各学科的课标要求。通过梳理各学科的课程标准素养要求，得到相关的内容（见表1-3-9），从而把握教学设计的方向。在梳理的过程中也会发现有些素养的表述与本学科的素养表述是不谋而合的，如道德与法治中对于"道德修养"这一核心素养的要求中提到"树立劳动意识，积极参加劳动实践，懂得劳动光荣、劳动不分贵贱"。

表1-3-9　"校园清洁机械手"项目相关学科核心素养梳理

学科	核心素养要求
劳动	《义务教育劳动课程标准（2022年版）》第二学段学习目标： 1. 养成良好的个人清洁卫生习惯，参加校园卫生保洁、垃圾分类处理、绿化美化等劳动，适当参加社区环保、公共卫生维护等力所能及的公益劳动，初步体验简单的现代服务业劳动，初步形成公共服务意识 2. 初步体验简单的手工制作生产劳动，能规范地使用常用的劳动工具，了解常用材料的作用与特征，对劳动过程中遇到的问题具有好奇心和探究欲望
道德与法治	《义务教育道德与法治课程标准（2022年版）》第二学段"道德修养"学习目标： 1. 初步养成健康的生活、卫生习惯，关心公共卫生 2. 树立劳动意识，积极参加劳动实践，懂得劳动光荣、劳动不分贵贱
信息科技	《义务教育信息科技课程标准（2022年版）》第二学段"数字化学习与创新"学习目标： 1. 利用在线平台和数字设备获取学习资源，开展合作学习，认识到在线平台对学习的影响 2. 依据学习需要，在教师指导下，有效地管理个人在线学习资源 3. 借助信息科技进行简单的多媒体作品创作、展示、交流

(续表)

学科	核心素养要求
科学	《义务教育科学课程标准(2022年版)》第二学段"科学观念"学习目标： 1. 知道技术产品包含科学概念、原理；知道简单的设计问题存在限制条件，并有多种设计方案 2. 探究实践：掌握常见工具的使用方法；能拆开简单产品并复原，制作某种产品的简化实物模型并反映其中的部分科学原理；发现作品的不足并进行改进
语文	《义务教育语文课程标准(2022年版)》第二学段"表达与交流"学习目标： 1. 观察周围世界，能不拘形式地写下自己的见闻、感受和想象，注意把自己觉得新奇有趣或印象最深、最受感动的内容写清楚 第二学段"梳理与探究"学习目标： 1. 运用书面或口头方式，并可尝试用表格、图像、音频等多种媒介，呈现自己的观察与探究所得 2. 能提出学习和生活中的问题，有目的地搜集资料，共同讨论，尝试运用语文并结合其他学科知识解决问题

(二) 整合教材内容，确定单元目标

梳理各学科的课标要求能使查找现有教材的相关内容变得更加有的放矢。通过对第二学段(三年级和四年级)教材的梳理(见表1-3-10)，在《劳动技术》《道德与法治》等现有教材中发掘相关内容并作整合，在各学科中找到已有的基础知识，能在开展教学设计时为学生能够运用跨学科知识解决问题作托底保障。

表1-3-10 "校园清洁机械手"项目相关学科教材内容梳理

学科	教材相关内容
劳动	《劳动技术》—四年级第二学期—"模型机械手" 上海科技教育出版社版
道德与法治	《道德与法治》—三年级第一学期—"我们的学校" 人民教育出版社版
信息科技	《信息科技》—三年级第一学期—"用计算机制作演示文稿" 中国地图出版社版
科学	《自然》*—四年级第二学期—"杠杆平衡" 上海科技教育出版社版
语文	《语文》—四年级第一学期—"观察日记" 人民教育出版社版

---

* 小学自然课程，即小学科学课程。

在将上述要求和教材梳理完成后,便可以基于各学科的课程标准实施"校园清洁机械手"的目标设计(见表1-3-11)。设计原因如下:①制作"清洁机械手",用来提高校园清洁效率,既属于劳动课程任务群中的传统工艺制作,又属于清洁与卫生范畴。②制作"清洁机械手",有助于提升学生的道德素养,形成公共服务意识。③制作"清洁机械手",需要学生科学知识和信息科技知识的辅助,在过程中学会探究技术产品设计的科学原理,学会利用在线平台和数字设备获取学习资源。④整个制作与劳动的过程回顾与成果评价可运用语文写作技能,学会运用文字表达自己的感受和印象深刻的内容。

表1-3-11 "校园清洁机械手"单元目标设计

单元目标描述	核心素养
学会利用在线平台和数字设备作劳动任务的调查和记录,感受应用信息科技来表达、分享的优势	劳动观念(劳动) 数字化学习与创新(信息科技)
学会综合运用多学科知识和多方面经验解决劳动中出现的问题,逐步学会与他人合作,初步体悟劳动的价值,能够认识到美好生活离不开各行各业的劳动者	劳动能力(劳动) 劳动观念(劳动) 责任意识(道德与法治)
了解"清洁机械手"产品的构造和特点,探究联动装置设计的科学原理,学会制作"清洁机械手"的简化实物模型,并初步设计"清洁机械手"	劳动能力(劳动) 探究实践(科学)
进一步掌握尖嘴钳、手工锤等工具的使用方法并学会规范使用,知道日用品的来之不易,懂得爱惜日用品	劳动能力(劳动) 劳动习惯与品质(劳动)
学会校园清洁劳动的方法,逐步具有用劳动创设洁净校园环境的意识,初步形成热爱劳动的态度	劳动能力(劳动) 劳动习惯与品质(劳动)
学会用劳动日记记录自己的劳动过程和收获,并作交流,逐步形成热爱劳动的情感,初步具有奉献精神	劳动观念(劳动) 劳动精神(劳动) 文字运用(语文)
初步学会关心公益事业,在生活中具有热爱劳动的情感,初步具有甘于奉献的劳动精神	劳动观念(劳动) 劳动精神(劳动) 道德修养(道德与法治)

(三) 根据学科特点,确定课时重心

依据单元目标以及学科特点,发现该学习主题需要课外时间作为支持,故将跨学科主题教学分为课程教学与活动教学,其中课程教学占6课时,分为13个教学活动(见图1-3-6)。6课时中,劳动课占3课时,道德与法治课占1课时,科学课占1课时,语文课占1课时。信息技术部分由于是课外完成,故不占用课时。而活动教学则与该年级的劳

动周相结合,通过参加劳动周的晨扫活动开展学习。

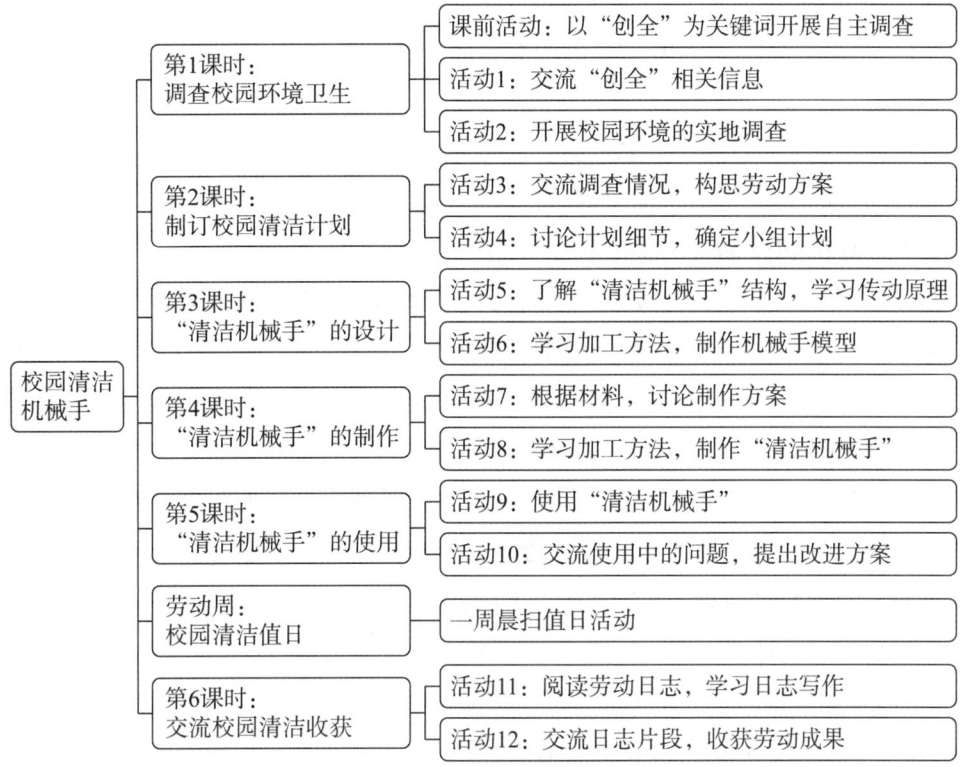

图 1-3-6 单元活动设计规划

三、实施过程

(一) 关注现实生活,发现劳动问题

通过前期的调查发现,有部分学生经过道德与法治课的学习有"想让校园环境更整洁"的意识,但也有不少学生没有该意识。故而将"创全"作为真实问题的落脚点,通过"'创全'与我"的调查与展示,让学生关注现实生活,了解社会与家庭、社会与自身之间的联系,让学生的视野落到生活,从校园的清洁开始着手,提升社会责任感,树立劳动观念。

而后,运用学生已有的信息技术技能开展调查,进一步聚焦劳动任务,从而引出核心问题。虽然学生每天都在校园中学习,但是其对于校园环境卫生情况往往不够关注。调查活动能够发现校园卫生环境中的问题,并对劳动范围及劳动内容有一个初步的概念。而在调查的过程中,由于有拾取垃圾的要求,所以学生会发现许多问题:

"我发现路上有很多枯叶,如果有扫帚就好了!"

"我们发现绿化带里藏着一个塑料袋,但是够不到,所以我们找了一根长树枝,把垃圾挑出来了,哈哈!"

"我们也用了树枝,不过我们是因为要捡的垃圾有点脏,怕不卫生,所以用两根干树枝夹起垃圾。"

在这样的交流中自然产生了本课的核心问题:在清洁校园及周边道路时,有些脏污的垃圾用手拾取,既不卫生也不方便怎么办?从而发现劳动工具的重要性。

(二) 聚焦问题解决,制作劳动工具

劳动既讲究方法,也讲究效率,尤其是室外清洁与学生所熟悉的室内清洁有所不同,所以室外清洁的工具及相关知识技能的教学十分必要。在劳动中学生已经经历过用手拾取垃圾的不便之处,所以设计制作一款适合他们使用的"清洁机械手"就显得尤为重要了。然而,如何自行制作工具,不仅需要学生掌握材料特性及其加工方式,还需要了解现有产品的科学原理。因此在自制"清洁机械手"时,通过不断聚焦新出现的问题,为学生逐步搭建制作所需的支架,从而完成劳动工具的制作。

问题1:什么样的劳动工具能替代人手拾取垃圾?

在解决该问题时,文字说明的效用远不及图片来得高,通过网络调查无疑是最为高效的方式,于是提供第一个学习支架——网络调查。学生运用数字设备作调查、展示与交流,发现了不同结构和类型的"清洁机械手",进而发现这些机械手的结构各不相同,遂引出了第二个问题。

问题2:"清洁机械手"的结构是怎样的?

通过观察图片,学生对"清洁机械手"的结构有了一定的了解。然而要制作出"清洁机械手",仅仅靠观察图片是难以达成目标的。所以在解决本问题时,提供了第二个学习支架——模型制作。通过制作机械手的模型,不仅可以了解金属丝、木棍等材料的特性,学习加工的方法,还可以运用模型探究联动装置设计的科学原理,从而为下一步实践做好准备。

问题3:如何自制"清洁机械手"?

由模型到实物,除了尺寸上的变化外,所用的材料也会发生一定的变化,于是提供了第三个学习支架——绘制设计图。设计图能够帮助学生对机械手的理解,并帮助学生厘清所需材料和加工方式。对教师而言,也能通过设计图预指导学生制作机械手,从而提高学生制作的成功率。

综上,在制作劳动工具的过程中,学生会用到各学科多方面的知识和经验,从而在解决实际问题的过程中,学会综合运用多学科知识和多方面经验来实施。

(三) 开展劳动实践,培养劳动习惯

在学生完成"清洁机械手"的制作后是实践课。一方面,学生劳动习惯需要进一步培养,如学生通过劳动前的准备工作,学会在室外清洁劳动中自我保护,形成安全防护意识;在劳动后能够及时整理劳动工具,巩固整理与收纳的技能,养成有始有终的劳动习惯等。另一方面,通过学习机械手的使用,学生不仅能够学会使用方法,还能发现问题,并再次运用多学科、多方面的知识或经验提出改进方案。通过这两个活动既能够提升学生清洁环境的能力,也能够提升学生劳动的综合能力。

而后进行劳动周的晨扫,其目的是让学生体悟到劳动行为并非一劳永逸,通过值日活动能养成持续参加校园劳动的习惯,初步形成责任意识。通过交流和分享,进一步巩固劳动观念,在回顾过程中体悟劳动的艰辛和与之相对的快乐,提升对劳动价值的认同,促进劳动习惯的养成,体会劳动带来的成就感。

(四) 记录过程感悟,提炼收获价值

劳动结果固然重要,如果能记录劳动过程,那么对学生树立良好的劳动观念效用更大。所以在最后一课的教学中,结合四年级语文教学中的习作内容开展,运用语文习作的方法写出劳动感悟,是融合课标要求与教学内容的一种尝试。交流习作既是对学生语言文字运用能力的提升,也是对学生劳动实践的多维度评价。让学生在交流中学会客观地评价自己和他人的劳动成果,培养学生客观评价的能力,树立良好的劳动观念,促进形成劳动精神,再次体悟劳动与生活、社会的密切联系。

四、教学反思

(一) 开展网络调查,让资源更丰富

在学习探究时,让学生在课前自主查找相关资料,并在课堂上分享自己的发现和认识,也可以在课堂上让学生作即时调查。比如,在调查"创全"内容时,学生通过课前的调查对于该内容有了预先的认知,而因为每个人调查的内容不尽相同,所以课堂中可供交流分享的资源就丰富了。再如,调查拾取垃圾的清洁工具时,由于检索词的不同,学生得到不同类型劳动工具的信息,丰富了学生的认知。通过这种方式,学生可以更加深入地了解和掌握知识,同时也可以锻炼自主学习能力和信息科技素养。

(二) 巧用数字软件,让课堂更高效

无论是在制作课还是在实践课上,总会有一部分学生在劳动前兴致勃勃、劳动中各自为战、劳动后一走了之的现象。分工合作和劳动习惯的培养对学生保持劳动全过程的兴趣是十分重要的。所以在劳动实践中,使用数字软件来帮助学生养成劳动习惯可以让课堂变得更高效。比如,在小组活动时,使用"进度条",既是对劳动前作规划习惯的培养,也能够帮助学生更好地开展小组合作。又如,在户外劳动中使用计时功能,能够提升学生在劳动中的效率意识,也解决了分组活动后的集合问题。

（三）记录学习过程，让评价更全面

《义务教育劳动课程标准（2022年版）》要求注重综合评价，具体体现在评价内容多维、评价方法多样、评价主体多元。不仅要关注劳动知识技能的习得，更要关注劳动观念、劳动习惯和品质、劳动精神的养成。如何从成果评价转向过程评价，让评价的作用不仅限于诊断，而且能够进行激励呢？数字平台就提供了一个较好的方式。比如在学习中，可以运用Classin平台的单元课程功能，将课堂中的学习资料与活动记录以单元的形式编制。在完成本单元的学习后，不仅能够让学生看到自己的学习过程，还能让其与同伴作互相学习与评价。这样的记录能够使得评价的主体从单一教师拓展到师生共评，使评价的内容从劳动成果拓展到劳动过程，使评价的方式从分数或等第拓展到词云、点赞等方式，更使得评价的作用从单一的诊断拓展到指导和激励。

五、结语

总之，劳动课程具有天然的跨学科属性，而跨学科主题学习能够更好地发挥劳动课程的优势。上海市宝山区第二中心小学目前在用的劳动教材仍然是上海二期课改时的《劳动技术》教材，该教材指向技术教学，与义务教育劳动课程标准的指向有所不同，这就要求在现有的教材中发掘劳动教学的素材，结合课程标准，整合现有在用的教材，并结合其他学科课标要求和教材的内容开展跨学科主题教学，从而培养学生的综合能力和解决问题的能力，为学生提供更广阔的学习空间，帮助他们更好地应对未来的挑战。

参考文献

[1] 中华人民共和国教育部.义务教育劳动课程标准（2022年版）[S].北京：北京师范大学出版社,2022.

[2] R. Vince. Behind and beyond Kolb's learning cycle[J]. Journal of management education,1998,22(3):304－319.

[3] 朱爱华.跨学科主题学习的本质、特征及设计路向[J].教育研究与实验,2023(05)：73－81.

[4] 宋晶晶.基于核心素养的化学跨学科主题学习活动设计与实践：以"爱水·绿水行动：水质检测及自制净水器"活动为例[J].现代教学,2023(19):20－21.

小学道德与法治学科跨学科主题学习实践研究

项目主持: 关月梅　邵苍苍

项目实验校: 上海市大宁国际小学

项目组长: 邵苍苍

项目组核心成员(按姓氏拼音排序):

关月梅　黄琪慧　纪晓艳　赖斯艺　刘　懿　陆　江
毛志峰　王玉兰　吴　珏　朱建飞　朱　娜

小学道德与法治学科跨学科主题学习实践研究报告*

一、研究背景

（一）研究目的

思政课是落实立德树人根本任务的关键课程。小学道德与法治学科要遵循道德修养和法治素养的形成规律，坚持主题学习与学生生活相结合，提升学生核心素养，促进知行合一。但是在教学实践中我们也往往会遇到这样的困惑，例如教师在教学设计中启发和培养学生思维的学习活动含量不足导致学习的深度不够，学生运用学到的知识和方法解决生活中实际问题的能力不强、主动参与和探究问题的内在驱动力不足等。为此，我们期望能够通过本项研究，提升小学思政课堂实效，探索学科实践育人的新途径，体现新时代思政育人的要求。

（二）研究意义

1. 跨学科主题学习是促进学生核心素养培育的重要路径

2022年4月教育部出台的《义务教育课程方案（2022年版）》对跨学科主题学习提出了明确要求，要求加强课程内容与学生经验、社会生活的联系，强化学科内知识整合，统筹设计综合课程和跨学科主题学习。跨学科主题学习最重要的价值和意义就在于融知识综合与问题解决于一体开展深度学习，培养学生在真实情境中综合运用知识解决问题的能力，是促成学生综合素养提升的重要实施途径。

2. 跨学科主题学习是发展道德与法治学科核心素养重要的实施途径和发展方向

上海课改30年来，小学德育课程经历了四次变革，逐步实现了课程向生活化转变和教学向生动性转变。如今，新课程改革更加强调以生活德育为指导，明确了道德与法治

---

* 执笔人：关月梅，上海市教师教育学院（上海市教育委员会教学研究室）；黄琪慧，上海市杨浦区教育学院。

课程是活动型综合课程。它以坚持主体性、强调目的性、体现融合性为特征,通过立足道德与法治课的跨学科主题学习引导学生学习和掌握道德与法律的基本规范,运用和整合其他学科的相关知识和方法,使学生在感悟生活中认识社会,学会做事,学会做人。

二、研究设计

(一) 文献综述

1. 议题

在《义务教育道德与法治课程标准(2022年版)》的课程理念中提到,要"突出学生主体地位,充分考虑学生的生活经验,通过设置议题,创设多样化的学习情境,引导学生开展自主、合作的实践探究和体验活动……"而在高中学段思想政治课程标准中对"议题"的定义为"议题,既包含课程的具体内容,又展示价值判断的基本观点;既具有开放性、引领性,又体现教学重点、针对学习难点。"

由此可见,围绕"议题"展开教学强调的是通过引入具有讨论价值的议题及构建真实情境来引导学生多维度辩证思考,借助活动型课程帮助学生澄清价值误区,提升学科素养。

2. 跨学科主题学习

《义务教育课程方案(2022年版)》中正式提出每门课程用不少于10%的课时开展跨学科主题学习。同时,对比相关研究主题的文献可以看到,通过在道德与法治课的教学实践中提升多主体互动,强化家校社协同育人,推动小学道德与法治课跨学科的融合发展,能够有效助推教学高质量发展。道德与法治课程作为一门活动性课程,其"综合性""实践性"的课程特点就为学科开展"跨学科主题学习"提供了学习内容设计的空间。

3. 基于议题的跨学科主题学习

综合"议题"和"跨学科主题学习"的概念,本课题提出的"基于议题的小学道德与法治学科跨学科主题学习"是指将出自学科特定学习主题的"议题"探究设置为课堂学习的主线路,以"议题式教学"为教学活动设计的主路径,融合"跨学科"的学习内容,打造基于儿童视角,适宜在小学道德与法治课程中开展的议题式的跨学科主题学习。其目的是通过跨学科的学习内容,结合相对复杂、多元、真实的学习情境,培养学生运用多学科的知识、能力与价值判断解决真实问题,发展学生的综合能力与综合素养。

(二) 研究目标

本课题主要通过实践性研究,尝试将"议题"教学与跨学科主题式学习两者有机结合,以更好地引导学生主动参与课堂,让学习的过程能够目标明确,内容走实,思维走深,形式有趣,成果走心,培养和提升学生的综合素养。

(三)研究内容

本课题的研究围绕"基于议题的跨学科主题学习"展开,试图探寻推进道德与法治学科跨学科主题学习的突破口,主要包括以下内容:

第一,开展相关政策、理论、案例研究,以梳理议题式教学和本学科跨学科主题学习的既有研究经验,为课题研究铺垫理论基础。

第二,探究"基于议题的跨学科主题学习"在小学道德与法治课程的教学方法与路径,为在课程中开展相关教学设计与实施寻找普适的基本架构。

第三,通过教学实践尝试提炼相关的教学设计策略,以体现跨学科思维培养、学生综合素养提升等目标要求,并逐步累积优秀的实践案例,使之成为教学示范,为一线学科教师提供多元化的实施建议。

(四)研究方法

为了获得更全面、更适切的案例资源和教学示范,本课题主要通过文献资料法、调查研究法、行动研究法、案例研究法等开展研究,并通过观察、访谈、归因等研究方法加以辅助。

1. 文献研究

从一体化角度深度解读道德与法治课的课程标准,学习议题式教学、跨学科学习等相关的理论书籍和专业文献,获取具有参考价值的案例资料。

2. 调查研究

通过调查问卷、个别访谈等方法,梳理出教师、学生对于本项研究的期待,从而更有针对性地开展教法和学法的专题研究。

3. 行动研究

通过积极的教学实践,系统地收集、记录教学过程和效果的资料,以确定本项研究在发展小学道德与法治学科核心素养方面的效果。

4. 案例研究

通过研究小初高各学段的相关教学实践案例,运用归因法,总结出提升案例教学实效的经验,从一体化建设的角度体现学段特色。

(五)研究过程

本研究的实施过程主要遵循了"调研分析需求,制订研究主题→梳理课标文献,明确核心概念→结合案例经验,形成初步观点→深耕一线课堂,开展实践论证→分析课程成效,归整研究策略"的过程,推进相应的研究,并做到目标与成果相对应,理论与实践相结合,教法与学法相协调,个体与团队共成长。

相较于理论研究,本项目研究的重点更在于理念在教学实践中的有效运用,为此,在课例实践的研究层面我们还做了如图1-4-1所示的行动规划。

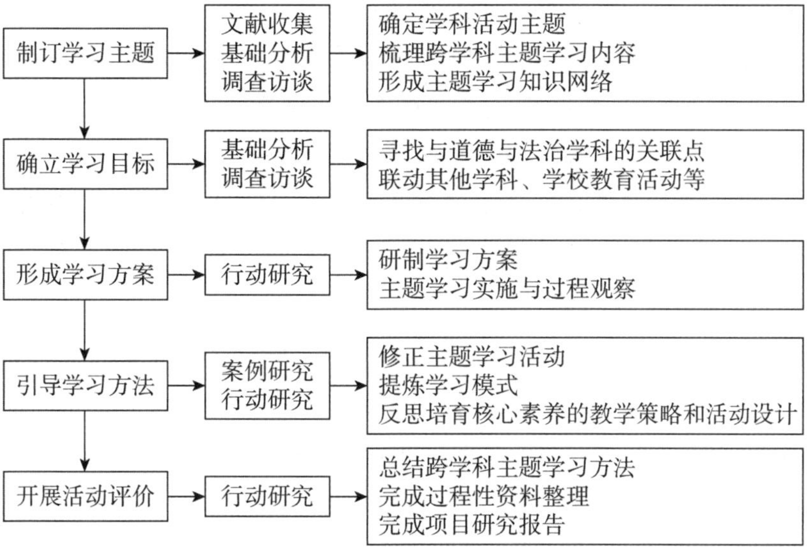

```
制订学习主题 → 文献收集       确定学科活动主题
              基础分析       梳理跨学科主题学习内容
              调查访谈       形成主题学习知识网络
     ↓
确立学习目标 → 基础分析       寻找与道德与法治学科的关联点
              调查访谈       联动其他学科、学校教育活动等
     ↓
形成学习方案 → 行动研究       研制学习方案
                           主题学习实施与过程观察
     ↓
引导学习方法 → 案例研究       修正主题学习活动
              行动研究       提炼学习模式
                           反思培育核心素养的教学策略和活动设计
     ↓
开展活动评价 → 行动研究       总结跨学科主题学习方法
                           完成过程性资料整理
                           完成项目研究报告
```

图1-4-1 项目课例研究过程图

三、研究结论

通过实践研究,我们探索了相关学习活动的设计路径,形成了初步的教学实施策略,以证实在小学道德与法治课程开展"基于议题的跨学科主题学习"有利于促进学科的"高质量"发展。

(一)探索了跨学科主题学习中议题设计的方法路径

基于上述议题设计的若干建议,我们将小学段能够融合跨学科主题学习特色的议题设计过程确定为"读课标、理教材、明目标,析学情、找热点、寻依据,分类型、跨学科、定议题"(图1-4-2)。

1. 读课标、理教材、明目标

在融合跨学科的主题学习中,我们不仅需要深度研读本课程的新课标,选择适宜开展议题式教学的主题及相关内容,还需要关注相关学科的课程标准,建立本学科核心素养与相关学科核心素养的关联,达成素养的和谐发展。在确定学习主题后,我们通过梳理相关单元的教材内容,明确设计议题的学习内容指向。分析该单元或课的教学内容和学习过程中融入跨学科学习的适用性,并同步梳理、整合相关学科的教材内容,为后续学习做好准备。基于课标分析和教材梳理,制订初步的教学目标,根据学生的学情确定教学的重难点,明确议题设计所要达成的议题目标,让议题的学习过程能够真正地助力于学生达成目标、发展素养。

2. 析学情、找热点、寻依据

要能够体现以学生为中心的学习活动,我们确定的议题需要从儿童视角作设计,为此,精准的学情分析必不可少。可以依托信息化手段,如问卷星等在线分析工具开展在线学情分析,也可以通过日常观察、与学生的个别访谈等开展线下的学情分析。过程中需要了解学生感兴趣的热点话题、学习兴趣,对学习主题的既有认知等,找寻认知冲突或者探讨的兴趣点。在分析学情数据后,将学生的学习兴趣、社会热点、议题目标、教学内容等作综合比对,为确定核心议题提供依据。

3. 分类型、跨学科、定议题

不同的教学目标往往需要适配不同类型的议题。例如,知识类的议题有利于突破教学重难点中涉及学科概念性、具有抽象性的学科本体知识,围绕认知冲突而设计的思辨类的议题则重在培养学生判断和选择能力、形成正确价值观念,还可以结合国情国策、社会热点话题设计时政类议题等。可以根据既定的教学目标确定议题的类型,明确议题需要讨论的内容或观点。

在初步确定议题的类型和内容后,还需要再次确认议题的合理性和开放性,使得基于议题的学习过程能够有机融入跨学科学习的特色,建立学科间的双向通道、提升综合素养。

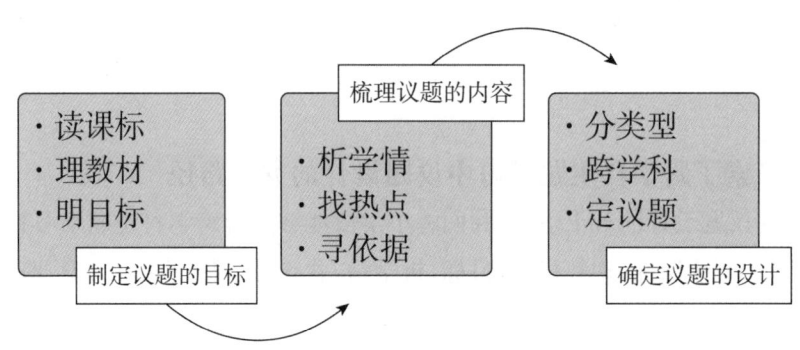

图1-4-2 "议题设计"的基本路径与方法

例如,在五年级"感受家乡文化 关心家乡发展"的单元设计中,我们遵循上述的"议题"设计路径,通过分析道德与法治课程标准3—4年级学段"国情教育"主题的内容要求及教学建议,设计了基于议题的跨学科主题学习案例"阳阳说家乡"*。我们梳理、整合道德与法治、语文、数学、艺术、科学、劳动与信息科技等学科中关于传统文化与家乡的学

---

* 小学道德与法治学科跨学科主题学习案例"阳阳说家乡"。执笔:闵行区北桥中心小学,蒋赟、姜英。指导:上海市闵行区教育学院,王玉兰。

习内容,找到中华优秀传统文化与各学科间的内在联系,促进课程融合。

在确定议题的过程中,围绕单元教学目标,结合学生喜欢体验式、参与式的学习过程,但又对自己所处社区的优秀传统文化了解不深的认知发展点,结合学校所在地区颛桥镇民间文化艺术之乡的独特社区资源,设计了"我们该如何介绍家乡的文化与发展"的核心议题,激发学生对家乡民俗文化的探究热情,培养学科关键能力,促进核心素养的全面发展。

这样的单元整体设计,较之以往以"课"为单位,每一课(课时)聚焦一个主题,较少考虑思维的递阶性、关联性和整体性的学习过程,融入"跨学科主题学习"理念的教学设计让学生的学习兴趣更高,主动性更强,情感的融入也更为真实。

在参考上述议题设计的基本路径实施教学设计时,我们还有以下几项原则性建议,以确保"议题"的政治性、科学性、合理性。

第一,明确思想与价值引领,坚定政治方向,让议题有助于引导学生作出正确的价值判断和选择,实现情感冲突与素养发展的统一。

第二,围绕学习目标,把握好议题与学习主题的关联性,以发展道德与法治学科的核心素养为主,协同发展相关学科的核心素养。

第三,尊重学生主体,内容开放可议。设计议题时要精准把握学生群体的特点与议题论点的契合度,同时还须兼顾议题的开放性,让跨学科思维的介入与支持成为整体教学设计的必要元素。

(二) 归纳了基于议题的小学道德与法治学科跨学科主题学习的设计策略

1. 在任务化、综合性情境中以议引知,触发情感和体悟

在基于议题的小学道德与法治跨学科主题学习设计中,可以从学生当下生活中的真实问题导入,设置并引出辨析性的议题。通过设计基于儿童真实生活的主题情境,引导学生以道德与法治学科为主,综合多学科内容的任务驱动下,为解决儿童生活中的问题提供思考与实践的路径,为综合运用知识解决问题提供了一次实践体验。

例如,为了弥补以往缺少整体大情境的创设和学习任务的支持导致学习过程的体验感和内驱力不足等方面的问题,在"阳阳话家乡"的课例实践中,我们围绕议题设计了三个方面的子任务,从话风俗、论工艺、讲发展三个层面逐步展开议题的讨论,并匹配了相应的任务情境(图1-4-3),引导学生在认识家乡的特色风俗、传统工艺的基础上结合具身体验,探讨对家乡的喜与忧,思考如何介绍家乡的美、如何为家乡发展提建议。

图 1-4-3 "阳阳说家乡"子任务 1"阳阳话风俗"的问题情境

2. 在探究式、自主性活动中以议促悟，深化思考和理解

在基于议题的小学道德与法治跨学科主题学习设计中，须以议题为引领，以知识的理解为基础，以学生自主解决问题为中心开展探究式学习活动的设计与实施。根据所涉各学科的内容和素养目标设计不同的学习工具，提供学生学习过程的支持与引导。通过学生自主参与、主动探究，将未知的知识明确化，将模糊的认知清晰化，将抽象的理解具体化，将懵懂的情感转化为明确的行动，以议促悟，在自主探究的过程中深化对本课学习目标的理解。

例如，在"阳阳说家乡"的活动设计中，我们贯彻"教—学—评"一致性的理念，通过议题驱动—活动设计—任务细化—评价导行的学习过程，带动学生对议题的深度思考和理解（图 1-4-4）。这较之以往以教师讲授介绍为主的学习过程更能激发学生思维的火花，增强体验的感悟。

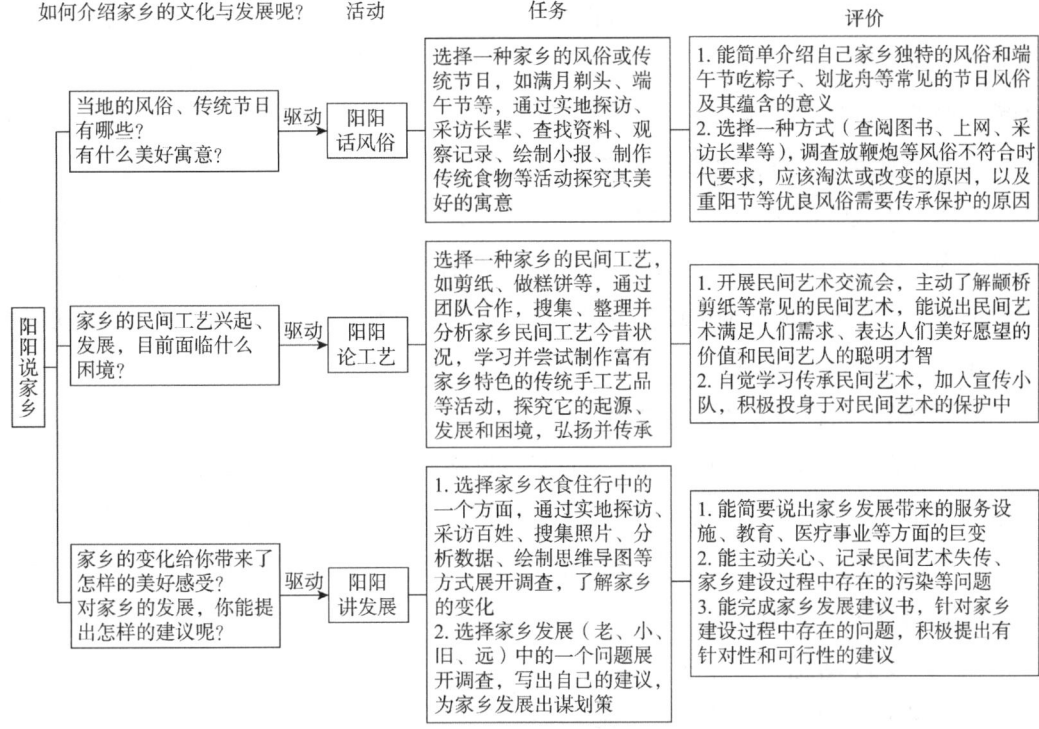

图1-4-4 "阳阳说家乡"跨学科主题学习的设计路径图

3. 在实践化、互助性合作中以议导行,培育能力和观念

教师围绕议题组织学生小组合作学习,开展互助性的学习讨论、合作辩论、合作共议、合作探究和合作实践等活动。在解决跨学科综合性问题的过程中,学生可以发挥各自在不同学科领域的学习优势,相互启发、取长补短,孕育主动参与、团队协作等意识,学会实事求是、辩证多维地看待问题,主动将课堂学习延拓至社会大课堂中继续修炼品行,将多学科的育人理念在生活实践中内化于心,外化于行,达到核心素养的全方位发展。

四、效果与反思

(一) 研究成效

1. 素养导向,应对课改的新需求

通过基于议题的跨学科主题学习,学生学习目标的达成度、学习过程的参与度有了明显的提高,有效促进了学生的深度学习与思考,持续知识建构、运用、重组的认知进化,实现教和学的双向变革。

2. 资源开放,体现学科的综合性

一方面,项目实践充分体现了本课程的学科特性,为实现多学科的协同育人提供了

充分的学习资源与教学空间。另一方面,开放的多学科素养的融合培育,也促进了学科教师的专业发展,成为"一专多能",符合教育数字化转型背景下对道德与法治学科教师的能力要求。

3. 任务驱动,建构课堂的生本位

在课堂实践中,围绕"议题"而精心设计的问题链为学生学习提供了支架,通过融入跨学科内容作为学习的资源,配以更为丰富的、多样化的学习情境,让学生在开展自主、合作的实践探究和体验活动中逐步实现了由"教师立场"到"学生本位",学生成为课堂学习的主人,实现教与学的变革。

4. 知行合一,促进育人的整体性

基于项目研究理念打造的全新学习过程不仅指向了问题的真实性,而且还增强了行为的指导性,让道德与法治课程从教室延展到了校园外,在社会实践活动中有效增强了学生对价值观念的认知和认同,真正实现学生全面而有个性地成长,创新了课程育人模式,推动了学科的高质量发展。

(二) 实践反思

基于课题现有的研究成果,希望能够从以下三个方面进一步推广基于议题的小学道德与法治学科跨学科主题学习的教学实践:

(1) 通过研学活动,推广课题的研究成果,如"议题"的设计方法、议题教学融入跨学科主题学习的实施路径等,便于学科教师开展学习和实践。

(2) 通过引导学生积极参与"议题"讨论和跨学科学习活动,逐步提升问题的思辨能力,提高跨学科知识的迁移和融合意识,逐步提升课程学习实效性。

(3) 在思政一体化理念指引下,通过课题成果在小学段的推广和实践,为学生有效参与初、高中学段思政课程的学习打下整体性思维和议题式学习方法的基础。

综上所述,通过本项课题的研究,我们证明了基于"议题"的跨学科主题学习策略对于道德与法治学科开展跨学科主题学习的可行性和有效性,也看到了其对于新课标引领下促进课堂教与学方式变革有着积极的成效,架起"教材→课堂→多学科→生活→成长"之间的桥梁,为发展学科素养、锻炼关键能力、内化价值观念、拓展跨学科的学习素养起到了一定的促进作用。

参考文献

[1] 中华人民共和国教育部.义务教育道德与法治课程标准(2022年版)[S].北京:北京师范大学出版社,2022.

[2] 中华人民共和国教育部.普通高中思想政治课程标准(2017年版2020年修订)[S].北京:人民教育出版社,2020.

[3] 沈雪春.议题式教学例论[M].西安:陕西师范大学出版总社,2020:35.

[4] 章乐.论德育课程中知识学习的定位与教学策略[J].课程·教材·教法,2021,41(01):84-90.

[5] 李晓东.议题式教学设计与实施中的几个关键问题[J].教学月刊·中学版(政治教学),2019(Z1):25-28.

[6] 王恒富.开展跨学科协同教学的价值定位与应然选择[J].中学政治教学参考,2022(37):18-21.

[7] 陈桂萍.小学高年级道德与法治课中的议题式教学[J].教学与管理,2023(20):60-63.

实践案例

传统游戏我会玩*

一、育人价值

"传统游戏我会玩"是针对小学道德与法治学科低年级学生课间游戏"爱玩但不会玩"的现象而设计的跨学科项目。

该项目以传统游戏为研究内容,围绕"父辈玩过哪些传统游戏""传统游戏有什么特征""传统游戏能不能课间玩""传统游戏有哪些新玩法"等问题,有机融合体育、美术、科学学科相关内容,在感受传统游戏文化魅力的同时,体验传统游戏新玩法。

该项目以低年级儿童真实生活问题为情境,引导学生通过调查分析、交流反思、合作创新、推广实践等活动,初步尝试从传承与发展的视角理解传统游戏,初步体验运用学科知识开展问题综合探究与解决,增强对传统文化的学习兴趣和文化自信,提升课间游戏好好玩的责任、安全和规则意识,具有重要的德育价值和现实意义。

二、主题学习方案

参见表1-4-1。

表1-4-1 "传统游戏我会玩"跨学科主题学习方案

学习主题	传统游戏我会玩		
实施年级	二年级	总课时	5.5课时
学习目标	1.通过采访与记录,了解祖辈、父辈玩过的传统游戏,能够说出或呈现游戏的基本玩法,感受传统游戏的魅力 2.通过观察和反思,感知课间游戏需要规则;能结合具体情境,创新传统游戏,增强创新意识和规则意识 3.通过体验与实践,体会传统游戏让课间生活更有趣,感受传统游戏生生不息的生命力并乐意主动传承		

---

* 执笔人:邵苓苓,纪晓艳,上海市大宁国际小学。

(续表)

	议题	今天,是否能让传统游戏走入我们的课间生活?				
	子任务	调查与分享 了解传统游戏,交流并分享	分析与创意 体验部分传统游戏,并"诊断"是否适合课间游玩	设计与实践 基于游戏标准,小组合作,合理创编游戏	反思与修正 体验创新游戏后,进一步优化	推广与拓展 延伸到对家庭、社区传统游戏的思考
内容组织	道德与法治	了解传统游戏,提供采访单,发布任务,开展传统游戏交流会	体验后组织交流并"诊断"这些传统游戏是否适合课间玩	指导学生从多个因素出发,分小组讨论、改编选定的传统游戏	小组分享,根据标准作评价并优化游戏方案	开展"传统游戏主理人"展示交流活动
关联学科	体育与健康		体验和探究传统游戏;从身体素质发展等角度了解传统游戏的体育价值			
	艺术(美术)					认识并了解海报的基本构成要素;能够使用儿童画创作手法进行创作
	科学			能够尝试使用"加一加、变一变"等方法对游戏器材作创新使用		

（续表）

学习活动设计	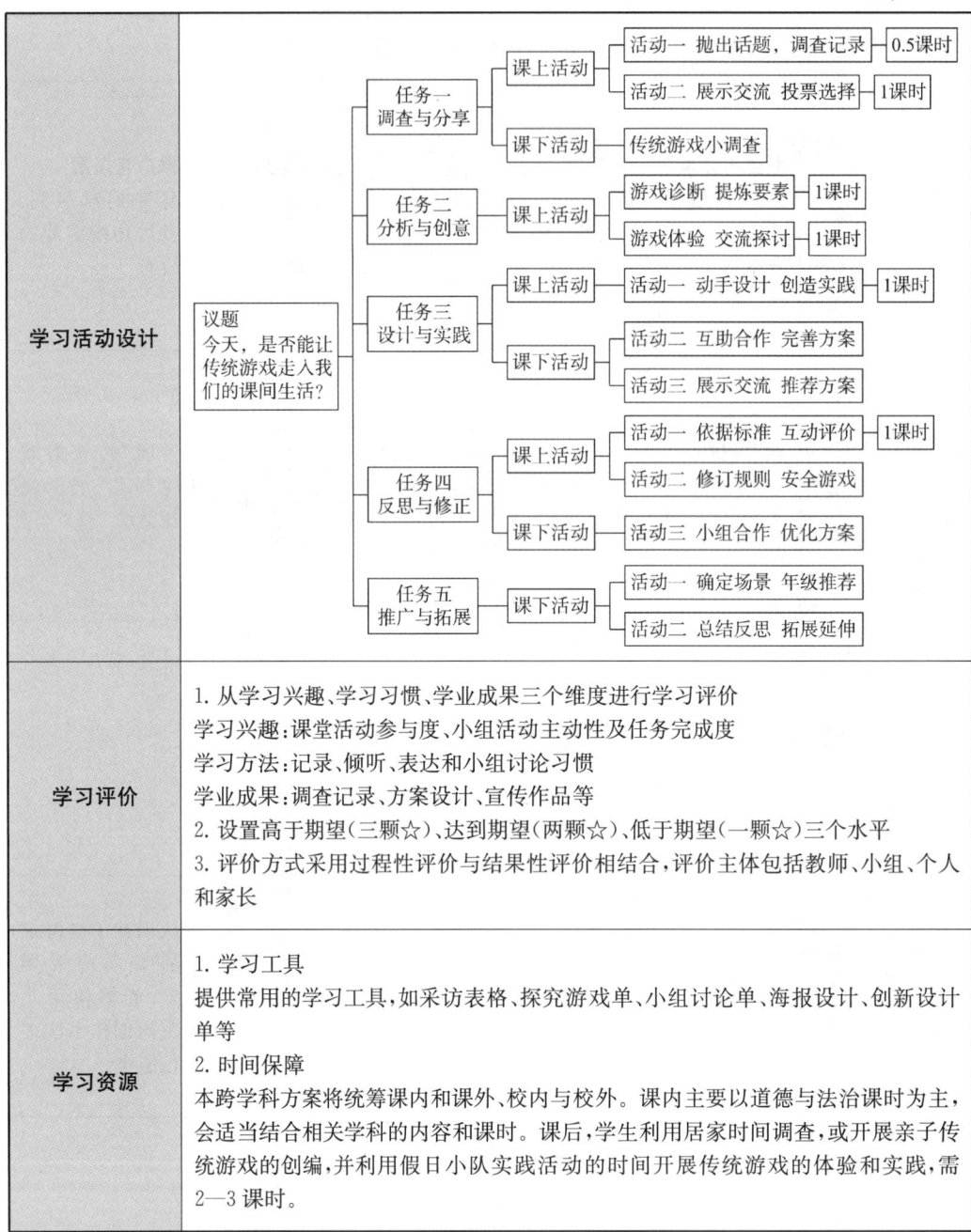
学习评价	1. 从学习兴趣、学习习惯、学业成果三个维度进行学习评价 学习兴趣：课堂活动参与度、小组活动主动性及任务完成度 学习方法：记录、倾听、表达和小组讨论习惯 学业成果：调查记录、方案设计、宣传作品等 2. 设置高于期望（三颗☆）、达到期望（两颗☆）、低于期望（一颗☆）三个水平 3. 评价方式采用过程性评价与结果性评价相结合，评价主体包括教师、小组、个人和家长
学习资源	1. 学习工具 提供常用的学习工具，如采访表格、探究游戏单、小组讨论单、海报设计、创新设计单等 2. 时间保障 本跨学科方案将统筹课内和课外、校内与校外。课内主要以道德与法治课时为主，会适当结合相关学科的内容和课时。课后，学生利用居家时间调查，或开展亲子传统游戏的创编，并利用假日小队实践活动的时间开展传统游戏的体验和实践，需2—3课时。

三、子任务学习活动设计

子任务1：调查与分享。

所需课时：1.5课时。

学习目标:

1. 通过采访与记录,了解长辈们儿时玩过的传统游戏,感受其魅力。
2. 开展"游戏传承交流会",初步了解传统游戏的特点。

学习过程:

1. 学习采访方法,了解长辈们儿时玩过的传统游戏。
2. 交流采访成果,了解更多传统游戏。
3. 投票选出自己想体验的传统游戏。

学习资源: 采访单。

学习评价:

参见表 1-4-2。

表 1-4-2 "调查与分享"学习评价表

评价维度	具体要求
学业成果	根据采访要求,完成采访单
学习方法	能用文字或图片记录采访结果
	能用简单的文字记录采访后的心得体会
学习兴趣	认真准备采访提纲 采访过程中态度大方自然 感受传统游戏代代相传的魅力

子任务 2: 分析与创意。

所需课时: 2 课时。

学习目标:

1. 体验传统游戏,分享游戏体验,思考这些游戏是否适合课间玩耍。
2. 开展"传统游戏诊断会",提炼适合课间玩的游戏标准。
3. 学习创编传统游戏的方法。

学习过程:

1. 回顾体验游戏,交流感受。
2. 小组交流,明晰适合课间玩的游戏的标准。
3. 结合皮筋游戏实例,指导创新方法。
4. 小组合作,尝试改进。

学习资源:

1. 联动体育组,准备器材、安排场地,组织体验传统游戏。

2. "课间游戏这样玩"小组讨论单。

学习评价:

参见表1-4-3。

表1-4-3 "分析与创意"学习评价表

评价维度	具体要求
学业成果	小组完成"课间游戏这样玩"讨论单
学习方法	小组讨论,归纳、记录讨论结果
学习兴趣	有商有量共同讨论,发言有序不争抢,耐心倾听他人发言

子任务3: 设计与实践。

所需课时: 1课时。

学习目标: 小组合作,借助多学科技能对传统游戏合理创编,并实践体验所改编的游戏。

学习过程:

1. 小组合作,开展游戏创编。

2. 实践体验。

学习资源:

1. 联动科学、体育等学科教师作指导。

2. 开展假日小队活动,确保充分体验。

学习评价:

参见表1-4-4。

表1-4-4 "设计与实践"学习评价表

评价维度	具体要求
学业成果	初步完成创新传统游戏设计,并实践体验
学习方法	小组内讨论创新游戏设计方案,每个小组成员明确各自职责
	在实践游戏中,修正、优化创新传统游戏
学习兴趣	敢于提出自己的想法,乐于合作

子任务4: 反思与修正。

所需课时: 1课时。

学习目标：

1. 通过小组合作，尝试运用多种方式来推介游戏创意玩法。
2. 深入体验，结合课间游戏标准评估游戏，并反思优化游戏。

学习过程：

1. 各小队交流设计亮点。
2. 体验创新传统游戏。
3. 依据前期讨论的课间游戏设计标准评估。
4. 评价反思，进一步优化。

学习资源：

1. 联动体育组，提供游戏体验场地及布置。
2. 游戏互评表。

学习评价：

参见表1-4-5。

表1-4-5 "反思与修正"学习评价表

评价维度	具体要求
学业成果	创编的传统游戏符合课间游戏标准，有趣、安全
学习方法	能够用前期讨论的标准来评价创编游戏
	能够发现自己创编游戏的优点和改进点
	能够从其他小组作品中吸取经验
学习兴趣	积极参与游戏体验，乐于提出自己的改进建议

子任务5： 推广与拓展。

学习目标： 通过多种方式在年级组内推荐创编的传统游戏，并延伸到家庭、社区，感受传统游戏需要传承和创新。

学习过程：

1. 开展"课间传统游戏主理人"活动，设计宣传海报。
2. 利用不同活动时段推介游戏。
3. 在家庭和社区继续开展传统游戏。

学习资源：

1. 年级组集会，推介创编的传统游戏。
2. 联动家长，在家庭和社区开展活动。

学习评价：

参见表1-4-6。

表1-4-6 "推广与拓展"学习评价表

评价维度	具体要求
学业成果	创编传统游戏推介
学习兴趣	积极主动参与小组推荐活动

四、课时举隅

1. 学习任务分析

本课时来自第二个子任务：分析与创意——体验部分传统游戏，并"诊断"是否适合课间玩耍。完成这一子任务，需要2课时，第1课时是在学生对喜爱的传统游戏投票基础上，联动体育组，让孩子们带着"这些游戏适合课间活动吗？"这一问题作体验。第2课时则举行"游戏诊断会"，帮助学生厘清哪些传统游戏适合课间玩耍，制订课间游戏标准。

2. 学习目标

（1）通过交流反馈，明晰课间游戏的标准。

（2）通过小组合作、情境辨析、实践体验等方式，在多学科教师辅助指导下，积极参与尝试创新传统游戏，让其更适合在课间玩耍。

3. 学习资源

（1）多种传统游戏体验场地。

（2）"课间游戏这样玩"小组讨论单。

（3）学生文化自信评价单（表1-4-7）。

表1-4-7 学生文化自信评价单

评价点	具体要求	我的表现
跳皮筋儿歌改编	能有机融合已学的经典诗词或音乐作品作大胆尝试，改良传统游戏，体验新玩法带来的乐趣	☆☆☆
"爸爸的童年趣事"辨析	听爸爸讲述，说一说传统游戏给爸爸童年的影响	☆☆☆

4. 学习过程

活动1：承上启下，引出话题。

（1）回顾上节课内容，交流实践感受。

(2) 对照游戏诊断会的结果,明晰:哪些传统游戏适合在课间玩耍?

(3) 引导:传统游戏这么好玩,能否通过创新玩法使其适合在课间玩呢?(板书课题:传统游戏新玩法。)

活动2:结合实例,尝试创新。

(1) 试一试:小皮筋,新玩法。

① 联系生活,交流跳皮筋过程中的问题。

② 互动交流:如何通过改进或创新玩法,解决问题。(教师随机提炼创新游戏的方法。)

③ 师生合作,尝试改编,互动展示。

④ 小结:开动脑筋找方法,传统游戏可以更好玩。(板书:找方法。)

(2) 辨一辨:这样做,可以吗?

① 听故事《爸爸的童年趣事》。

② 交流感受,思考:这样做可以吗?

③ 小结:玩传统游戏可以就地取材,但要找合适的道具。(板书:不随意。)

(3) 悟一悟:怎样可以更好玩?

① 过渡:原本不适合在课间玩的传统游戏,现在有新想法了吗?

② 观看视频:"斗鸡"游戏新玩法。

③ 学生交流新发现。(随机补充板书。)

④ 小结:只要我们愿意积极尝试,一定能让更多的传统游戏适合在课间玩。(板书:愿意试。)

活动3:自主选择、学以致用。

(1) 小组合作:根据学习单小任务,尝试改进其他传统游戏。

(2) 交流反馈:游戏改造的初步想法。

课堂总结:传统游戏魅力大,让我们每一个人都成为传统游戏的传承者,使更多的传统游戏走进校园。

5. 板书

传统游戏新玩法

课间玩若干传统游戏的名称	时间 场地	玩法 器材 人数	变一变 加一加 问一问 学一学 ……	愿意试 找方法 不随意

五、案例反思

1. 关注文化主题,涵育文化自信

传统游戏是一个文化议题。通过跨学科探究,既让学生从体育健身的角度认识传统游戏的独特魅力,更是通过调查分享,了解传统游戏作为一种文化传承,是祖辈、父辈童年成长中的重要活动内容,为增进亲子沟通提供了话题。在真实的体验中,让传统游戏在校园焕发活力,也让传统游戏的传承烙印深入每个孩子的内心。

2. 基于真实问题,设计活动任务

游戏是儿童社会性人格发展的重要载体。我们直面儿童课间游戏"爱玩不会玩"的普遍现象,在探究传统游戏的过程中,引导学生逐步从规则、材料、场所、人员、玩法等多个角度思考并设计"能好好玩"的传统游戏。而传统游戏新玩法,也激活了孩子们的创造力和探究欲,为综合运用知识解决问题提供了一次实践体验。

3. 提供学习支架,支持探究表达

学习方式与方法的多样化应用是学生开展跨学科学习的重要特征。基于二年级学生的年龄特点和认知基础,我们通过设计不同的学习工具,提供学生学习过程中的支持与引导,给予了学生更充分的探究、讨论、设计与表达的证据支持。

4. 坚持评价导向,培育核心素养

我们以过程性与总结性评价、多主体评价相结合的设计,结合口头评价、评价量规、作品评价等多种评价形式支持,对学生跨学科学习的兴趣、习惯和学业表现作出了针对性的设计与指导。同时,本方案还针对学生文化自信的表现性评价点作了进一步的厘定和观测,凸显德育目标的表现性、可观测、可分析。

基于议题的小学道德与法治跨学科主题学习活动设计与实施*

摘 要:思政课是落实立德树人根本任务的关键课程。在小学道德与法治学科中探索并实践跨学科主题学习既是落实新一轮课程改革的重要导向,也是凸显学科育人价值的必然要求。议题式教学是思政课的重要教学方式之一,议题也是学生认识、探究、辨析真实世界的重要载体。本文立足小学生的年龄特点和认知规律,开展基于议题的道德与法治学科跨学科主题学习的实践课例研究,围绕议题的选取和确定、问题链和任务簇的设计、学习过程的指导、学习评价,以及道德与法治学科与相关学科有机融合等关键性问题,提出基层实践的策略与路径。对于学科设计与实践跨学科主题学习,落实"教—学—评"一致性,推动思政一体化建设等具有一定的启示意义。

关键词:道德与法治;议题;跨学科

一、价值与意义

(一) 背景说明

《义务教育课程方案(2022年版)》指出,要坚持核心素养导向,原则上各门课程要用不少于10%的课时设计跨学科主题学习,探索主题、项目、任务等内容组织方式,注重课程与学生经验、社会生活的关联。《义务教育道德与法治课程标准(2022年版)》中指出,道德与法治课程具有政治性、思想性、综合性和实践性。因此,道德与法治学科开展跨学科主题学习既是落实课程改革的重要导向,也是凸显学科育人价值特点的必然要求。

(二) 研究意义

所谓议题,应是需"商议"的问题、有"争议"的问题、待"评议"的问题、可"建议"的问

---

* 执笔人:邵苓苓、纪晓艳、赖斯艺,上海市大宁国际小学。

题。《普通高中思想政治课程标准(2017年版2020年修订)》中提出"通过设置议题,创设多样化的学习情境,引导学生开展自主、合作的实践探究和体验活动,帮助学生形成正确的价值观,涵养必备品格,增强规则意识,发展社会情感,提升关键能力"的要求。新课标提出"要积极探索议题式、体验式、项目式等多种教学方式,引导学生参与体验,促进感悟与建构"。由此可见,议题式教学是思政课的重要教学方式。基于议题开展小学道德与法治学科跨学科主题学习,既体现了思政一体化建设的要求,也为引导学生从小学会关注生活现象,发现、分析真实生活问题,参与社会生活,提升学科核心素养和综合实践能力搭建了重要的支架和平台。

探索基于议题的跨学科主题学习,从设计到实施会面临一系列的逻辑挑战。比如,议题和主题有什么不同?议题从哪里来?议题如何转化为学习任务?活动设计过程中如何体现跨学科的价值?学生的学习方式及学习表现有什么变化?指向素养的学习评价如何设计与落实?道德与法治学科的学科价值如何体现?等等。

综上,我们以二年级"传统游戏我会玩"跨学科主题学习活动的设计与实施为例,围绕关键性的问题来具体阐述我们的实践与思考。

二、设计与实施

(一) 议题的确定

1. 议题确定的四个维度

如何确定议题,是跨学科主题学习设计的关键环节。我们对不同议题的来源和归类作了比对分析,提炼了议题确定的四个维度(图1-4-5)。

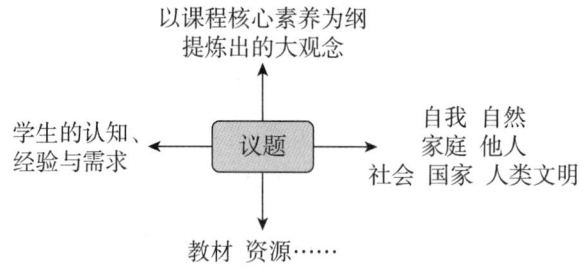

图1-4-5 议题确认的四个维度

第一维度:核心大观念维度。我们以习近平新时代中国特色社会主义思想为指引,对照道德与法治学科核心素养及其具体表现,提炼核心大观念,体现立德树人的目标导向,也是应对新时代中国特色社会主义建设对思政教育的新要求。

第二维度:学生的认知与生活范围维度。即以"成长中的我"为原点,逐步由"自我"

扩大到"我与自然""我与家庭""我与他人""我与社会""我与国家和人类文明",体现学生认知的发展规律与课程内容的编制逻辑。

第三维度是学生的认知基础及发展需求维度。即把握学生通过各科学习已经掌握或应该掌握的知识、技能、思维能力与学习方法等,同时联系学生在学习、生活经历中当下面临的困惑和问题。小学阶段的思政课重在启蒙,因此坚持儿童视角选择和设计跨学科议题,能够帮助学生用儿童化的语言形成价值判断的基本观点,又具有解决现实问题的实践价值。

第四维度是教材内容。跨学科主题学习的重要基础在教材。教材内容包括道德与法治学科的教学内容,也包括跨学科涉及的相关学科的教学内容,考虑不同学科教材内容之间的有机联结,从中寻找结合点来确定能够凸显教学重点或突破教学难点的相关议题。

"传统游戏我会玩"跨学科主题学习活动确定的议题为:今天,是否能让传统游戏走入我们的课间生活?

议题是如何确定的呢?

首先,游戏是孩子的天性。我们观察二年级孩子课间表现,他们爱玩,但游戏的内容和方式相对简单,有的游戏还存在安全隐患。因而,引导学生学会"玩"是一个真实存在的、重要的成长话题。

其次,我们梳理教材,"玩"涉及道德与法治学科六大生活领域中"我与他人　我与家庭　我与社会"三大领域。学生在一年级初步学习过相关内容,如一年级上册"校园生活真快乐"、一年级下册"我想和你一起玩"等单元。

再次,结合学校体育运动节调查反馈,超过80%的学生对教职工比赛项目"跳橡皮筋"活动印象最深,很感兴趣。而传统游戏也蕴含丰富的传统文化与民俗文化。二年级上册第二单元"我们好好玩"也包含传统游戏的话题,以及引导学生更安全、更文明、更有创意地玩游戏等相关内容。

最后,关于传统游戏的话题在道德与法治学科二年级下册第二单元"我们好好玩"、体育学科"游戏天地"中涉及相关内容,我们还发现语文学科中一些涉及传统歌谣的课文篇目如《神州谣》,美术学科中绘制海报的技能等相关学科教材资源都可以相互融合。

因此,我们以道德与法治课"我们好好玩"单元中"传统游戏我会玩"这一学习课题为切入口,借助传统游戏这一载体,通过跨学科主题学习来达成"玩好"到"发展好"的目的(图1-4-6)。

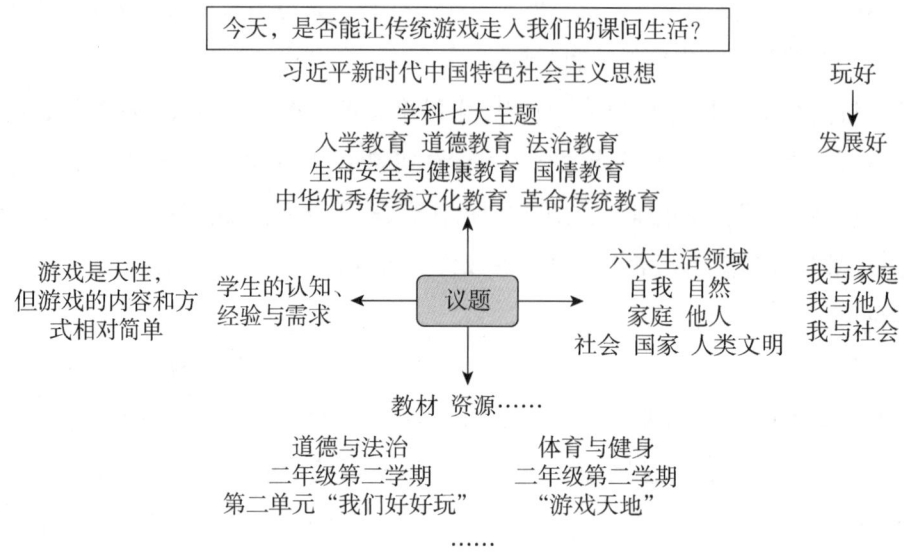

图 1-4-6 本案例议题确认的四个维度

2. 议题确定的方式及策略

结合四个维度,我们的议题选择可以自上而下,也可以自下而上;既可以根据大观念和教学内容来确定主题,也可以从学生生活世界的现象或者问题来确定主题,并从四个维度综合加工形成本跨学科主题。四个维度相互联系,不可分割,构成一个整体。

同时,跨学科学习的议题要坚持儿童立场、生活立场,就需要在议题选择和确定的过程中寻找学生的断点和盲点。

所谓断点,是学生知道应该如何,但行为上做不到或做不好的话题,比如垃圾处理问题、交往冲突解决问题等。所谓盲点,是儿童学习内容与实际生活之间的差异点。比如,关于"林长""河长",教材呈现的主要是地区领导人是河长、林长的责任要求。而实际上,只要校园内有河有树林,就有河长和林长,而且每个学生都能够参与护林、护河的行动,这就为跨学科学习提供了学习和行动的重要议题来源。

(二) 活动设计的关键要素

1. 情境、任务与目标

情境集中体现学生学习与真实世界、儿童世界的联系,又是学生开展跨学科学习任务的重要驱动。

在情境设计中,我们借鉴引用 GRASPS 模型,从表现性目标、儿童角色、表现对象、情境设定、产品目标与达成标准等维度作整体的情境与任务设计(表 1-4-8)。

表 1-4-8 本案例情境设计

GRASPS模型

任务设计元素	案例描述
表现性目标 (Goal)	你的目标是了解传统游戏,知道哪些游戏可以让课间活动更有趣。能够通过改造游戏器材、规则等,带动同伴参与到课间健康、安全的游戏中来
儿童应承担的角色 (Role)	课间传统优秀主理人
表现对象 (Audience)	全体二年级学生
设定的情境 (Situation)	后疫情时代,学生纪律有些松散,课间活动单一,存在安全隐患。同时,从学校体育运动节调查反馈中发现,学生对教职工比赛跳橡皮筋很感兴趣。受其启发,老师向全体二年级学生抛出问题:今天,是否能让传统游戏走入我们的课间生活?
完成产品、表现与目标 (Product/Performance/Purpose)	传统游戏调查任务单、传统游戏推荐海报
标准 (Standards)	推荐游戏的名称、器材、场地、规则、参与人数等 游戏的安全须知等

围绕表现性目标与总体任务要求,我们制订本次跨学科主题学习的活动目标:

(1) 通过采访,探究祖辈、父辈玩过的传统游戏,能够说出或呈现游戏的基本玩法,从中体味传统游戏的特点,感受游戏传承的魅力。

(2) 通过玩传统游戏,感知课间游戏需要规则;对传统游戏再创新,培养创新意识及有序参与活动的意识。

(3) 体验合作的快乐,体会创新游戏让课间活动更有趣,感受传统游戏生生不息的生命力并乐意主动传承。

2. 问题链与任务簇

议题如何转化成具体的学习任务?需要教师通过一定的支架来对议题及目标作分解、细化,并最终转化成学生经历的具体任务。我们在活动设计中着重加强两个支架的应用,即问题链和任务簇。

以"传统游戏我会玩"跨学科主题学习活动为例。

(1) 问题链。我们将议题"如何让传统游戏走入我们的课间生活?"进行溯源和拆解,形成从驱动性问题到引导性问题的问题链框架(图1-4-7)。

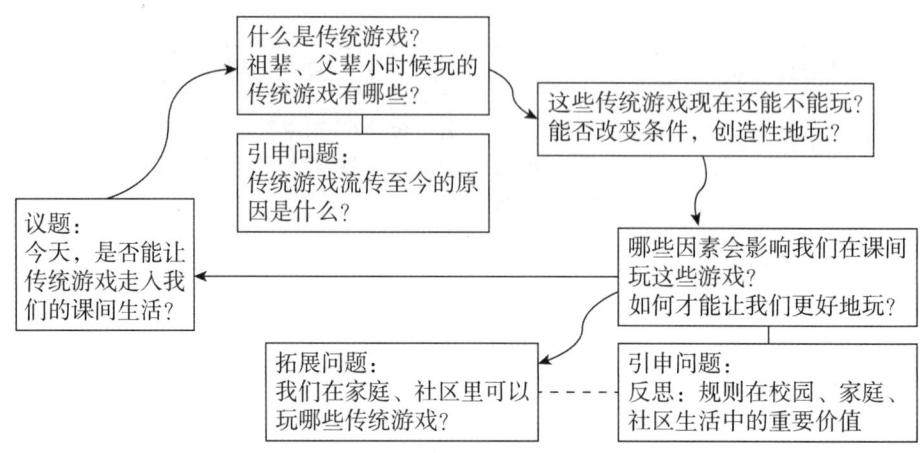

图1-4-7 本案例问题链

(2) 任务簇。对应问题链,我们将总任务又进一步分解成子任务,形成环环相扣的任务簇。子任务1:调查与分享;子任务2:分析与创意;子任务3:设计与实践;子任务4:反思与修正;子任务5:推广与拓展。子任务与引导性问题对应。我们认为,学生通过任务簇持续性探究,能够很好地回应引导性问题,为最终完成总任务奠定有序的步骤和基础(表1-4-9)。

表1-4-9 本案例"问题链—任务簇"部分节选

议题	问题链	子任务
今天,是否能让传统游戏走入我们的课间生活?	什么是传统游戏? 祖辈、父辈小时候玩的传统游戏有哪些? 传统游戏流传至今的原因是什么?	子任务1 调查与分享 了解祖辈、父辈儿时的传统游戏,鼓励孩子在长辈的带领下选择一个游戏体验玩法,并共同探究传统游戏流传至今的原因。用喜欢的方式与伙伴交流分享
	这些传统游戏现在还能不能玩? 能否改变条件,创造性地玩?	子任务2 分析与创意 根据学生选择的传统游戏作体验,并"诊断"这些传统游戏是否适合课间玩

3. 表现性评价

在GRASPS模型中,我们对表现性评价的目标表述、产品及其标准描述作了总体思考与设计。

(1) 评价体现标准性。本次活动"产品任务"是传统游戏的推荐海报。其评价标准主要从信息要素的完整性、信息内容的合理性以及海报设计的艺术性三方面具体设计。

比如,产品呈现的信息既包含基本信息如器材、规则、场地、人员等,也重点强调同伴在开展游戏过程中应注意的安全须知。

(2) 评价体现表现性。比如,子任务1——调查与分享活动,学生要采访祖辈和父辈,了解祖辈与父辈儿时经常玩的传统游戏有什么,能够在长辈的带领下选择一种传统游戏来体验,并初步思考传统游戏能流传至今的原因是什么。

在评价设定中,我们拟定了任务评价的三个评价要点:

其一,完成采访任务,并能够用适切的方式呈现出游戏的基本玩法。

其二,至少体验一项传统游戏的游戏过程。

其三,能够简要说出这项游戏的特点,并初步说出游戏能够传承的理由。

(3) 评价体现过程性。结合评价工具,教师及时对学生作品及学生跨学科主题学习过程中的表现作出评价。除了让学生充分了解评价的重点和目标指向外,更重要的是通过过程性评价与反思,提供学生学习过程的及时反思与自我调整的良机,教师也要利用评价及时指导与推动学生优化学习进程,发挥评价激励、诊断、反思等应有的作用,增强学生的自主学习与协作学习动力。

(三) 实施要点

基于议题的跨学科主题学习活动的实施,有三个基本问题需要予以关注与思考,即"跨学科知识如何有机融合""学生的综合学习方式如何体现",以及"道德与法治学科的学科本体如何落实"。我们在具体实施中,提炼了三条基本策略:

1. 给予学生适时而有梯度的学习支架

在本案例中,我们设计了不同类型、功能的学习支架,包括学习单、评价单、资源支架等。

(1) 指向学习实践方面的支架。如采访单(图1-4-8),让学生更有针对性地了解祖辈玩的传统游戏,初步感知采访前需要做好准备,明确采访要点。如在探究哪些传统游戏适合在课间玩时,教师提供小组合作、投票、交流、再投票,帮助学生集思广益,充分交流自己的想法并达成取向一致。

(2) 指向反思、评价方面的支架。如小组合作即时评价单,通过自评互评相结合,对传统游戏在课间如何落地形成共识。如在创编传统游戏后,学生依据上一节课大家讨论出的标准对新创编的传统游戏作出评价。这样的评议,既是对其他小组创编游戏的学习,又是对自己小组活动的反思。

(3) 支持深入实践的资源支架。如联动体育学科体验传统游戏,利用假日小队活动联动家长开展游戏推荐会等。在支持学生学习的同时,也针对性地回应学习目标,为学生预期学习成果的达成提供支持。

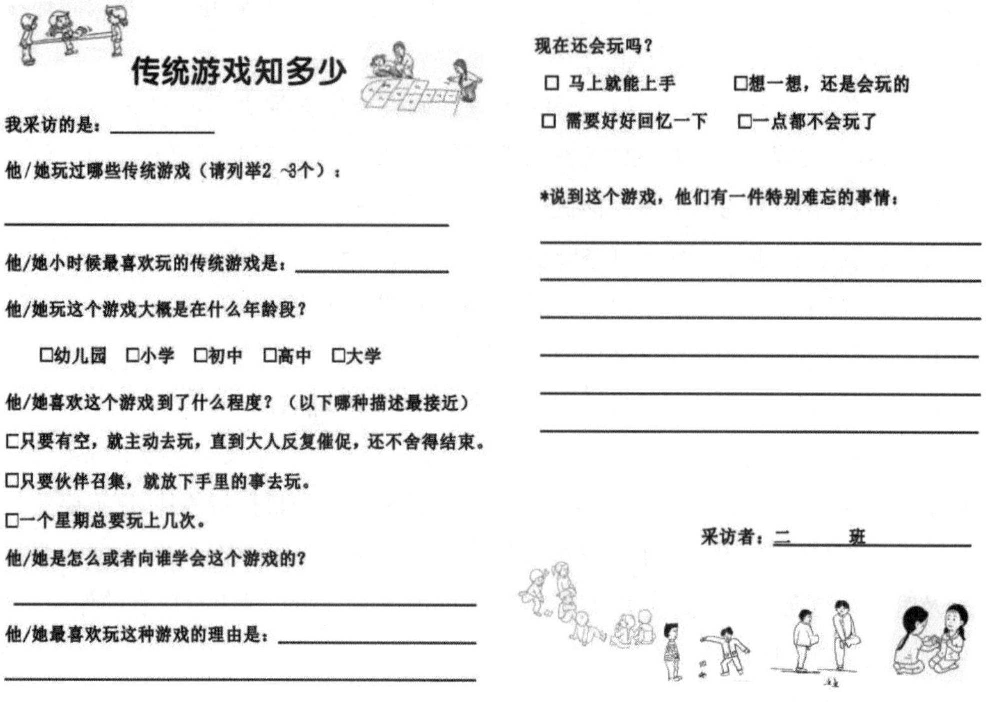

传统游戏知多少

我采访的是：__________

他/她玩过哪些传统游戏（请列举2 ~3个）：

____

他/她小时候最喜欢玩的传统游戏是：__________

他/她玩这个游戏大概是在什么年龄段？

□幼儿园 □小学 □初中 □高中 □大学

他/她喜欢这个游戏到了什么程度？（以下哪种描述最接近）

□只要有空，就主动去玩，直到大人反复催促，还不舍得结束。

□只要伙伴召集，就放下手里的事去玩。

□一个星期总要玩上几次。

他/她是怎么或者向谁学会这个游戏的？

____

他/她最喜欢玩这种游戏的理由是：__________

____

现在还会玩吗？

□ 马上就能上手 □想一想，还是会玩的

□ 需要好好回忆一下 □一点都不会玩了

*说到这个游戏，他们有一件特别难忘的事情：

____

采访者：二 班

图 1-4-8 “传统游戏知多少”采访单

2. 寻找跨学科育人价值的融合点

基于议题的道德与法治学科的跨学科主题学习，不同于多学科协同教学，在凸显综合育人目标导向的同时，更要充分发挥道德与法治学科的思想性、实践性等特征，寻找跨学科育人的有效切入点。

例如，“传统游戏我会玩”子任务 3 设计与实践环节，我们以跳橡皮筋游戏为例，引导学生思考如何开展合适的创编来适应课间游戏的要求。孩子们首先从音乐上作了大胆的设想，他们尝试运用语文学科技能来创编跳皮筋的儿歌，可以解决儿歌陈旧、与时代不符的问题；他们还尝试引入节奏合拍的古诗词、英文儿歌等，甚至发现学校校歌也可以用作跳皮筋的儿歌；等等。在头脑风暴的基础上，教师即时引导学生讨论交流：哪些歌曲、儿歌更适合跳皮筋选用？引导学生选择、创编富有童趣、积极向上的内容，自觉抵制口水歌甚至有些低俗的内容。

另外，活动设计还会融合多种协同育人契机。比如，许多男生认为跳皮筋是女生才玩的游戏，男生不需要玩。教师在引导学生讨论、思辨的同时，也适时作了预设和对策，邀请体育教师通过视频方式，从体育锻炼的角度分享踢毽子、跳皮筋、“跳房子”等传统游戏对人体肌肉锻炼、平衡能力提升等方面的积极作用。

3. 有机整合课内外学习时空

跨学科学习的学习时空，既可以包括校内场所，也可以包括校外场所，既可以是课上、课间，也可以是课后假日小队活动时，充分发掘可利用的时空资源，能为学生营造真实、丰富的学习体验。

"传统游戏我会玩"跨学科主题学习案例以探究课间活动为主要任务，结合任务分解，并参考不同学科内容的有机融合，我们设计了多种实践体验活动：体育课上体验传统游戏；在道德与法治课讨论交流适合课间玩的传统游戏，并尝试创编；在课间试玩创编游戏并作检验等。还有课外采访调查、小队活动、海报制作等，体现综合性、实践性的特点。

此外，本案例还进一步与学校体育节相结合。将学生改造后适合的传统游戏新玩法推荐到年级、学校体育节，让更多学生体验，既反映阶段性成果，又成为延续活动的新资源。

三、研究与反思

（一）研究成效

1. 基本确定基于议题的道德与法治跨学科主题学习活动的规格和路径

"传统游戏我会玩"活动方案与设计开展了两轮实践，在提炼、反思和修订的基础上，对议题确定的维度、活动方案设计的要素、活动实施的关注要点初步作了归纳和提炼。为持续推动道德与法治跨学科主题学习活动的设计与实施规格提供了实践的初步基础。

2. 优化了学科内与多学科团队协作研究的常态机制

跨学科主题学习活动的设计与实施涉及不同学科内容与不同学科教师的协同，对道德与法治学科来说，是综合学习团队研究的重要转型。遵循儿童生活经验与学习经历的需要，我们以道德与法治学科为主线，并对相关学科从课程标准、课程内容、学习方式等如何融入做了一些探索。

同时，本次案例研制也提升了道德与法治学科教师解读课程标准、厘清学科核心素养、适应目标导向的活动设计、发展基于实证的循证研究等素养。

3. 初步产生了学生真实生活问题的实践效益

通过"传统游戏我会玩"的跨学科主题学习活动设计与实施，形成了不少课间传统游戏的新方案，这些方案也带动了学生课间开展、体验传统游戏的新场景，对学生课间游戏、体育锻炼、班级体育竞赛等产生了积极的实际影响。

（二）后续思考

作为本学科第一份基于议题的跨学科主题学习案例，我们在初步提炼和反思的基础上，还要进一步做横向和纵向的实践研究。根据道德与法治学科的七大主题，从中华优秀传统文化教育向其他主题探索；从低学段实践向高学段扩展，关注道德与法治学科跨学科主题学习活动设计与实施规格与路径的辐射推广和修正。同时，继续围绕表现性评价、道德与法治学科核心素养的融合策略、学生综合学习方式的转型等问题开展进一步的深入研究。

参考文献

[1] 中华人民共和国教育部.义务教育道德与法治课程标准(2022年版)[S].北京：北京师范大学出版社,2022.

[2] 中华人民共和国教育部.普通高中思想政治课程标准(2017年版2020年修订)[S].北京：人民教育出版社,2020.

[3] 王国芳.发挥议题教学价值 推动思政教学转型[J].福建教育,2019(29).

[4] 保罗·基尔希纳,约翰·斯维勒,理查德·克拉克,钟丽佳,盛群力译.为什么"少教不教"不管用——建构教学、发现教学、问题教学、体验教学与探究教学失败析因[J].开放教育研究,2015,21(02):16-29+55.

第二编

跨学科主题学习中学习任务的设计实施

跨学科主题学习需要改变传统的教师讲、学生听的教学方式,强调学生的具身体验,在做中学、用中学、创中学。本编中科学、语文、艺术(美术)、体育与健康等四门学科着重研究了如何通过学习任务的设计与实施来指引学生的自主探究与实践。在任务设计过程中,关注任务设计的挑战性、实践性和开放性,促进思维的发展与综合素养的提升;在任务实施过程中,关注多元化学习支架的架设,满足学生个性化的学习需求,促进对学科概念的深度理解,让学习任务成为学生跨学科主题学习的有效载体。

小学科学课程技术与工程领域跨学科主题学习实践研究

项目主持：沈慧丽

项目实验校：上海市虹口区红旗小学

项目组长：姚　远

项目组核心成员（按姓氏拼音排序）：

冯春海　黄怡涵　蒋依佳　沈　晔　杨静雅
姚　远　钟立立　朱　珏

小学科学课程技术与工程领域跨学科主题学习实践研究报告*

一、研究背景

(一) 课程要求

《义务教育科学课程标准(2022年版)》(以下简称"科学课程标准")提出"设立跨学科主题学习活动,加强学科间相互关联,带动课程综合化实施,强化实践性要求"。跨学科主题学习是培养学生核心素养的有效途径。小学科学与技术课程**具有综合性、实践性,本身就是一门跨学科课程,更适合也更容易实施跨学科主题学习。为进一步落实课程标准的要求,结合小学科学与技术学科课程内容,我校开展了"小学科学课程技术与工程领域跨学科主题学习"的研究。

(二) 育人价值

本研究是在真实问题情境中,通过学生的体验、操作和制作,引导学生在解决问题的过程中感受技术与工程的基本特点,体会技术与工程对人们生产生活的影响、对社会进步的推动,以及科学技术与工程之间的相互促进关系。在实践过程中发展学生对工程实践的兴趣和动手能力,运用多学科知识解决真实复杂问题。通过工程与技术实践发展工程思维,包括构思、设计、操作、实现、验证、优化等。通过体验和实践操作,掌握基本的科学知识,发展探究实践能力,获得相关职业技能体验,培养劳动习惯和工匠精神,提高合作能力和创新意识。

---

* 执笔人:姚远,上海市虹口区红旗小学;沈慧丽,上海市教师教育学院(上海市教育委员会教学研究室)。

** 本研究是基于小学科学与技术课程开展的。科学与技术课程是上海二期课改中研制的一门综合课程,在小学一至五年级实施,替代分科的自然、劳动技术,在杨浦、虹口两区及其他区部分学校试验。自然,即科学学科。目前,上海市在小学阶段沿用"自然"学科的名称。

二、研究设计

(一) 概念界定

1. 技术与工程

本项目所指"技术"为通过使用工具来解决问题及实现目的的一种手段;"工程"为根据构思、设计、制作、测试、评估、改进形成成品的工程实践过程。当下,科学、技术与工程已经高度融合,有一体化的趋势。科学原理指导技术与工程的设计与实施,技术与工程的创新与提高有助于科学发现。在科学课程的实践层面,"技术与工程"的学习是指学生利用所学科学原理和知识指导技术与工程实践活动,同时可以利用自己设计制作的实物模型或简单仪器对所关心的科学现象及其原理开展验证或探究。

2. 跨学科主题学习

跨学科主题学习是整合两门或多门学科的观念、方法与思维方式,围绕某一主题开展活动,用以解决真实问题的学习过程,是基于学生的基础、体验和兴趣,围绕某一主题,以某一课程内容为主干,运用并整合其他课程相关知识和方法开展的综合学习。

(二) 研究目标

以核心素养发展为导向,基于跨学科主题学习相关理论研究,通过设计与实施具体案例,进一步理解"跨学科主题学习"的内涵;形成"小学科学课程技术与工程领域跨学科主题学习的设计与实施"的实践模型、策略与路径;提高青年教师的实践研究水平;提升学生科学核心素养。

(三) 研究内容

在广义的理解中,科学也包括技术与工程。本项目拟侧重技术与工程开展跨学科主题学习的设计与实施的研究。研究内容包括:

1. 理解跨学科主题学习

明确小学科学课程技术与工程领域跨学科主题学习的任务,厘清主题学习与学科教学、单元教学的关系。

2. 形成技术与工程领域跨学科主题学习设计与实施的策略和方法

以《义务教育科学课程标准(2022年版)》《上海市小学科学与技术教学基本要求》为依据,结合教材内容,以主题为单位,以提升学生综合实践能力为目标,针对跨学科主题学习的关键要素作有重点的设计,提炼跨学科主题学习的策略和方法。

3. 建构小学科学课程技术与工程领域跨学科主题学习的实践模型

开展技术与工程跨学科主题学习的案例研究,立足课堂教学,以实践活动为载体,提炼出技术与工程领域跨学科主题学习的可行路径,尝试构建基于真实问题解决的实践模型。

（四）研究方法

1. 行动研究法

在自然、真实的教育环境中，开展基于技术与工程领域的小学科学跨学科主题学习的实践研究，加强课程内容与学生经验、社会生活的联系，强化学科知识整合，发展学生在真实情境中综合运用知识解决问题的能力。

2. 调查法

在跨学科主题学习过程中、结束后，对学生开展问卷调查和访谈，了解学生在跨学科主题学习中的需求和感受。

（五）研究过程

1. 开展基础研究

查阅资料，界定概念。

2. 制订计划，明确研究重点与难点

规划跨学科主题活动的设计、实施、总结的基本步骤与操作要点，确定重点为：学习活动设计，难点为：设计与应用学习支架支持自主学习。

3. 项目设计

（1）研读课标，解读教材，梳理核心概念，联系真实世界，设立跨学科主题学习项目。

（2）甄别关键能力，明确学习目标。

（3）设计学习活动。

（4）搭建学习支架。

4. 项目实施

（1）发布任务，组织人员。

（2）利用学习支架引导学生开展活动。

（3）在实施过程中根据实际情况实时修改项目方案。

5. 项目总结

形成实践案例，提炼方法、路径和实践模型。

三、研究结论

（一）进一步理解跨学科主题学习的内涵

"跨学科"和"主题学习"两个概念的缘起和指向虽有不同，但总体来看，其联系是非常紧密的。一方面，跨学科为主题学习提供了宽厚的知识背景；另一方面，主题学习则为跨学科的课程统整提供了清晰的缘由和路径。而本项目提出的跨学科主题学习，

正是两者的结合体。为此,结合《义务教育课程方案(2022年版)》及相关学科课程标准中的表述,对其内涵作了界定:"跨学科主题学习是基于学生的知识基础,围绕某一研究主题,以某一学科课程内容为主干,运用并融合其他课程的相关知识和方法,开展综合学习活动。"该定义在突出"研究主题"的同时,强调了所涉学科的不同地位和作用,有利于引导教师以辩证统一的眼光审视跨学科主题学习,进而平衡教学的综合性和学科性。

(二) 形成技术与工程领域跨学科主题学习设计与实施的策略和方法

1. 跨学科主题学习中学习支架的设计与应用

技术与工程领域的跨学科主题学习指向解决真实的问题,综合性强,对小学生来说有一定的挑战,这就需要教师在教学中为学生搭好"脚手架"。故在跨学科主题学习设计与实施的过程中尝试引用了多元化的学习支架,以促进学生对学科概念的深度理解,发展综合运用多学科知识解决复杂问题的能力。

(1) 任务导向,促进工程实践的深度学习。

以任务为导向,有助于学生建立已有认知和学习任务之间的联系,学会从不同学科视角观察世界,发现需求、提出问题、实验探究,提高解决问题的能力,促进学生在工程实践中的深度学习。活动伊始,创设了"学校现需改建小花园,大队部正在征集一个花园设计方案"这一真实情境,鼓励学生用花园模型展示自己的想法和创意。教师利用策略型支架,创建任务系统,帮助学生建构自主学习的认知结构。例如:"我是小小设计师"活动中,将"设计一个小花园"作为主任务,并预设了花园主题、花园要素、绘制方法、交流分享、评价内容5个子任务,建立了任务框架。

(2) 需求导向,提高个性化学习水平。

面对同一个问题,学生的想法各异,以学生个体需求为导向,为学生提供个性化学习支架,能够促进不同学生都能在原有基础上有所发展。整个跨学科主题学习过程中,提供了包含阅读资料、视频媒体、设计范例、模型样品、实验材料、制作工具等各类资源型支架,以满足学生的不同需求。

比如,可在小组活动前将事先录制的操作视频和具体的操作步骤,以视频资源和活动任务单的形式推送给学生,这样,有需要的小组可以有选择地观看或阅读,而其他小组则可以将更多的时间放在实验探究上。在整个活动过程中,学生可以基于所在小组的情况,自行安排活动时间。

(3) 目标导向,发挥评价的学习向导功能。

新课标在"课程实施"中针对评价提出了建议,要"以课程目标和学业质量标准为依据,构建素养导向的综合评价体系,发挥评价的导向、诊断和教学改进功能"。鉴于此,在跨学科主题活动中,我们构建了主体多元、维度全面、方法多样、过程与成果并重的评价体系。以学生的最终成果——花园模型的评价表为例,在开始制作模型前,师生共同商定了相关的评价维度和评价内容,通过将评价标准前置,实现"教—学—评"一致性,帮助学生实时自我监控与自我反思,以发挥评价的学习向导功能,促进达成学习目标。

2. 跨学科主题学习中自主学习的实践

在指向核心素养的大观念下,自主学习的学习方式特别适合跨学科主题学习。

(1) 基于跨学科开放情景的自主学习的实践。

跨学科主题学习更强调学生在持续地自我发现问题和自主解决问题中探索世界,认知自我,发展理性思维。学生在跨学科主题学习所提供的开放的情境中,自主发现问题,自主分析问题,自主使用各种资源,自主解决问题,自主评价成果。

(2) 基于跨学科任务需求的自主学习的实践。

"基于需求的学习"是指把学习者置于真实、有意义的问题情境中,通过让学习者合作解决真实的问题,学习隐含于问题背后的知识经验,获得解决问题的能力,并形成自主学习能力的一种学习模式。

例如,设计头脑风暴的环节,学生提出假期离开校园,花草无人照顾的问题。借着这个问题,自由讨论,有学生就提出了可以设计一个自动浇水装置。通过查阅资料、交流汇总,结合各小组的花园设计,选择制作合适的自动浇水装置。在这个过程中,学生不仅学会了如何制作一个自动浇水装置,更重要的是学会了如何学习,提高了工程实践能力,发展了探究实践的核心素养。

(3) 基于跨学科素养发展的自主学习的实践。

跨学科主题学习中的真实性情境的特征联结了学科和世界,学生往往需要运用多学科的知识、方法和思维方式解决问题,从而更好地发展学习能力和综合素养。

如在"比例尺"的学习中,以自主学习为主要的方式,让学生自主查阅相关的学习材料;尝试理解比例尺的概念,掌握基本的运用方法。在此基础上,放手让学生小组合作。在做中学,学生获得的不仅仅是书本上的知识,更重要的是在尝试调大或调小比例尺的过程中,认识比例尺,调整比例尺,真切地感知比例尺的使用方法。同时考虑绘制设计图的美观性与计算的便捷性等因素,合理使用比例尺绘制设计图,并利用设计图制作模型。学生还能根据评价标准,融会贯通比例尺的知识,制作小木屋、小桥、亭子、花架等设施,尝试从数学、美术、科学与技术等多门学科知识综合思考问题,解决问题,逐步形成综合分析解决真实问题的能力。

(三) 建构技术与工程领域跨学科主题学习的实践模型

在设计阶段,经历确立项目主题、确定学习目标、设计学习活动、搭建学习支架等环节;实施阶段,包括任务驱动、资源整合、活动组织、反思优化等环节;在总结阶段,梳理教学设计,形成教学案例,提炼方法路径,完成研究报告,逐步形成小学科学课程技术与工程领域的跨学科主题学习的实践模型(图 2-1-1)。

1. 设计阶段

(1) 确立项目主题。研读课标,解读教材,梳理出教材中的技术与工程领域的核心知识点和核心概念,形成本质问题,联系真实世界,转化为驱动性问题。然后根据驱动性问题寻找关联问题中的其他学科相关内容,明确跨学科概念,设立跨学科主题学习活动的主题。

(2) 确定学习目标。基于技术与工程领域的核心知识,甄别关键能力,明确学习目标。根据学习目标设计评价标准,将评价前置,让学生参照评价标准自我监控和评价。

(3) 设计学习活动。将技术与工程问题拆解,形成问题链,创设需要解决的核心任务,形成可以实施的方案,优化设计方案。

(4) 搭建学习支架。根据任务类型,结合学生已有的经验水平,合理预设学习支架,形成具体的跨学科主题学习活动,同时规划好技术与工程进程管理与反思等。

2. 实施阶段

(1) 任务驱动。通过创设情境,引导学生明确任务要求。根据任务要求引导学生分组,按照个人特长自由组队,确定任务日程表和每项活动负责人。

(2) 资源整合。分配课时,让学生成为课堂的主导者,保证学生充足的活动时间,并为学生提供合适的活动环境和个性化的学习材料,包括活动教室、数字化资源、相关知识资料、制作材料等。

(3) 活动组织。利用学习支架引导学生开展活动,鼓励学生自主学习。通过利用数字化资源,让学生、教师、家长参与活动评价,促进学生之间的互学互鉴。

(4) 反思优化。在实施过程中还需要反复根据实际情况实时修改方案。

3. 反思阶段

(1) 梳理教学设计。梳理教学设计,形成教案集,并撰写课例。

(2) 形成教学案例。整理教学文字、图片、视频等记录,撰写教学案例。

(3) 提炼方法路径。总结实践经验,提炼方法路径,形成实践模型。

(4) 完成研究报告。开展教学教研展示,完成研究报告。

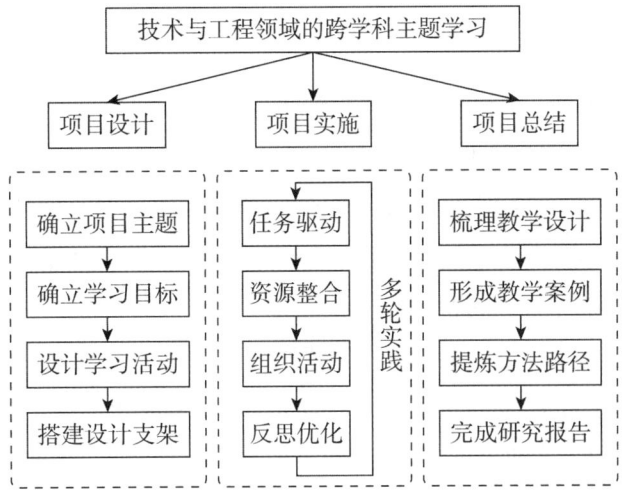

图 2-1-1　技术与工程领域跨学科主题学习的实践模型

四、效果与反思

（一）效果

1. 跨学科主题学习的课程建设让学校更注重学科融合

跨学科主题学习的课程建设，使得学校的教育理念发生了转变。以往各学科单独教学、各自为政的方式，已经无法满足现代教育的需求。跨学科主题学习强调将不同学科的内容整合在一起，形成一个完整的学习体系。这种方式不仅能够帮助学生更好地理解知识，也能够提高他们的学习兴趣。学校在这个过程中，也更加注重学科之间的融合，打破传统的学科壁垒，协调师资与资源，形成一个全面、协调的教育环境。

2. 跨学科主题学习的设计助力教师教学方式的改变

跨学科主题学习的设计，需要教师跳出单一的学科教学思维，以全新的视角来看待教学。教师不再是单一学科的传授者，而是需要将多个学科的内容整合在一起，设计出富有挑战性和吸引力的学习任务。这样的教学方式，不仅需要教师具备丰富的学科知识，更需要他们具备跨学科的思维能力和创新精神。因此，跨学科主题学习的设计，对教师的教学方式提出了新的要求，也提供了新的机遇。

3. 跨学科主题学习的实施助力学生实践能力和核心素养的发展

跨学科主题学习以学生核心素养的培育为出发点和落脚点，注重学科知识的整合发展，强调现实问题的跨学科解决，关注学科核心概念及跨学科概念的运用，培养学生的理想信念、社会责任感、创新精神与实践能力等。学生在解决真实问题中，运用多学科的方法，拓展认知边界，尝试用更宽广的思路实现不同学科知识的碰撞，形成问题的解决方案,最终将解决方案与个体想法付诸实践,从而提高实践能力,发展核心素养。

(二) 反思

1. 基于数字化背景,建立学校的跨学科主题学习系列课程

在数字化背景下,跨学科主题学习有着广阔的应用前景。可以利用数字化技术,建立学校的跨学科主题学习系列课程,使不同年级的学生能体验不同主题的跨学科学习,更好地推动跨学科主题学习的实施。同时,也可以利用大数据技术,实时监控学生的学习情况,为教师提供教学反馈,提高教学效果。

2. 在核心素养导向下,关注跨学科主题学习中学生的个性发展

在跨学科主题学习中,不仅要关注学生学习,还要关注他们的个性发展。每个学生都有自己独特的学习方式和思维方式,教师需根据他们的特点,通过提供多元的学习支架,满足学生的个性化需要。比如,可以通过多元化的评价方式来评估学生的学习成果,帮助他们找到自己的优势和不足,从而更好地发展自己。

参考文献

[1] 中华人民共和国教育部.义务教育课程方案(2022年版)[S].北京:北京师范大学出版社,2022.

[2] 中华人民共和国教育部.义务教育科学课程标准(2022年版)[S].北京:北京师范大学出版社,2022.

[3] 中华人民共和国教育部.义务教育地理课程标准(2022年版)[S].北京:北京师范大学出版社,2022.

实践案例

透绿工程*

一、育人价值

配合上海市各区"透绿工程"的实施,大队部为校内一块绿地征集建设方案,开展"透绿工程——我的红旗小花园"跨学科主题学习活动,将工程思维的内涵价值嵌入主题学习中,引导学生通过工程设计解决真实问题。

该跨学科主题学习活动围绕跨学科概念"结构与功能""系统与模型",融入"技术、工程与社会""工程设计与物化"等学科核心概念,包含三个子任务:"我是小小建言师""我是小小设计师""我是小小工程师",涉及科学与技术、美术、数学、信息科技、语文等学科,促进学生在实践过程中发展各学科的相关素养。

活动中学生将经历简单的工程设计流程,学会从不同角度分析、思考问题,发展自主学习能力和跨学科解决问题的能力。在分享、交流、改进过程中,乐于探究和实践,有基于证据和逻辑发展来表达自己见解的意识,不畏困难,敢于质疑,善于合作,追求创新。

二、主题学习方案

参见表 2-1-1。

表 2-1-1 "透绿工程——我的红旗小花园"跨学科主题学习方案

学习主题	透绿工程——我的红旗小花园		
实施年级	五年级	总课时	8 课时
学习目标	• 通过交流讨论、头脑风暴、范例分享等活动,知道小花园需要景观绿化、景观装饰、景观电气工程、景观给排水工程等要素;知道红旗小花园设计稿的绘制内容;根据花园设计稿的评价标准,知道花园设计稿的绘制方法,具有表达欲望和创新意识		

---

* 执笔人:蒋依佳、钟立立,上海市虹口区红旗小学。

(续表)

学习目标		• 通过交流讨论、采访调查、范例分享、设计绘图等活动,明确师生和社区成员对花园的需求,初步学会借助图文结合的方式,设计花园;发展语言表达能力、数据处理能力、数学建模能力,萌起创作欲望,提高创造美的能力 • 通过交流讨论、优化改进等活动,尝试发现花园设计稿中存在的问题,提出改进方案;发现景观电气工程和给排水工程中存在的问题并优化,体验工程设计中的迭代升级,发展科学思维能力和迭代优化的能力 • 通过讨论交流、制作模型、展示评价等活动,尝试运用所学科学原理设计、选择合适的材料制作自动浇水装置,并作模拟演示和简要解释;制作拼装红旗小花园模型,体验工程制作的快乐,发展操作加工的能力,形成分工合作的意识 • 通过讨论交流、实验探究等活动,知道不同的人工材料在渗水性、防锈性等方面的不同,能选择合适材料制作小花园设施;比较不同类型材质的摩擦力大小,能选择不同材料制作不同的道路,具有探究兴趣,发展探究实践能力		
内容组织	统领性任务	建造一座红旗小花园模型		
	子任务	我是小小建言师	我是小小设计师	我是小小工程师
	科学	• 归纳总结花园需要的四大要素,了解花园设计稿绘制方法,根据需求制订合理的解决方案,发展信息搜集能力,激发创新意识和创作欲望	• 根据需求和限制条件,选择合适的主题,绘制花园设计稿,发展模型建构和创新思维 • 根据交流讨论,发现花园设计稿中存在的问题,提出改进方案,建立证据与解释之间的关系并提出合理见解,发展推理论证能力	• 分模块制作小花园模型,体验工程制作的快乐,发展动手操作能力,初步形成空间观念、造型意识和分工合作的意识 • 展示介绍、评价优化小花园设计稿和实物模型,提高语言表达和文案写作能力、数字化学习能力
	关联学科 艺术(美术)		• 通过手绘花园设计图,体会设计能改善、美化我们的生活,提高感受美、创造美的能力	• 通过讨论交流、展示评价,制作、完善花园中的景观,提高感受美、创造美的能力
	数学		• 通过设计图的测量、计算、绘制等活动,增强空间观念和量感,发展解决真实问题的能力	• 通过估算模型大小,测算植物模型数量等活动,增强数学建模能力
	信息科技		• 运用信息技术(绘图软件)进行电子绘图,感受信息技术在合作创新、作品创作、优化改进中的优势	• 运用信息技术来展示、交流、分享,感受信息技术在表达观点、作品分享传播中的优势
	语文	• 通过设计访谈提纲、开展访谈等活动,提升语言表达能力和归纳总结能力		• 通过讨论交流、展示评价等活动,提升语言表达能力

(续表)

学习活动设计	透绿工程 我的红旗小花园 (五年级)	我是小小建言师 (2课时)	第1课时： 1. 明确任务要求，丰富花园要素 2. 设计访谈提纲，完成对学生的访谈 3. 完成对教师和社区成员的访谈
			第2课时： 1. 交流分享访谈结果，汇总需求 2. 完成"我是小小建言师"评价表
		我是小小设计师 (2课时)	第1课时： 1. 明确评价标准，确定花园主题 2. 了解设计稿绘制方法 3. 绘制花园设计稿
			第2课时： 1. 交流分享，优化改进 2. 展示评价 3. 完成"我是小小设计师"评价表
		我是小小工程师 (4课时)	第1课时： 1. 探究不同材料的摩擦力 2. 选择合适材料铺设地面
			第2课时： 1. 选择合适材料制作人造景观和设施 2. 设计并制作花园特色设施
			第3课时： 组装拼接，制作红旗小花园模型
			第4课时： 1. 交流、展示、评价、投票 2. 完成"我是小小工程师"评价表
学习评价	1. 过程性评价：每个子任务设计不同的评价量表，从学习兴趣、学习习惯、学业成果三个维度作即时评价。根据不同评价量表中的评价标准，通过自评、互评、师评等方式，获得一星、二星、三星或四星 2. 总结性评价：根据评价标准，对学生的学习成果（模型），从设计、工艺、创意三个维度作总结性评价		
学习资源	1. 平板电脑、计算机等终端 2. 有关园艺的文字、图片、影像、书籍等素材 3. 用于制作的工具和材料等 4. 园艺专家的相关讲座等 5. 教学课件、活动任务单、活动评价单等		

三、子任务学习活动设计

子任务 1:我是小小建言师。

通过教师引导,明确本次活动的主题和要求,通过分析图表、头脑风暴、范例分享等,交流汇总小花园的构成要素,编制访谈提纲并采集相关信息。根据需求和主题,确定自己所要设计的小花园包含的要素,确定设计稿的评价标准。

所需课时:2课时。

学习目标:

1. 通过分析图表、交流讨论、头脑风暴、范例分享等活动,知道小花园需要景观绿化、景观装饰、景观电气工程、景观给排水工程等要素,了解红旗小花园设计稿的绘制内容,具有表达欲望和创新意识。

2. 通过交流讨论,设计访谈提纲,开展采访调查等活动,明确师生和社区居民对花园的需求,根据需求制订合理的解决方案,发展收集整理分析归纳信息的能力、语言表达能力,萌起创作欲望。

学习过程:

第 1 课时:

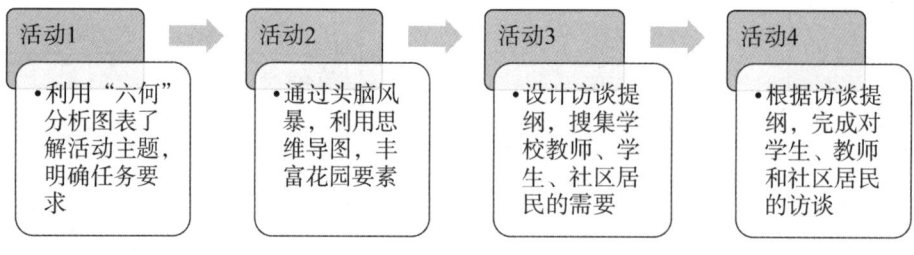

第 2 课时:

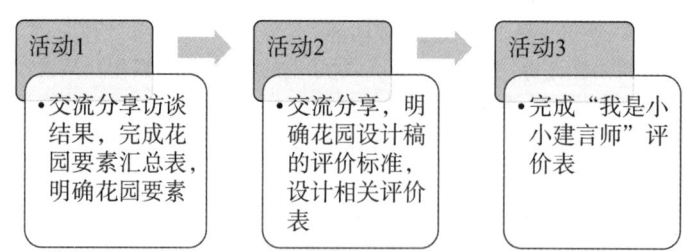

学习资源:

教学资料:已建成花园的文字资料、设计稿或图片、影像资料、PPT 课件、活动任务单、活动评价单。

学习工具与材料:文具用品,如铅笔、彩笔、直尺等;录音笔、平板电脑等,社区花园图片资料、资料收纳袋等；学习支架(花园要素思维导图、访谈提纲、红旗小花园要素汇总表、设计图评价内容表(空白)、我的红旗小花园"我是小小建言师"评价表)。

学习评价：

"我是小小建言师"子任务以评价量表作为总结，从学业成果、学习兴趣两个维度开展即时评价，每个评价维度分有四个评价内容，通过自评、互评、师评等方式，当学生达到要求时即可获得1星、2星、3星或4星(表2-1-2)。

表2-1-2 我的红旗小花园"我是小小建言师"评价表

班级：_____ 姓名：_____

评价维度	评价标准					评价结果		
	评价内容	☆	☆☆	☆☆☆	☆☆☆☆	自评	互评	师评
学业成果	1. 完成花园要素思维导图 2. 设计完成访谈提纲 3. 根据提纲开展采访调查 4. 根据需求总结花园要素	做到1个方面	做到2个方面	做到3个方面	做到4个方面			
学习兴趣	1. 积极参与，发表见解 2. 敏于观察，乐于想象 3. 团结合作，勇于承担 4. 敢于挑战，访谈陌生人	做到1个方面	做到2个方面	做到3个方面	做到4个方面			

评价表说明：①根据评价标准，在"评价结果"栏内画☆。②此评价为活动观察。③"学业成果"学生达成的基本要求为3颗☆；"学习兴趣"学生达成的基本要求为3颗☆。

子任务2：我是小小设计师。

通过制订设计稿的评价标准，运用交流讨论、设计绘图、优化改进等方法，根据需求和限制条件，选择合适的主题，借助图文结合的方式绘制花园设计稿。根据实际反馈结果，尝试发现设计稿中存在的问题并提出改进方案。

所需课时：2课时。

学习目标：

1. 通过设计图的测量、计算、绘制等活动，手绘花园设计图或运用信息技术(绘图软件)进行电子绘图，发展模型意识和创新能力，体会设计能改善、美化生活，提高感受美、创造美的能力。

2. 通过交流讨论、优化改进、投票推选等活动，根据实际反馈结果，尝试发现花园设计稿中存在的问题，提出改进方案，感受信息技术在作品创作、分享传播中的优势，建立证据与解释之间的关系并提出合理见解,发展推理论证能力。

学习过程:

第1课时:

第2课时:

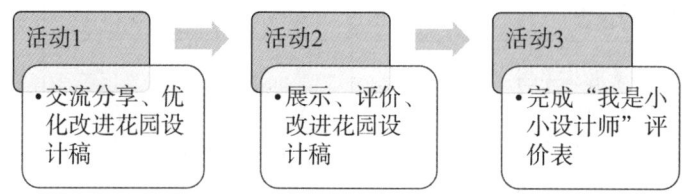

学习资源:

教学资料:花园设计图案例、PPT课件、活动任务单、活动评价单。

学习工具与材料:文具用品,如铅笔、彩笔、直尺等;计算机等,社区花园图片资料、资料收纳袋等;学习支架(红旗小花园要素汇总表、设计稿内容框架图、设计稿评价表、我的红旗小花园"我是小小设计师"评价表)。

学习评价:

"我是小小设计师"子任务以评价量表作为总结,从学业成果、学习习惯两个维度作即时评价,每个评价维度分有4个评价内容,通过自评、互评、师评等方式,当学生达到要求时即可获得1星、2星、3星或4星(表2-1-3)。

表2-1-3 我的红旗小花园"我是小小设计师"评价表

班级:_____ 姓名:_____

评价维度	评价标准					评价结果		
	评价内容	☆	☆☆	☆☆☆	☆☆☆☆	自评	互评	师评
学业成果	1. 列举花园设计稿的组成要素 2. 根据需求完成设计稿 3. 根据标准评价设计稿 4. 根据建议改进设计稿	做到1个方面	做到2个方面	做到3个方面	做到4个方面			

（续表）

评价维度	评价标准					评价结果		
	评价内容	☆	☆☆	☆☆☆	☆☆☆☆	自评	互评	师评
学习习惯	1. 积极参与，发表见解 2. 主动承担，完成设计 3. 大方展示，介绍设计 4. 虚心求教，评价反思	做到1个方面	做到2个方面	做到3个方面	做到4个方面			

评价表说明：①根据评价标准，在"评价结果"栏内画☆。②此评价为活动观察。③"学业成果"学生达成的基本要求为3颗☆；"学习习惯"学生达成的基本要求为3颗☆。

子任务3：我是小小工程师。

基于花园设计稿，制作"红旗小花园"模型。通过实验探究、设计制作等活动，选择合适材料制作人造景观装饰。通过加工制作、评价改进等活动，制作自动浇水装置，并根据实践结果和改进建议作优化改进。最后组装拼接人造景观、自然景观、给排水装置等，形成完整的"红旗小花园"模型。通过媒体展示、交流评价、迭代改进等，完善"红旗小花园"模型。

所需课时：4课时。

学习目标：

（1）通过讨论交流、实验探究、案例分享、设计绘图等活动，感知不同材料的特点，比较不同类型材质的摩擦力大小，选择合适的材料设计制作人造景观装饰，发展探究实践能力。

（2）通过讨论交流、制作模型、展示评价等活动，比较不同类型土壤的渗水性，选择合适的材料制作景观给排水工程模型。根据实践结果和改进建议，发现景观给排水工程中存在的问题并优化改进，体验工程制作的快乐，发展操作加工的能力，形成分工合作的意识。

（3）通过讨论交流、制作模型、展示评价等活动，学习依据设计稿、小组合作拼装红旗小花园模型，运用多媒体作介绍，展示模型的特点与优势。对其他小组的模型进行评价，提出建议并投票，感受信息技术在表达观点、作品分享传播上的优势。

学习过程：

第1课时：

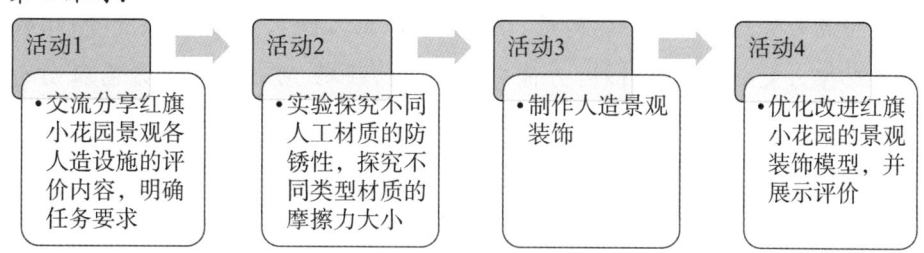

第 2 课时：

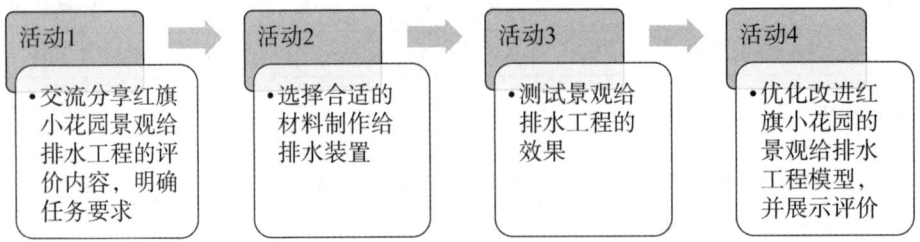

第 3 课时：

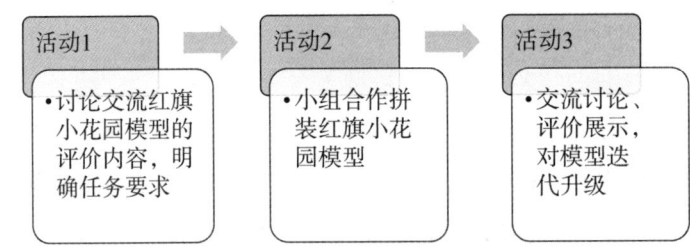

第 4 课时：

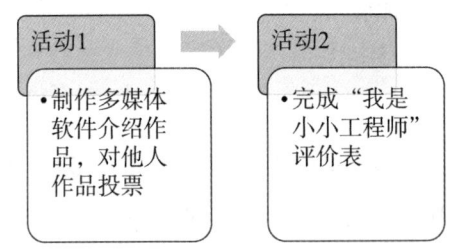

学习资源：

教学资料：影像资料、相关教学媒体、活动任务单、活动评价单等。

学习工具与材料：文具用品、资料收纳袋等；学习支架（我的红旗小花园景观给排水工程评价表、渗水性实验活动任务单、已有的自动浇水装置图片、我的红旗小花园"我是小小工程师"评价表）。

实验工具与材料：比较不同类型土壤渗水性的实验材料：沙质土、黏质土、壤土、水、细纱布、同样大小的去底塑料瓶、100毫升烧杯、支架或铁架台、铁夹等；比较不同类型材质特点的实验材料：铁丝、陶瓷、塑料、木头、刻刀、水、酒精灯、镊子等；比较不同类型材质摩擦力大小的实验材料：力传感器、木板、砝码、可以向不同方向拉动的小木块等。

制作工具与材料：景观绿化与装饰工程制作材料：彩笔、彩纸、多种植物的模型、彩泥等。

学习评价：

"我是小小工程师"子任务以评价量表作为总结，从学业成果、学习习惯两个维度作即时评价，每个评价维度分有4个评价内容，通过自评、互评、师评等方式，当学生达到要求时即可获得1星、2星、3星或4星（表2-1-4）。

表2-1-4 我的红旗小花园"我是小小工程师"评价表

班级：_____ 姓名：_____

评价维度	评价标准					评价结果		
	评价内容	☆	☆☆	☆☆☆	☆☆☆☆	自评	互评	师评
学业成果	1. 根据要求完成人造景观模型 2. 根据需求完成给排水模型 3. 参与组装、拼接、制作花园模型 4. 根据标准评价花园模型	做到1个方面	做到2个方面	做到3个方面	做到4个方面			
学习习惯	1. 善于思考，发表见解 2. 积极创造，完成制作 3. 善于倾听，迭代升级 4. 大方展示，互动交流	做到1个方面	做到2个方面	做到3个方面	做到4个方面			

评价表说明：①根据评价标准，在"评价结果"栏内画☆。②此评价为活动观察。③"学业成果"学生达成的基本要求为3颗☆；"学习习惯"学生达成的基本要求为3颗☆。

四、课时举隅

1. 任务分析

"绘制花园设计稿"是子任务2"我是小小设计师"的第1课时，在开展该课时活动前，学生已经完成了子任务1"我是小小建言师"的学习。学生已经知道小花园包含的要素，明确师生和社区居民对花园的需求，明确小花园设计的要素。本课时要求学生在前期调查的基础上，初步完成花园设计稿的绘制，同时也为第2课时分享交流、优化改进花园设计稿打下基础。

2. 学习目标

（1）通过制订花园设计稿的评价标准，根据需求和限制条件，选择合适的主题，初步学会借助图文结合等方式绘制花园设计稿，发展模型意识和创新能力，增强空间观念和量感，发展解决真实问题的能力。

（2）通过了解设计稿绘制方法和过程，手绘或运用信息技术（绘图软件）绘制花园设计稿，体会设计能改善、美化生活，提高感受美、创造美的能力。感受信息技术在作品创作、分享传播中的优势。

3. 学习重难点

重点：绘制花园设计稿。

难点：用俯视图画花园要素。

4. 学习资源

教学资料：花园设计图案例、PPT课件、活动任务单、活动评价单。

学习工具与材料：文具用品，如铅笔、彩笔、直尺等；计算机等，社区花园图片资料、资料收纳袋等；学习支架（红旗小花园要素汇总表、设计稿内容框架图）。

5. 学习活动设计

活动1参见表2-1-5。

表2-1-5 "我是小小设计师"第1课时活动1

活动1	学生活动	支架设计
为花园起名	1. 结合观看花园设计稿的绘制过程视频，初步了解工程师思维的三个基本特征：结构、约束和取舍 2. 讨论并制订红旗小花园设计稿的评价标准 3. 明确学习成果的公开方式 4. 确定小组花园主题，为自己的花园起一个好听的名字	范例：已有花园设计稿绘制过程视频 图表：红旗小花园设计稿评价表（见表2-1-9）
设计意图	本活动的设计意图是明确评价标准、确定花园主题。提供优秀设计案例图样，供学生学习，制订评价标准，将评价前置，使学生明确绘制设计稿的要求，利用元认知策略培养学生的合作意识、自我监控与调节能力	

活动2参见表2-1-6。

表2-1-6 "我是小小设计师"第1课时活动2

活动2	学生活动	支架设计
设计花园要素	1. 根据花园主题,小组交流花园的设计内容 任务要求: (1) 确定整体布局 (2) 根据各区域功能,对花园各要素作取舍,进一步细化具体设计内容 2. 了解红旗小花园设计稿绘制方法 任务要求: (1) 思考分析、交流讨论设计稿中应包含的内容,如设计理念、背景、图示标注等 (2) 小组合作,采用俯视图的方式绘画,并关注设计图中各种图示的比例大小	图表:红旗小花园要素汇总表。 **红旗小花园要素汇总表** _____班 第_____小组 组员:_____ <table><tr><td>红旗小花园具备的要素</td><td>我的小花园要有的东西!</td></tr><tr><td>景观绿化(小花园里种些什么植物?)</td><td></td></tr><tr><td>景观装饰(怎样使小花园更实用美观?)</td><td></td></tr><tr><td>景观电气工程(怎样让花园"亮"起来?)</td><td></td></tr><tr><td>景观给排水工程(怎样让花园里的植物长势更好?)</td><td></td></tr></table> 范例:已有花园设计稿案例 建议:使用俯视图绘制 向导:学习有关比例的知识,把各要素按比例缩小
设计意图	本活动的设计意图是了解设计稿绘制方法和过程。通过讨论交流,确定红旗小花园设计稿的构成要素,基于学生已有认知建构,整合相关知识,以保证活动顺利开展,并以知识作为创意的生长点,促进创意发生。花园设计稿与一般的设计图有所不同,不仅需要学生运用工程思维,有目标地构思和设计花园,同时还需要数学知识辅助,帮助确定设计参数和限制条件。数学与科学的跨学科融合学习得以实现,让学生的花园设计稿更加科学、更加贴合实际、更有利于模型建造	

活动3参见表2-1-7。

表2-1-7 "我是小小设计师"第1课时活动3

活动3	学生活动	支架设计
绘制花园设计稿	1. 小组合作，绘制花园设计稿 任务要求： (1) 交流手绘花园设计图的注意事项 (2) 学会在画图软件上创作，或学会将手绘草稿转化为电子稿 (3) 学会利用AI绘图的方式，展现设计效果图，进行表达和展示	图表：小小设计师学习支架 建议：建议使用绘图工具进行绘制 建议：使用AI绘图呈现花园效果图
设计意图	本活动的设计意图是引导学生自主合作绘制花园设计稿 学生根据统筹设计中的因素，在具体的设计过程中，以红旗小花园为中心词，发散思维，把各领域的知识整合到一起，更全面地考虑方案设计。创作是设计的生命力，而创意是一条曲线，不是一条直线，所以在这个过程中，需要帮助学生更好地表达个性化的想法，尽可能地提出不同的创作方法 在绘制花园设计图时，可以让信息科技、美术与科学相结合，学生自由选择擅长的领域设计。擅长绘画的学生可以利用画笔，在美术老师的指导下手绘设计图；擅长信息科技的学生可以利用现代科技和技术平台，开展协同创新，合理选择数字设备，利用绘图软件开展电子绘图，利用AI绘图展现效果，培养数字化合作与探究的能力，发展数据处理能力、数学建模能力，发扬创新精神，提高感受美、创造美的能力	

五、案例反思

（一）设计问题系统，建构学生自主学习的认知结构

在教学过程中，学生围绕子任务提出各种问题，经由教师归纳总结，将问题分门别类。比如，有团队合作的问题，有关于设计内容的问题，有关于材料选择的问题，有制作方式的问题，有展示评价的问题等。由统领性任务引出一项项问题，建立子任务，通过子任务解决提出的次级问题，最终完成统领性任务。

例如，在子任务2"我是小小设计师"中，"如何设计一个小花园"是子任务中的主要问题，基于这个问题，学生展开思考，讨论设计各种次级问题，建立了问题系统。在"发现问

题—分析问题—解决问题—再发现问题—再分析问题—再解决问题"的循环往复中,不断推进,活化了书本上相对孤立的知识点,联络了各学科知识,构筑起解决这个实际问题所需的相对完整的认知结构(表2-1-8)。

表2-1-8 "我是小小设计师"问题系统

主要问题	次级问题		涉及学科
如何设计一个小花园?	我设计的花园主题是什么?		科学与技术
	一个花园设计稿要具备哪些要素?	各种组成要素要怎样排列?	科学与技术 数学
		图例要怎样画?	
		比例要怎样选择?	
	怎样让自己的设计符合评价内容?	选择哪些植物、设施、灯具等?	科学与技术 美术 信息科技
		上述景观要如何分布才科学?	
		怎样手绘更美丽的设计稿?	
		可以利用电脑将设计稿电子化吗?	
	怎样交流分享自己的设计稿?	如何利用媒体,制作交流PPT,介绍自己的小花园?	信息科技 科学与技术 美术
		如何从工程设计与物化角度,改进自己的小花园?	
		如何从美工角度,改进自己的小花园?	
	怎样展示设计稿的特色和优点?	如何确定设计稿的特色和优点?	信息科技 科学与技术
		如何利用媒体,重点介绍设计稿特色,突出优点?	

(二) 搭建支架体系,提高学生探究性学习的深度

探究的过程是为了获取有价值、有结构的信息,这个过程往往以假设为线索展开,是需要指导的,需要支架的支持。在学生参与探究活动前,教师应站在学生的立场上想一想:问题明确了吗?探究的思路有了吗?探究中需要收集哪些信息?具体怎么操作呢?

在丰富的情境信息和现实背景下,学生建立已有认知和学习任务之间的关联,用不同学科的眼光观察世界,发现问题、提出问题,尝试探究,提高问题解决能力。学生利用"六何"分析图表、花园思维导图等图表支架,明确任务要求,丰富花园要素;根据教师的建议支架,设计访谈提纲,收集各方对花园的需求;根据网上现有优秀花园设计稿的范例支架和专业人士的建议支架,学会如何手绘简单的花园设计稿,学会利用信息科技开展电子绘图;利用图表支架,汇总各要素,关注设计稿的整体性,丰富设计稿的内容;利用各

种向导支架,制作 PPT 及视频介绍稿,展示风采,凸显特色等。这种新的基于支架的深度探究、迭代学习的方式,可以更好地落实课标要求,发展学生的科学思维、探究实践等学科核心素养。

(三) 学评统一,发挥前置评价的学习向导功能

《义务教育课程方案(2022 年版)》指出:"创新评价方式方法。注重动手操作、作品展示、口头报告等多种方式的综合运用。"构建素养导向下的评价体系,创设真实的情境,让学生基于实践开展探究学习,关注学生个性化需求,让学生在表现素养中发展素养,充分发挥多元评价的育人功能。

将评价标准前置,使预期学习结果、教学与学习行为之间实现有机关联,这种评价前置不仅有利于整合目标、评价、学习活动于一体,更有利于学生在学习活动过程中,实时关注教学评价和要求,从而及时调整方向,更好地完成学习目标。在设计活动开始前,师生通过讨论,明确花园设计稿的评价标准(表 2-1-9)。

表 2-1-9 我的红旗小花园设计稿评价表

班级:_____ 小组:_____

评价维度	评价标准					评价结果		
	评价内容	☆	☆☆	☆☆☆	☆☆☆☆	自评	互评	师评
美观性	• 图文并茂 • 色彩恰当 • 标注清晰 • 布局合理	做到 1 个方面	做到 2 个方面	做到 3 个方面	做到 4 个方面			
实用性	• 符合需求 • 植物多样 • 设施齐全 • 特色鲜明	做到 1 个方面	做到 2 个方面	做到 3 个方面	做到 4 个方面			

评价表说明:①根据评价标准,在"评价结果"栏内画☆。②此评价为作品分析。③"图文并茂"包括花园主题、设计图、设计理念;"色彩恰当"指颜色丰富有层次,接近实物颜色;"标注清晰"指可采用图标列举或直接标注的形式;"布局合理"指植物分布错落有致,设施分布有规划性。④"符合需求"指符合拟定主题和受访对象需求;"植物多样"指选择不同类型的植物;"设施齐全"指景观装饰、景观电气、景观养护等方面;"特色鲜明"指能够凸显主题。⑤"美观性"学生达成的基本要求为 2 颗☆;"实用性"学生达成的基本要求为 2 颗☆。

在制作模型活动开始前,师生共同制订花园模型的评价标准(表 2-1-10)。

表 2-1-10　我的红旗小花园模型评价表

班级：_____　小组：_____

评价维度	评价标准					评价结果		
	评价内容	☆	☆☆	☆☆☆	☆☆☆☆	自评	互评	师评
工艺	• 选材合理 • 依图制作 • 比例合适 • 制作精良	做到1个方面	做到2个方面	做到3个方面	做到4个方面			
创意	• 理念独特 • 布局巧妙 • 造型别致 • 亮点突出	做到1个方面	做到2个方面	做到3个方面	做到4个方面			

评价表说明：①根据评价标准，在"评价结果"栏内画☆。②此评价为作品分析。③"选材合理"指能按模型需求、材料特点、可操作性等要求选择材料；"依图制作"指模型与设计稿的匹配度；"比例合适"指模型构造比例与尺寸需符合实物构造和尺寸；"制作精良"指细节表达清楚、结构稳固、工整洁净等。④"理念独特"指在选材、制作过程中有环保节能、人文关怀、时代特色等创意；"布局巧妙"指花园模型整体布局规划体现多样性、艺术性等特点；"造型别致"指能运用独特的材料、特殊方式，制作与众不同造型的模型；"亮点突出"指具有创造性地解决问题的方法，有独具特色的设施，有独具创新的功能等。⑤"工艺"学生达成的基本要求为2颗☆；"创意"学生达成的基本要求为2颗☆。

学生在充分了解设计目标后开展合作探究活动，持续聚焦评价内容，减少设计中的盲目性，发挥评价的学习向导功能。

教学论文

小学科学跨学科主题学习中的驱动性任务设计*

摘　要：小学科学跨学科主题学习活动需围绕某一真实的核心问题，以科学课程内容为主干，运用并整合其他课程的相关知识和方法，任务驱动，推进自主的实践性学习的发生。本文以技术与工程领域跨学科主题学习活动为例，阐述如何设计小学科学跨学科主题学习中的驱动性任务。

关键词：小学科学；跨学科主题学习；驱动性任务

一、小学科学跨学科主题学习

小学科学跨学科主题学习活动以某一真实的问题为核心，以科学课程内容为主干，运用并整合其他课程（如：语文、数学、英语、艺术、体育与健康等）的相关知识和方法，引导学生开展综合性学习活动。

小学科学跨学科主题学习活动基于小学生的身心发展特征，聚焦科学学科本身的综合性、实践性的特点，围绕真实情境中的问题、任务或项目，设置主题，合理利用资源来开展。

通过这样的活动，有利于小学生对科学观念的理解，有助于他们科学思维的发展，也为学生提供更多探究实践的经历，培养他们综合应用多学科的知识、技能与方法解决实际问题的能力，有利于其对科学、技术、社会与环境关系的理解，形成正确的态度责任观。

二、小学科学跨学科主题学习中的任务驱动

设计与实施跨学科主题学习活动，需围绕某一真实的核心问题，任务驱动，推进自主的实践性学习的发生。

---

* 执笔人：沈慧丽，上海市教师教育学院（上海市教育委员会教学研究室）。

任务是指定担任的工作、指定担负的责任。任务驱动教学法被应用于教学,教师为学生提供体验实践或感悟问题的情境,学生围绕任务展开学习,任务的完成情况可以检验和总结学生的学习过程等。任务驱动教学法某种程度上可以改变学生的学习状态,使学生主动探究、思考、实践,提高解决问题的能力。

在这样的学习过程中,学生在教师的帮助下,紧紧围绕一个共同的任务,在强烈的解决问题动机的驱动下,主动寻找学习资源或积极主动应用教师提供的学习资源,开展自主探索和互动协作的学习。其实质是在完成任务的过程中,完成了学习实践活动。

简单地说,小学科学跨学科主题学习活动就是教师通过任务发布,有目的地指引学生开展自主的实践性学习活动,从而发展科学学科核心素养。

科学学科的学习内容处处与生活相关,而小学生与生俱来对世界有强烈的好奇心,他们探索问题的积极性高,但是已有的认知和能力水平有限。如何基于小学生的特点,设计小学科学跨学科主题学习中的驱动性任务,从而推动学习的有效进行呢?

三、小学科学跨学科主题学习中的驱动性任务设计

小学科学跨学科主题学习活动就是要引导小学生围绕一个真实的问题,在任务的驱动下开展各种有目的的活动,在完成任务的过程中完成学习。驱动性任务的设计至关重要。下文以技术与工程领域跨学科主题学习活动为例,谈一谈如何设计小学科学跨学科主题学习中的驱动性任务,从而促进学生综合性学习。

(一) 构建"一个主题大任务"和"若干个驱动性任务"的任务体系

技术与工程领域跨学科主题学习活动设计时,首先要基于真实的情景提出一个主题大任务,主题大任务就是这个跨学科主题学习活动最终要解决的问题。科学学科设计技术与工程领域的跨学科主题学习活动时,主题大任务往往最终指向一个产品。比如,"建造一座小花园模型""制作眼球成像模型",等等。

有了主题大任务,学生的学习活动就都围绕该任务而开展,完成任务的过程就是解决问题、形成新知的过程,也就是我们常说的"做中思""做中学"。

在主题大任务下设计若干个驱动性任务,可以看作是指向学习目标的任务分解,是教师用以指导、引领小学生不断深入解决问题的重要手段。这些驱动性任务体现的是教师设定的一个个具有挑战性但可实现的目标,是为学生搭建的一种学习支架。有了驱动性任务,就可以使小学生在一个个任务解决和完成的过程中完成主题大任务。

(二) 分析主题大任务解决的基本步骤

教师设计驱动性任务可以从思考完成这个主题大任务需要哪几个基本步骤开始,比如技术与工程领域跨学科主题学习活动提出的主题大任务,往往是要制作出一个产品

的,完成这个主题大任务,一般需要"分析任务明确需求—设计方案绘制草图—选择材料依图制作—检验作品评估性能—完善优化迭代改进—发布成果展示交流"等步骤,这些步骤包含了《义务教育科学课程标准(2022年版)》指出的技术与工程涉及的要素:明确问题、设计方案、实施计划、检验作品、改进完善、发布成果等。当然在设计这些步骤前需要分析学生已习得的科学知识和方法,以及他们所在年龄的生理、心理、能力水平等特征,以便在分析主题大任务时考虑为了完成大任务还需为学生构建哪些支架。

(三) 设计基于学习目标的驱动性任务

作为跨学科主题学习活动,与单纯地完成一个制作是不同的,更要关注的是学生在完成了一个个驱动性任务后最终完成了主题大任务,解决了一个真实的问题,并在这个过程中达成了科学观念、科学思维、探究实践、态度责任等学科核心素养的培育。所以,在思考完成主题大任务需要哪几个基本步骤后,要联系学习目标,设计驱动性任务。

驱动性任务应当是基于学习目标的,比如,在某个技术与工程领域跨学科主题学习活动中,在"选择材料"环节的驱动性任务:"请你阅读这几种材料的说明书,小组讨论,分析材料的特点,选择制作××的材料。"指向的学习目标是:学生通过阅读、讨论等活动,知道一些材料的特性,能根据需求、结合材料特性选择材料,乐于与同伴分享自己的观点。

又如,在"检验作品"环节的驱动性任务:"请小组合作设计实验,检验你们制作的隔热垫能否有效隔热?"完成这个驱动性任务后,学生不仅向完成主题大任务又进了一步,更重要的是学生经历了设计实验、收集证据、使用证据的过程,从而达到对应的学习目标。

当然以上只是举例,有时候在设计方案时可能会有调查、收集资料等的需求;在选择材料时可能需要学习一些科学知识,在"分析材料特点"的环节还可能需要通过实验进行探究等。如此,通过一个个驱动性任务,教师就引导了学生对任务的分析、探究和讨论,找出了完成任务的方法,在完成任务的过程中完成科学课程以及跨学科课程所要达成的学习目标。

(四) 关注不同学科的知识和方法设计驱动性任务

小学科学课程通过搭建跨学科主题学习,以科学课程内容为主干,运用并整合不同学科的知识、观念、方法与思维方式,指向现实生活中复杂问题的解决。虽然小学生的能力有限,但是在教师的设计和引导下合作完成相关驱动性任务,就能较好地实现综合素养的提升。

比如,在"建造一座小花园模型"的跨学科主题学习活动中,设计驱动性任务"请你利用老师提供的颜料、不同的纸、铁丝等材料为你的小花园'种'上植物",学生完成这个任务需要调用科学课中学习到的常见植物的基本结构外,还要用到美术、数学等学科的知识和技能，有的学生还会在活动中争论到底有没有黑色的花，通过完成这个驱动性任务，学生在完善和优化了作品的同时，也体验了跨学科解决问题的过程，激发了进一步探究未知世界的欲望。

四、驱动性任务的特点

1. 真实有趣

在小学科学课程中开展跨学科主题学习的驱动性任务一般都是建立在一个个真实的情景中，应具有一定的趣味性，促使学生保持好奇心、求知欲。

2. 开放自主

小学科学跨学科主题学习活动中的驱动性任务应具有一定的开放性，孩子们会发现解决一个真实的问题最终未必有标准答案。让学生在做中学，给学生更多自主探究和发散创新的时空，他们不是在寻找答案，而是在解决问题。

3. 指向合作

尽可能设计需要合作才能完成的驱动性任务。要让孩子们从小就知道，很多工作是需要合作才能完成的，而合作中每个人都要有足够的责任和担当。

4. 任务关联

驱动性任务之间应呈现良好的关联性，一般来说一个跨学科主题学习活动中，驱动性任务间往往呈现递进关系，一步步走向问题解决，有时也呈现并列性，解决多个并列的问题后形成结论或完成工程。这些解决问题的逻辑将潜移默化地影响学生，也将为他们在今后的学习、生活和工作中解决问题奠定基础。

5. 可操作性

小学科学跨学科主题学习活动中的驱动性任务应既具有一定的挑战性同时又要考虑到小学生的认知和思维水平，数量也不宜过多或过少。对于高年级学生，还可以考虑引导他们参与驱动性任务的设计。

做好小学科学跨学科主题学习中的驱动性任务设计，是有效开展小学科学跨学科主题学习的关键，驱动性任务设计应指向核心素养。设计驱动性任务的同时，还应设计支架，制订评价量规，辅助学习活动的顺利、有效开展。

小学科学跨学科主题学习中完成任务的过程，是学生主体、教师引导的过程，随着一个个任务的达成，学生不断体验成功的喜悦，他们将在今后的学习中更有自信和热情。相信小学科学跨学科主题学习会让更多的孩子学会学习、爱上学习！

小学语文学科跨学科主题学习实践研究

项目主持：薛　峰　陈　振

项目实验校：上海市奉贤中学附属小学

项目组长：何春秀

项目组核心成员（按姓氏拼音排序）：

陈双霞　陈艺伟　范　臻　刘　桑
裴　李　钱晓萌　寿小翠　王斐斐

小学语文学科跨学科主题学习
实践研究报告[*]

  跨学科主题学习既是语文新课程改革的要求,也是培养学生语文素养,促进学生全面发展的现实需要。本研究以"助力健康成长"主题为例,通过校本层面的行动研究,探索小学语文跨学科主题学习的实践方式,旨在通过以点带面的方式,探寻"双新"改革背景下小学语文跨学科主题学习的普适经验。

一、研究背景

  本项目研究的背景包括三个维度:

  其一,倡导"跨学科"学习的时代背景。新时代,社会对人才培养的综合性要求提升,核心素养成为人才培养新的价值导向。传统的分科主义教学因其知识之间的孤立割裂越来越受到质疑,跨学科学习作为一种以解决真实问题为核心的深度学习方式,能够加强学科之间的联系,有助于培养学生的综合素养,因而越来越受到重视。

  其二,推动"双新"改革的教育背景。《义务教育课程方案(2022年版)》把"加强课程综合,注重关联"作为基本原则之一,要求"各门课程用不少于10%的课时设计跨学科主题学习"。《义务教育语文课程标准(2022年版)》设置了"跨学科学习"拓展型学习任务群。因此,本研究是落实新课标的应有之义。

  其三,破解语文教学现实问题的实践背景。尽管"跨学科"的理念随着新课标落实和素养导向的教学实践已经进入语文教学的"视野",但是在具体的实践中,依然存在两个方面的突出问题:首先,跨学科主题学习的实施与多学科教学混淆,学校开展跨学科教学往往呈现多学科主题拼盘式教学。其次,跨学科教学形式单一,跨学科学习教学形式倾向于"教师讲、学生听"的传统方式,停留于浅层次的跨学科教学设计。学生较多处于被动式学习,难以提升学生的学科核心素养。因此,迫切需要在小学语文跨学科主题学习

---

[*] 执笔人:何春秀、范臻、陈艺伟、王斐斐,上海市奉贤中学附属小学。

的理念和路径上进行持续探索。

基于上述背景的分析,本研究的价值主要体现在三个维度,即:从学科教学的角度看,在于落实课程标准,推动语文教学变革;从人才培养的角度看,在于促进学科融合,培养学生核心素养;从教师发展的角度看,在于优化教学行为,发展教师全面育人的能力。

二、研究设计

(一) 核心概念界定

1."跨学科"与"跨学科学习"

"跨学科"一词最早由美国哥伦比亚大学伍德沃斯教授于1926年提出,指超越一个已知学科的边界而进行的涉及两个或两个以上学科的实践活动。"跨学科学习"是一种基于跨学科理念的学习样态,是整合两种或多种学科视角,运用学科融合的思维方式开展学习并解决真实问题的课程与学习取向。

2.语文跨学科主题学习

语文跨学科主题学习是跨学科学习思想在语文学科中的具体体现,旨在引导学生在语文实践活动中,联结课堂内外、学校内外,拓宽语文学习和运用领域;围绕学科学习、社会生活中有意义的话题,开展阅读、梳理、探究、交流等活动,在综合运用多学科知识发现问题、分析问题、解决问题的过程中,提高语言文字运用能力。

(二) 文献综述

德国教育学家赫尔巴特第一个明确提出了课程整合的理念,为跨学科教育发展奠定了基础;以杜威、克伯屈等为代表的民主教育思想也对综合学习、跨学科学习的学习方法进行了初步探索;近年来,西方国家主要通过STEM教育等方式探索跨学科教学的实践方式,形成了较为成熟的跨学科课程体系。

国内的跨学科学习研究从21世纪初以来呈现出逐渐升温的样态,研究主题主要包括:跨学科学习的概念、意义、设计与实施方法、评价等。近年来,跨学科学习与核心素养的培育相关联成为新热点。整体上看,对于跨学科学习的概念解读和价值认同已经成为共识,当前最需要关注的是跨学科学习的具体设计和实施方式。

就语文学科的跨学科主题学习研究而言,现有的研究普遍认为,跨学科主题学习设计是一种系统化、结构化的教学设计,需要在学习主题、学习目标、学习内容、学习活动、学习评价等要素上作系统设计。学习主题在跨学科学习中具有重要意义,其生成路径是多元化的,可以从课程标准中寻找主题,也可以从学生的现实需求中寻找主题。学习活动的设计在跨学科主题学习中是一个关键要素,要让学习活动体现出探究性、教育性、跨学科性,也要让活动的设计尽可能满足学生的兴趣爱好。此外,也有研究指出,要保障语文跨学科主题学习的有效性,在具体的设计和实施中要立足语文学科的学科属性,体现语文课程标准的独特要求,促进学生语文核心素养的培育。

从整体上看,当前关于小学语文跨学科主题学习的设计研究更多的还是一种宏观领域的原则和指导思想的研究,在具体的主题选定、活动设计、任务实施与评价等微观维度的探索上还需要继续深入,这也凸显了本研究的实践价值。

(三)研究目标

以"助力健康成长"为主题设计学习目标,基于两门及以上学科知识和技能,设计具有内在逻辑关联的跨学科主题学习和实践活动,采用适合跨学科主题学习的评价方法和手段,提炼形成小学语文跨学科主题学习实施策略,并在一定范围内推广、实践,促进教与学方式的改革。在研究过程中,引领语文教师专业成长,助力学生语文核心素养的培育。

(四)研究内容

其一,基础样态研究。通过实证调查、课堂观察、研讨分析等方式,对当前小学语文跨学科主题学习的开展现状作调查分析,明确存在的问题,确定研究的重心和方向。

其二,实践路径研究。从发现的现实问题出发,基于对语文跨学科主题学习的文献分析和理论认知,以"助力健康成长"主题为载体,从小学语文跨学科学习的设计要素、设计流程、实施方式、评价体系等维度开展基于课堂教学的扎实行动研究,形成关于语文跨学科主题学习设计与实施的实践路径。

其三,经验凝练研究。跳出单一的主题和样本,着眼小学语文跨学科主题学习的整体改革发展,在校本探索的基础上,凝练关于小学语文跨学科主题学习设计与实施的可辐射经验。

(五)研究方法

本研究遵循定量研究与定性研究相结合的基本范式,综合运用如下研究方法。

1. 文献分析法

通过查找、收集小学语文跨学科主题学习的相关文献,明确小学语文跨学科主题学习的价值和相关理论基础,为项目研究奠定基础。

2. 访谈调查法

通过对语文教师的访谈,了解教师对小学语文跨学科主题学习的理解、困惑和思考等;通过对学生的访谈调查,了解学生对"助力健康成长"主题的不同理解,为选择及确定阅读材料奠定基础。

3. 行动研究法

通过制订项目研究方案，开展实践研究。结合研究中出现的新问题，不断完善自己的研究方案，改进研究内容和方法，使得研究过程更具有科学性、规范性。

4. 案例研究法

收集整理开展小学语文跨学科主题学习实施策略的特色做法和优秀做法，及时提炼总结。

5. 经验总结法

收集和整理研究成果、资料，包括论文、案例、教学设计等，科学分析，归纳总结，探索出小学语文跨学科主题学习的实施路径与方法。

（六）研究过程

本研究整体经历了三个前后相继的研究阶段：

其一，准备阶段：厘清认识，明确思路。项目组通过文献研究，厘清了相关的核心概念，明确了小学语文跨学科主题学习设计的五个基本要素，解决了"是什么"的问题。在此基础上，明确了小学语文跨学科主题学习设计的基本思路，解决了"怎么做"的问题。

其二，实施阶段：设计实施，循环改进。项目组通过问卷调查，了解到四年级学生处于青春期早期阶段，对"成长"这一话题存在许多困惑，从而确定研究主题。再通过跨学科教研活动，分析数学、科学等学科的课程标准，制订了活动目标，围绕"成长"主题设计3个子任务和7课时的活动内容并组织实施。通过课堂观察、学生作业及3个子任务的完成情况，对学生的学习过程和学习成果作出评价。

其三，总结阶段：提炼成果，推广应用。项目组提炼了小学语文跨学科主题学习活动的实施策略，并在市级层面作了成果交流，完成成果论文和研究报告。

三、研究结论

（一）小学语文跨学科主题学习中的需求与问题

坚持基于问题的基本价值导向，通过问卷调查、课堂观察等方式围绕"学生对跨学科主题学习的需求"和"教师在组织实施跨学科主题学习中的问题和困惑"等开展调查分析。调查表明，从学生的角度看，小学中高年级的学生处于青春期早期阶段，对成长这一话题存在诸多困惑，以"成长"为主题开展跨学科主题学习的设计具有现实必要性；从教师的角度看，教师普遍认同跨学科主题学习的实践价值，但在具体的跨学科学习理解和实施中对于跨学科学习的基本要素、设计方式、评价工具等普遍存在困惑。因此，本研究的研究重心设定为小学语文跨学科主题学习中的关键要素如何确定、学习设计如何开展、具体活动如何组织以及如何开展评价。

(二) 小学语文跨学科主题学习的关键要素

小学语文跨学科主题学习活动设计的五个要素分别是主题、目标、内容、活动和评价。主题,是引领跨学科主题学习的组织中心,指要点、主要观点等,表明学习的关键内容,是将分散的信息整合到一起的"黏合剂";目标是经过一个跨学科主题单元学习后要达到的预期结果;内容与主题有关,内容不局限在单一学科和单一教材,是一个综合考虑的集合;活动是跨学科主题学习的主干部分,教师和学生要明确需要做些什么来围绕主题展开探究,促进问题解决;评价即根据学习目标选择评价模式、设计评价工具。

(三) 小学语文跨学科主题学习和活动的设计路径

本研究基于跨学科学习的特点和课程标准的要求,对小学语文跨学科主题学习的设计路径作了整体建构。设计小学语文跨学科主题学习时,其一,要研读课标和教材,分析学生的知识技能水平、身心发展需求,确定主题;其二,以终为始,提炼解决问题所需的知识技能,制订学习目标;其三,确定核心任务,整合资源,规划学习内容;其四,明确活动任务和要求,细化子任务,设计学习活动;其四,确定评价指标和标准,设计评价工具,制订评价方案(图2-2-1)。

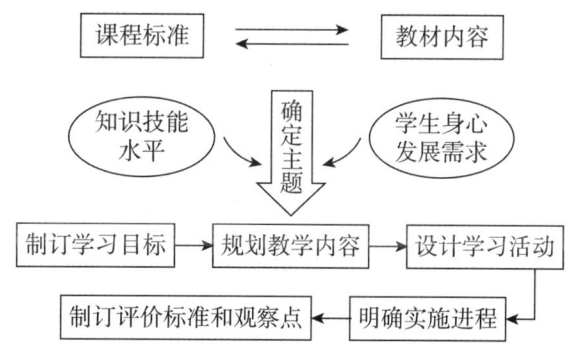

图2-2-1 小学语文跨学科主题学习的整体设计路径

活动设计是跨学科主题学习的设计核心,项目组研究开发了跨学科主题学习中活动设计的基本流程,包括:明确学习目标;明确统领性任务;细化子任务,构建任务链;细化活动目标;设计子任务活动;设计学习支架(图2-2-2)。

图2-2-2 小学语文跨学科主题学习活动设计流程

（四）"助力健康成长"跨学科主题学习的实践探索

1. 学习主题的确定

本研究基于小学语文跨学科主题学习的一般设计路径与原则，结合小学生关于"成长"的需求和困惑，确定了"助力健康成长"为实践探索主题。

2. 学习目标与任务的确定

项目组基于学生成长的现实性和多样性，以"助力健康成长"为主题，整合语文学科、数学学科、科学学科等学科知识，融入跨学科项目学习的理念，建构了"助力健康成长"跨学科主题学习的目标和内容。目标的建构融合学生的知识习得和素养提升，内容的建构突破学科界限，注重学科融合。根据学习目标，项目组设计了3个子任务：梳理对成长的不同理解，绘制影响成长因素的思维导图，描述自己生活中不利于健康成长的一些现象并分析其原因。根据3个子任务，又设计了课题为"成长是什么""成长进行时""遇见更好的自己"7个课时的教学内容。

3. 学习活动的设计与实施

小学语文跨学科主题学习是一种具实践性的学习方式，提供了丰富的学习体验，帮助学生在发展语文学科核心素养的同时发展跨学科的知识和技能，更好地解决问题。因此学习活动的设计尤其关键。在活动的设计中，须关注两个指向：

其一，指向学科核心素养的培养。小学语文跨学科主题学习中，阅读和写作是语文学科两大核心活动。通过阅读，帮助学生深入了解主题的背景和概念，也可以引导学生将跨学科的知识、经验与语言表达相结合。例如，在"遇见更好的自己"这一课时的教学中，教师在课堂上带领学生回顾对成长的理解和关于影响成长因素的认识；以任务单的形式引导学生反思自己成长中的不足之处和可能产生的后果。在此过程中，教师提供《你爱吃外卖吗》《膳食结构金字塔》等文本，让学生运用学过的提问、推论、确认主要信息等阅读策略，筛选、提炼有效信息，鼓励学生调动已有的生活经验和其他学科学到的知识，对照自己的生活方式，阐述不利于自己成长的一些现象并分析原因，写下助力自己健康成长的建议。在任务的推进过程中，学生的语言文字应用能力和逻辑思维能力都得到了不同程度的发展。

其二，指向跨学科综合素养的培养。跨学科主题学习需要引导学生综合运用不同学科的知识、方法和技能来解决问题，需要强调各学科知识的融合和整合，以多个学科的视角去思考解决目前学生成长过程中普遍存在的不良生活方式的问题，助力学生健康成长。如"成长进行时"这3课时的教学，主要从生理、心理两个角度出发，让学生梳理可能影响"成长"的因素，绘制一份影响成长因素的思维导图。教师还让学生记录自己的身高、体重，计算自己的BMI值，描述影响成长的生理因素。学生通过应用数学知识及技能来了解自己的身体成长状况,从而感知自己的身高、体重变化是成长中显性的部分,知道体育锻炼等对生长发育的重要性。教师还引导学生回顾在科学学科中学到的知识,回忆对"植物生长需要阳光、雨露和水"的认知,让学生明白人类的成长与自然环境息息相关。上述做法有效体现了学科融合的价值。

4. 学习评价的开展

跨学科主题学习往往采取过程性评价和表现性评价来评价学生的学习情况。在过程性评价中,教师为不同的子任务设计不同的评价标准,涵盖学生学习过程中的学习态度、合作能力等,以便教师及时调整教学策略,促进学生学习。在表现性评价方面,在整体的跨学科主题学习的设计中,学生需要完成一系列任务,这些任务都以不同的作品或成果体现。如绘制一份思维导图的评价标准制订如下:因素的选择全面、恰当,评估学生是否综合运用相关学科的知识来考虑各种影响成长的因素,影响成长因素关系的描述是否准确,评估学生对因素的概括、梳理能力。通过任务的设计和评价标准的制订,全面了解学生的表现。从不同的角度开展评价,促进学生语言文字应用能力及逻辑思维能力的提升。

四、效果与反思

(一) 研究的主要成效

其一,提升了学生在真实情境中解决问题的能力。通过跨学科主题学习,学生将学科知识与生活实际联系起来,激发了学习兴趣。学生在多个学科之间建立联系,丰富对"助力健康成长"的认知,在学习中了解自己身体、心理、社交和学业等各方面的成长规律和重要性。同时,在此过程中,学生的语言表达能力和思维品质也得到锻炼,综合素养得到提升。

其二,优化了教师跨学科主题学习设计与实施素养。教师在确认主题的研讨中明确了主题的选择应基于学生身心发展的需求和各学科相关主题的教学资源;前置调研,让教师明白单元架构要基于学生的知识技能水平,单元的教学内容也要以问题导向、任务驱动来规划;在课堂实践中,教师尝试让学生在完成任务过程中运用知识解决问题。在项目推进的过程中,教师对小学语文跨学科主题学习设计与实施的一般路径有了更感性的认识。

其三,推动了新课标理念下的语文学科教学改革。项目组成员、语文教研组和相关学科教师团队共同参与了本项目的设计与实施。实施过程中,大家对"跨学科主题学习是什么,为什么要设计和实施跨学科主题学习,怎样设计和实施"等问题开展了深入的学习研讨和实践探索,共同完善了学校语文课程的实施体系。跨学科主题学习内容在上海市奉贤中学附属小学两届四年级学生中进行了初步的探索式实施,已初见成效,为完善上海市奉贤中学附属小学语文课程实施体系打下了坚实的基础。

(二) 存在的问题与反思

研究中存在的问题主要表现在如何实现从单一的样本研究到整体性的语文跨学科主题学习思考与实践,普适性的经验总结相对不足。同时,日常教学中,跨学科主题学习的课时安排、时间分配、各学科教师之间的合作、课程体系的架构等问题也都是值得后续思考和研究的。

参考文献

[1] 吴欣歆,管贤强,陈晓波.新版课程标准解析与教学指导(小学语文)[M].北京:北京师范大学出版社,2022:9.

[2] 中华人民共和国教育部.义务教育语文课程标准(2022年版)[S].北京:北京师范大学出版社,2022:34.

[3] 张玉华.核心素养视域下跨学科学习的内涵认识与实践路径[J].上海教育科研,2022(05):57-63.

[4] 陈红波.核心素养导向下的语文跨学科学习实践探索[J].上海课程教学研究,2021(06):27-31.

[5] 刘徽.大概念教学:素养导向的单元整体设计[M].北京:教育科学出版社,2022.

[6] 王丽娟.小学跨学科主题学习中主题的确定[J].教育研究与评论,2021(08):55-57.

实践案例

助力健康成长*

一、育人价值

　　成长是每个学生每天都会面对的话题,他们在走向成熟、适应社会的过程中需要面对各种挑战和机遇。四年级的学生处于青春期早期阶段,孩子们对此有很多困惑,如为什么同龄人的身高各有不同? 为什么我的身体在发生变化? 由此,引发话题:成长对我们来说意味着什么? 我们的身心成长是怎么样的? 同学们对此又是什么样的态度? 如何才能使自己健康成长? 我们可以为自己的成长提出怎样的建议?"助力健康成长"这一话题能够深刻地触及学生的内心世界,并引起他们的共鸣和认同。

　　本主题涉及文学、科学等多个学科领域。本案例立足语文课程,以"撰写一份给自己的成长建议书"为核心任务,规划了一个读写单元,将不同学科的相关阅读材料组织起来,通过阅读、交流、写作等语文实践活动,丰富学生对"成长"的认知,引导学生根据影响成长的因素审视并改进自己的生活环境,深入理解成长的内涵和意义,帮助他们更好地成长。

　　本案例引导学生在语文实践活动中,以阅读为载体,联结课堂内外、学校内外,拓宽语文学习和运用领域,在综合运用多学科知识发现问题、分析问题、解决问题的过程中提高语言文字运用能力。

二、主题学习方案

　　参见表2-2-1。

表2-2-1 "助力健康成长"跨学科主题学习方案

学习主题	助力健康成长		
实施年级	四年级	总课时	7课时
学习目标	1. 提炼给出的阅读材料中对成长的解释 2. 根据阅读材料,结合自身经验,说明影响成长的因素 3. 根据影响成长因素关系图,指出影响自己健康成长的不利因素,提出改进意见		

---

* 执笔人:范臻、陈艺伟、刘桑、裴李、钱晓萌,上海市奉贤中学附属小学。

（续表）

	统领性任务		撰写一份给自己的成长建议书	
内容组织	子任务		梳理对成长的不同理解	绘制影响成长因素的关系图	描述自己生活中不利于健康成长的一些现象并分析其原因
	语文		提取阅读材料中影响成长因素的信息，推断作者对成长的认识	运用阅读材料中提取的信息，结合生活经验，梳理影响成长的因素	阐述不利于自己成长的一些现象并分析原因，认同有利于健康成长的观念
	关联学科	数学*	整理、汇总问卷数据，分析数据结果，描述目前自身的身心发展情况	1. 记录自己的身高、体重，计算自己的BMI值，描述影响成长的生理因素 2. 收集与分析问卷数据，阐述个人对电子产品与成长关系的理解，尝试用辩证的思维看待事物	
		科学**	使用科学知识梳理、解释、了解事物的成长规律 尝试使用多种思路完成关于"成长"的探究	1. 通过"缺素实验"作观察和比较，指出缺素状态下植物生长的外在特征，能使用所学的科学知识描述并解释自然环境对成长的影响 2. 根据所研究问题的提出观点，认同自然环境是影响成长的因素之一 3. 描述自然环境的外部特征和现象，初步形成分析处理信息并得出结论的能力	
		体育与健康***		1. 指出体育锻炼、营养膳食等对生长发育的影响并积极参与校内外体育活动 2. 阐述个人卫生保健等健康知识和方法，并将其运用于日常生活中	

* 参考《义务教育数学课程标准（2022版）》数学思维、数学语言核心素养培养目标。

** 参考《义务教育科学课程标准（2022版）》科学观念、科学思维、探究实践核心素养培养目标。

*** 参考《义务教育体育与健康课程标准（2022版）》健康行为核心素养培养目标。

三、子任务学习活动设计

子任务1: 梳理对成长的不同理解。

所需课时: 1课时。

学习目标: 通过完成前置问卷,整理、汇总问卷数据,分析问卷结果,描述目前自身的成长现状;在课内外选择诗歌《大还是小》、童话《宝葫芦的秘密》等文本,提取文本中的关键信息,推断作者对成长的认识;梳理并交流对成长的不同理解。

学习过程:

1. 完成前置问卷,整理、汇总问卷数据,分析问卷结果,描述目前自身的成长现状,指出每一个人对成长的理解是不同的。

2. 回顾《大还是小》《池子与河流》文本,阅读课外诗歌,提取与成长有关的信息,概括并表达关于对成长的理解。

3. 借助学习单,阅读《宝葫芦的秘密》文本,结合主人公的成长历程并联系生活,梳理对成长的不同理解。

4. 完成《成长是什么》绘本制作并交流。

学习资源: 学习单、视频、书籍《宝葫芦的秘密》。

学习评价:

参见表2-2-2。

表2-2-2 子任务1评价量表

主题任务	观测点	自评	互评	师评
现状大调查	根据问卷结果,指出自己的成长现状	☆☆☆	☆☆☆	☆☆☆
成长是什么	提取诗歌等文学作品的关键信息,推断作者对成长的认识	☆☆☆☆☆☆	☆☆☆☆☆☆	☆☆☆☆☆☆
我的成长绘本	尝试使用多种思路完成关于"成长"的探究,创编《成长是什么》绘本	☆☆☆☆☆☆	☆☆☆☆☆☆	☆☆☆☆☆☆
我眼中的成长	分享自己创编的绘本,能根据他人的建议,对创编内容进行修正	☆☆☆	☆☆☆	☆☆☆

子任务2: 绘制影响成长因素的关系图。

所需课时: 5课时。

学习目标: 在课内外选择《帮助孩子长个子的有效方法》《慈母情深》《忆读书》《精彩

极了和糟糕透了》《父爱之舟》等不同体裁的文本,运用批注、预测等阅读策略提取有效信息,通过分析"缺素实验"的研究结果、设计问卷并分析调查结果等多种方式,认同睡眠、饮食、自然环境、家庭、社会环境等会对成长产生影响,提炼影响成长的因素,绘制出影响成长因素的关系图。

学习过程:

1. 计算对比 BMI 数值,阅读《成长进行时之身高大揭秘》文本,提取影响身高的因素,知道体育锻炼、营养膳食等对学生生长发育的重要性。

2. 交流前置"缺素实验"的研究结果,感悟生命的成长需要均衡营养,确定符合自身实际的健康生活目标。

3. 回顾对"植物生长需要阳光、雨露和水"的认知,感悟人类的成长与自然环境息息相关;阅读文本,提取并梳理自然环境对成长的影响因素。

4. 调查社会关系对成长的影响,阅读《慈母情深》《忆读书》《精彩极了和糟糕透了》《父爱之舟》等不同体裁的文本,结合个人实际情况,描述不同社会关系对个人成长的不同影响。

5. 设计问卷,调查电子产品对个人成长的影响,阐述个人对电子产品与成长关系的理解,尝试用辩证的思维看待事物,能够合理安排使用电子产品的时间。

6. 结合对生理成长和心理成长的认知,绘制影响成长的因素图。

学习资源: 文本、视频资源。

学习评价:

参见表 2-2-3。

表 2-2-3 子任务 2 评价量表

主题任务	观测点	自评	互评	师评
我长大了	运用计算和比较,提取影响身高的因素	☆☆☆	☆☆☆	☆☆☆
	根据实验结果,确定符合自身实际的健康生活目标	☆☆☆	☆☆☆	☆☆☆
	在阅读中提取并梳理自然环境对成长的影响因素	☆☆☆☆☆	☆☆☆☆☆	☆☆☆☆☆
心灵密码	结合个人实际情况,描述不同社会关系对个人成长的不同影响	☆☆☆☆☆	☆☆☆☆☆	☆☆☆☆☆
	调查电子产品对个人成长的影响,尝试用辩证的思维看待事物	☆☆☆	☆☆☆	☆☆☆
成长因素汇	用思维导图等方式梳理并记录影响人成长的因素	☆☆☆☆☆	☆☆☆☆☆	☆☆☆☆☆

子任务 3:描述自己生活中不利于健康成长的一些现象并分析其原因。

所需课时:1 课时。

学习目标:借助思维导图,回顾并归纳影响成长的因素,根据他人的建议加以修正;阐述不利于自己成长的一些现象,分析原因并撰写一份给自己的成长建议书,认同有利于健康成长的观念。

学习过程:

1. 借助思维导图,回顾并归纳影响成长的因素。

2. 同学评价,修正思维导图。

3. 交流自己生活中不利于健康成长的一些现象并分析原因。

4. 提出改进这些现象的合理化建议。

5. 撰写给自己的成长建议书。

6. 交流分享建议书。

学习资源:阅读资料、学习单。

学习评价:

参见表 2-2-4。

表 2-2-4　子任务 3 评价量表

主题任务	观测点	自评	互评	师评
导图回顾	积极参与交流,乐于分享自己的思维导图	☆☆☆	☆☆☆	☆☆☆
完善导图	倾听他人的意见,联系个人实际,完善思维导图	☆☆☆	☆☆☆	☆☆☆
撰写建议书	借助批注自主阅读,指出建议书的基本格式、内容要求	☆☆☆	☆☆☆	☆☆☆
撰写建议书	根据自己的导图,完成一份建议书,做到格式正确,内容合理	☆☆☆	☆☆☆	☆☆☆
分享交流	愿意和同学分享建议书,根据他人的建议,优化建议书	☆☆☆	☆☆☆	☆☆☆

四、课时举隅

1. 任务分析

"成长进行时之身高大揭秘"是语文跨学科主题学习项目"助力健康成长"主题单元第二版块"成长进行时生理篇"的第 1 课时。本课时以语文文本阅读为主线,从学生身体这一真实情境出发,引导学生探究身高变化和影响身体发育的因素。学生通过边读边批注,划关键句、找关键词的方式走进文本,运用和巩固阅读方法。同时,教师充分调动学生的多学科知识,引导学生通过网络检索、数据换算、集体律动等方式开展小组合作研究,让孩子们探索影响身高的因素和促进长高的方法,帮助学生养成良好的学习和生活习惯。教师针对孩子们挑食、晚睡等情况,让学生根据文本自主分析,了解适当运动、健康饮食和充足睡眠等对成长的重要性。本课时基于语文学习,融合数学、科学、体育与健康等学科知识内容,帮助学生找到新知识与已有经验的链接,引导学生走进文本,开启对"身高"的多元探索。

2. 学习目标

(1) 指出长高是一种成长,提取影响身高的因素。

(2) 观看视频,概括人体生长板(软骨组织)和身高的关系,对自己的身高问题产生强烈的兴趣。

(3) 根据 BMI 计算公式,测算体脂比,正确认识自己的体型。

3. 学习重难点

(1) 指出长高是一种成长,提取影响身高的因素。

(2) 根据 BMI 计算公式,测算体脂比,正确认识自己的体型。

4. 学习过程

参见表 2-2-5。

表 2-2-5 课堂实施过程

活动环节	教师活动	学生活动	设计意图	时间
问题导入,揭示课题	1. 回顾上节课的内容 2. 询问身高 小结:我们发现,经过一学期,大家的身高都发生了变化,比上次体检时长高了不少,四年级正是长身体的关键期。今天,让我们走进课文 3. 板书课题:成长进行时之身高大揭秘	1. 朗读上一节课学习的诗歌 2. 交流自己的身高 3. 齐读课题	回顾成长诗歌,感受成长美好。联系学生生活实际,发现自己逐渐长高了,知道相同年龄的同学之间的身高是有差异的	3分钟
整体感知,梳理脉络	出示学习要求:读课文,不加字,不漏字,为课文标上自然段序号,说一说课文可以分为几个部分,为什么这么分	1. 学生自由读课文 2. 交流分段	引导学生自由朗读课文,尝试用分段的方法来阅读,指导学生关注文本结构,感受作者的写作思路	5分钟

（续表）

活动环节	教师活动	学生活动	设计意图	时间
细读课文，探索身高	（一）第1自然段 1. 指名读第1自然段：找一找影响身高的因素。 2. 指导学生寻找影响身高的因素并交流，说一说理由。 （二）第2—4自然段 过渡：阻碍长个子的因素有哪些呢？让我们走进2—4自然段 1. 读2—4自然段，交流：阻碍长个子的因素有哪些 （1）指名交流 板贴：生长板闭合 肥胖 压力大 （2）播放视频《人体的生长板》，让学生说一说知道了什么 （3）算一算：身高体重换算，对照数据，判断自己是否属于肥胖儿童 （三）第7—10自然段 过渡：那么我们如何做，才能促进身高的生长呢？让我们走进7—10自然段 1. 出示课文，引导思考：怎么做，才能促进身高的生长？画出关键句子 2. 指名回答，媒体出示 因此，充足的深度睡眠有助于身高发育 运动能增强肌肉的柔韧性，还能刺激骨骼的生长 均衡、充分的营养摄取是生长的基本条件 糖和脂肪会堆积在体内，不仅会阻碍骨骼和肌肉的发育，还会促进性激素的分泌 各种压力会阻碍生长激素的分泌 正确的姿势，尤其是笔直的坐姿能够促进骨骼和肌肉的发育，还能在一定程度上刺激生长板 3. 提炼关键词，说一说促进长个子的办法 （1）指名交流 （2）板贴：充足的睡眠 适度的运动 均衡的饮食 减少压力 正确的姿势 4. 律动：集体做弹跳运动 总结：四年级是生长发育的关键时期，同学们在生活中，需要保持充足的睡眠，适量运动，做到均衡饮食等，以此来促进长个子。我们可以在班级内张贴身高测量"小树"，一起长高。	（一）第1自然段 1. 边读边批注 2. 交流：哪些因素会影响身高，影响身高的因素只有这些吗 （二）第2—4自然段 1. 边批注边读2—4自然段 2. 交流：阻碍长个的因素有哪些 （1）观看视频《人体的生长板》，交流获取的信息 （2）测算BMI数值 （三）第7—10自然段 1. 自读课文，思考：怎么做，才能促进身体的生长？画出关键的句子 2. 交流 3. 提炼关键词，说一说促进长个的办法 4. 律动	用批注的方式阅读文本，让学生学会提取关键信息。通过检索、BMI数值测算，用多学科的思维探索影响身高的因素和促进长高的方法	20分钟

(续表)

活动环节	教师活动	学生活动	设计意图	时间
作业布置	1. 填写21天身高记录表 2. 出示《阿甘正传》电影海报	1. 交流记录表填写方式 2. 观看《阿甘正传》，感受成长的意义	将课堂所学运用到实际生活中，减少影响长个子的行为，尝试使用促进长个子的方法，记录和观察自己的身高变化	3分钟
学习评价	出示评价指标 1. 解读指标，引导学生自评和互评 2. 完成师评	自评和互评	通过评价促进学生课堂学习的积极性和主动性，能够对自己的课堂表现作反思，关注倾听他人的发言，形成互相学习、互助成长的良好氛围	4分钟

5. 板书设计

成长进行时之身高大揭秘

影响因素　　　促进方法

生长板闭合　　适度的运动　均衡的饮食

肥胖　　　　　充足的睡眠

压力大　　　　减少压力　　正确的姿势

6. 作业布置

填写21天身高记录表、观看电影《阿甘正传》。

附件：评价量表（表2-2-6）。

表2-2-6 "成长进行时之身高大揭秘"评价量表

主题任务	观测点	自评	互评	师评
身高大不同	根据体检数据，知道自己的身高数值，计算现在的身高较上学期的增长值，对自己和同学的身高增长情况产生一定的兴趣	☆☆☆	☆☆☆	☆☆☆

（续表）

主题任务	观测点	自评	互评	师评
因素初认知	在阅读文本的基础上，用批注方式找到影响身高发育的因素	☆☆☆ ☆☆☆	☆☆☆ ☆☆☆	☆☆☆ ☆☆☆
身高趣探秘	小组讨论，能尝试用多种方法理解"生长板"	☆☆☆ ☆☆☆	☆☆☆ ☆☆☆	☆☆☆ ☆☆☆
	小组合作，能够发现测算 BMI 数值的方法，根据数值对比，对组员提出健康建议	☆☆☆	☆☆☆	☆☆☆
长高有办法	交流促进身体发育的办法，对自我和他人提出生活方式改进的建议	☆☆☆ ☆☆☆	☆☆☆ ☆☆☆	☆☆☆ ☆☆☆

五、案例反思

通过此项目的实施，学校语文组对小学语文跨学科主题学习的内涵和主题的确定有了初步的探索和认知，学生也对跨学科主题学习产生了兴趣，对"成长"有了新的认知。

当然，在案例实施过程中，项目组也发现了一些亟须继续探索和解决的问题：比如，单元架构中教学资料的选择和重组是个难点；又如，跨学科主题学习的课时安排、时间分配，每一个主题涉及的相关学科的核心素养的确定等也都是值得继续思考和研究的。

此外，我们发现跨学科主题项目的研究，除了需要本学科的教师团队，相关学科教师力量的协同介入也非常重要，由此，我们认为在今后的探索中，可以改变目前以单一学科为团队的教研方式，成立多学科教师共同参与的跨学科主题教研团队，以跨学科项目为抓手，开展主题教研，继续推进跨学科主题学习的研究，提升教师的专业素养，促进学生全面发展。

教学论文

小学语文跨学科主题学习：
现状、路径与反思*

摘　要：随着《义务教育课程方案(2022年版)》的出台，跨学科主题学习成为教育领域的研究热点，是学生核心素养培育的必由路径。但在具体实施中，小学语文跨学科主题学习还存在着"缺乏系统设计""学科本位不突出"等现象。本文基于主题为"助力健康成长"小学语文跨学科学习的设计与实施，提炼出小学语文跨学科主题学习的实施策略，以更好地落实新课标精神，提升学生语文核心素养。

关键词：跨学科；跨学科主题学习；小学语文；教学实施

跨学科学习是新时期深化教育综合改革、优化育人方式的重要切入点和突破口，是在传统以学科学习为主的基础上，进一步丰富学生跨学科学习经历，让两种学习方式相辅相成、相互渗透、相互补充、相互促进，培育学生核心素养的必由路径。

2022年4月，教育部印发《义务教育语文课程标准(2022年版)》，提出了将"跨学科学习"作为"拓展型学习任务群"之一，并对"跨学科学习"作出定义："本学习任务群旨在引导学生在语文实践活动中，联结课堂内外、学校内外，拓宽语文学习和运用领域；围绕学科学习、社会生活中有意义的话题，开展阅读、梳理、探究、交流等活动，在综合运用多学科知识发现问题、分析问题、解决问题的过程中，提高语言文字运用能力。"

语文跨学科主题学习能让学生感受真实生活的重要通道或媒介，形成普遍联系的意识与能力，激活并连接所学与所历，建立起一个以解决问题为线索的认知体系，在激发学生兴趣、提升育人功能方面有着不可替代的价值。

---

* 执笔人：范臻，上海市奉贤中学附属小学。

一、小学语文跨学科主题学习的实施现状

(一) 缺少对跨学科主题学习的系统设计

通过文献搜索,综合目前各地区学校的跨学科主题学习相关案例,笔者发现大部分学校目前对各学科跨学科主题学习设计的研究还比较少,普遍缺少顶层设计。例如,在某小学的跨学科学习设计案例中,教师结合《爬山虎的脚》这篇课文的学习,引导学生感受作者细致连续的观察,将语文、科学、劳动实践课整合,设计语文跨学科学习活动。课余时间,孩子们精心挑选观察用的大蒜、黄豆、绿豆等,准备观察用的器具。大家每天拍照观察记录,在细致观察的同时,也感受到生命力的顽强和大自然的神奇。留心观察身边的事物,围绕语文学科学习中有意义的话题,拓宽语文学习和运用的领域。

此外,在许多语文跨学科学习案例中,也都是以呈现案例的实施过程为主,没有结合新课标的要求作整体思考,没有清晰的设计思路和实施指南,总体比较零散、随意和盲目。

(二) 未能较好地突出语文学科本位

华东师范大学安桂清教授认为,跨学科主题学习主要是指基于学生的素养发展需求,围绕某一研究主题,以本学科课程内容为主干,运用并整合其他学科的知识与方法,开展综合学习的一种方式。跨学科主题学习强调学科本位,但目前在语文跨学科主题学习中存在学科本位不突出的现象,主要表现在以下几个方面。

1. 目标"去语文化"

教师对跨学科主题学习认识存在误区,具体表现为出现了"学科至上"和"去学科化"两种截然相反的倾向。认同"学科至上"的教师不太愿意尝试跨学科主题学习的设计,认为跨学科主题学习的实施容易弱化学科地位,会忽视基础知识的掌握,导致学生无法掌握结构化、网络化的学科知识。认同"去学科化"的教师将跨学科主题学习与分科课程教学相对立,将所有学科作"大拼盘",学生在参与活动的过程中,有意义的、深度的学习很少。具体表现在,在设计教学目标时,教师目标意识不强,一是目标大而泛,空喊口号,例如"通过开展跨学科主题学习活动能够灵活运用知识,解决复杂问题",对于学生究竟要通过这次活动掌握语文学科的哪些知识和技能,用什么能力解决问题,形成怎样的学习路径,没有具体说明。

2. 缺少学科活动设计

在布置学习任务后,教师普遍比较关心最后的活动成果,至于过程中设计的活动和语文学科有哪些关系,活动与活动之间能不能帮助学生形成有效的语文学习经历,学生有没有形成真实的学习体验很少考虑。

3. 评价不健全

跨学科主题学习的评价指标不太清晰，许多案例中设计的指标基本看不出学生开展的是语文跨学科主题学习。

二、小学语文跨学科主题学习的实施策略

语文跨学科主题学习应保证语文学科本位，凸显学科特质。在实施跨学科学习设计时，无论是目标、学习内容、活动设计，都要不停地追问——与语文学科有什么关系？与语文学科核心素养的培育有什么关系？

跨学科主题学习的落地依托于跨学科主题教学的设计，以单元为整体的跨学科主题学习的设计要素主要包括主题、学习者、学习目标、学习内容、学习活动、学习评价等。结合"助力健康成长"的小学语文跨学科主题学习的单元设计与实施，笔者认为，小学语文跨学科主题学习的实施策略主要包括以下几个方面。

（一）基于社会生活，确定单元学习主题

跨学科主题学习应该是一种系统化教学设计，要将整个教学设计活动看作一个有机的整体。学者王丽娟认为，学生的成长不是学科叠加的产物，而是跨学科行动中的素养发展，语文学习中的汉字梳理与积累、真实情景中的言语交际、数学的加减计算、劳动中的具身体验等实践活动的有机融合，才能将知识转变为促进素养生长的"营养剂"。小学语文跨学科学习单元主题的确定要基于学生的社会生活，"在社会生活中学习"是小学语文跨学科学习的核心要义。让学生在亲身体验中，灵活地运用已有的学科知识巧妙地解决生活问题。

主题，是引领跨学科主题学习的组织中心，指要点、中心思想与主要观点，表明学习的关键内容，是将分散的信息整合到一起的"黏合剂"。单元主题的选择要明确是否有价值，涉及哪些学科会关注到这一主题。单元主题的确定需要关注以下几点。

（1）学科融合：主题应该涉及多个学科的知识和技能，例如文学、数学、科学、艺术等，可以通过多个学科的角度来深入探究主题。

（2）学生兴趣：主题应该与学生的生活经验、兴趣和爱好相关联，激发学生的学习兴趣和动力，让学生更好地理解和掌握主题。

（3）教学资源：主题应该充分考虑教学资源的充足性和质量，包括教材、图书、音像资料、实物展示等，以便于设计丰富多彩、有针对性的教学活动。

（4）教学效果：主题应该符合教学效果的要求，能够帮助学生掌握语文知识、培养语言运用能力，同时拓展学生的知识领域，促进学生的全面发展。

基于此，在本案例中，我们确定了"助力健康成长"这一主题，主要有以下原因。

成长是每个学生每天都会面对的话题,他们在走向成熟、适应社会的过程中需要面对各种挑战和机遇。我们将开展的年级设定为四年级,因为四年级的学生处于青春期早期阶段,孩子们对此有很多困惑,如为什么同龄人的身高各有不同?为什么我的身体在发生变化?由此,引发话题:成长对我们来说意味着什么?我们的身心成长是怎么样的?同学们对此又是怎么样的态度?如何才能使自己能够健康成长?我们可以为自己的成长提出怎么样的建议?"助力健康成长"这一话题能够深刻地触及学生的内心世界,并引起他们的共鸣和认同。

其次,"助力健康成长"这一主题所涉及的覆盖面较广,除了文学作品之外,还有多个学科会涉及"成长",如体育学科、科学学科等。小学语文统编教材中的单元主题、课文涵盖内容与"成长"相关的比较丰富。经过梳理,我们发现一至五年级统编教材中与"成长"相关的课文篇目很多,比如,一年级上册《大还是小》、二年级上册《小马过河》、四年级上册《牛和鹅》、五年级上册《父爱之舟》、五年级下册《忆读书》等。

此外,"助力健康成长"这一主题可以引导学生在语文实践活动中,以阅读为载体,联结课堂内外、学校内外,拓宽语文学习和运用领域,在综合运用数学、科学、体育等知识发现问题、分析问题、解决问题的过程中,提高语言文字运用能力。

(二) 强化素养培育,制订单元学习目标

跨学科主题学习单元目标的指向要强化素养培育,要有明确细致的、能引领跨学科主题学习开展的学生能力与意识品质发展要求。其次,因为跨学科主题学习涉及不同学科的概念、技能、思维方式等,因此,在单元学习目标的内容上,应该立足语文学科基础,明确与特定的素养相对应的、学生通过学习要实现的应知、应会、应理解。

例如,在"助力健康成长"这一主题中,我们以"撰写一份给自己的成长建议书"为核心任务,基于目前四年级学生的发展水平,规划了一个学习单元,确定了以下单元学习目标:

(1) 提炼给出的阅读材料中对成长的解释。

(2) 根据阅读材料,结合数学、科学、体育等学科的知识技能与方法,说明影响成长的因素。

(3) 根据影响成长因素关系图,指出影响自己健康成长的不利因素,提出改进意见。

这些学习目标都是基于语文学科本位,以促进学生核心素养发展为目的,以阅读与鉴赏、表达与交流、梳理与探究等语文实践活动为主线综合制订的。

(三) 基于学习目标,确定单元学习内容

在确定单元学习目标的基础上,我们需要规划单元学习内容。小学语文跨学科主题学习的单元学习内容的确定,需要明确语文学科在跨学科学习中学什么?跨学科主题学习是基于学科立场,语文的跨学科主题学习的教学内容基本是诉诸阅读与写作。单元学习

活动设计要以单元学习目标为统领,确定评估证据,分解学习任务,厘清子任务的逻辑层次。

由此,以"助力健康成长"主题为例,我们围绕单元教学目标,结合梳理的教材内容,确定教学资源,以"梳理对成长的不同理解""绘制影响成长因素的关系图""描述自己生活中不利于健康成长的一些现象并分析其原因"3个子任务为驱动,设计了课题为"成长是什么""成长进行时""遇见更好的自己"的7个课时的教学内容并实施。

该设计中,我们围绕单元教学目标,将7课时的内容通过小组合作、交流展示等方式分步实施:第1课时主要聚焦"成长是什么",引导学生完成前置问卷,借助数学工具整理、汇总问卷数据,分析问卷结果,描述目前自身的成长现状。在课内外选择诗歌《大还是小》、童话《宝葫芦的秘密》等文本,引导学生提取文本中的关键信息,推断作者对成长的认识,帮助学生初步感知"成长"。在2—5课时中,主要从生理、心理两个角度出发,在课内外选择《帮助孩子长个子的有效方法》《慈母情深》《忆读书》《精彩极了和糟糕透了》《父爱之舟》等不同体裁、涉及不同学科知识的文本,引导学生运用批注、预测等阅读策略提取有效信息,并通过分析"缺素实验"的研究结果、设计问卷并分析调查结果等多种方式,认同睡眠、饮食、自然环境、家庭、社会环境等会对成长产生影响,提炼影响成长的因素,绘制出影响成长因素的关系图。最后1个课时,聚焦"遇见更好的自己",在前面6个课时的学习和作业巩固的基础上,以语言表达能力的提升作为语文学科跨学科主题学习的最终落脚点,让学生小组合作学习,通过书面表达的形式为更好地成长提出改进意见,提升语文素养。

以上7课时的单元学习内容围绕3个子任务呈现出结构化,围绕确定的主题,我们将所安排的所有学习内容极大程度跟最终学习结果相关,并为达成单元学习目标服务。

(四)明确实施进程,注重深度学习

跨学科学习是有目标、有计划、有实施、有结果的。跨学科主题学习的单元教学内容的实施更需要关注学生在跨学科学习过程中的思维发展、文化认知和综合素养的提升。

素养导向下,跨学科主题学习不是为了让学生有机会习得两门或两门以上学科的知识,而是为了驱动学生综合运用多门学科知识来解决实际问题。如果说学科学习容易走向"片面的深刻",跨学科主题学习也同样容易掉入"全面的肤浅"。因此,单元学习内容在实施过程中,需要以学科学习为基础,关注学生学科知识的迁移和运用,保证跨学科学习的深度、信度、精度和效度。

例如,在"助力健康成长"主题学习第5课时的学习中,学生在调查社会关系对成长影响的基础上,阅读《慈母情深》《精彩极了和糟糕透了》《父爱之舟》《忆读书》等文本,用学过的提问、批注等阅读策略,提炼有效的信息,明确文本主人公产生变化的原因,阐释家人、同伴等的行为对成长的影响,并结合个人实际情况,通过小组合作学习描述不同社会关系对个人成长的不同影响。这样的学习过程,可以让学生在利用本学科知识和技能的基础上,联系相关学科知识和生活实际,发展思维、提高合作品质及综合能力素养。

(五) 关注学习过程,制订评价标准及内容

为了引导学生在跨学科主题学习的过程中保持积极主动发展的态势,评价机制要做到诊断性评价、形成性评价和总结性评价的相互关照。

例如,在"助力健康成长"主题的学习评价中,通过课堂观察、课后作业等情况,我们制订了单元学习评价内容:

(1) 对学生运用阅读策略阅读文本,提取并整理关键信息的表现作观察评价。

(2) 对学生梳理并交流对成长的不同理解的课堂表现作观察评价。

(3) 对学生完成影响成长因素关系图的作业质量作评价。

(4) 对学生完成给自己成长建议书的合理性作评价。

上述的评价设计中,我们通过课堂观察并结合学生的作业及3个子任务的完成情况来设计。单元学习过程中,还通过设计学习单等确保评价"留痕",注重评价的过程性。此外,在单课时的评价设计中,我们还设计了不同的观测点,让学生通过自评、互评、师评等多种方式作全面评价,鼓励学生主动参与、积极实践,关注每一个学生的进步和发展。

三、结语

综上,通过"助力健康成长"这一跨学科主题学习的设计与实施,笔者认为,小学语文跨学科主题学习的实施应立足本学科,根据课程标准要求,联系相关学科知识,根据学生目前的知识技能水平与身心发展的需求确定主题。在制订学习目标的基础上规划单元教学内容,设计学习活动,明确实施进程,制订评价标准和观察点,引导学生在完成相应任务的过程中丰富和加深对该主题的理解,见图 2-2-1。

在新课标的指引下,小学语文跨学科主题学习是丰富学生的学习经历、优化育人方式的重要途径之一。未来,需要我们继续积极实践,以主题统整的形式整合学科资源,设计以任务驱动为载体的学生活动,把知识学习和问题解决有机地结合起来,有效地促进学生核心素养的养成。

参考文献

[1] 宋志悦.跨学科学习怎么"跨" 让知识在情境中活起来[N].光明日报,2022-11-15.

[2] 任学宝.跨学科主题教学的内涵、困境与突破[J].课程.教材.教法.2022(04):19.

[3] 王丽娟.小学跨学科主题学习中主题的确定[J].教育研究与评论,2021(08):55-57.

[4] 罗祖兵,邱丽.跨学科主题学习的基本路径与促进策略:基于学生核心素养发展的思考[J].北京教育(普教版),2023(03):17-23.

[5] 张玉华.跨学科主题学习的水平分析与深化策略[J].全球教育展望,2023(03):48-61.

小学艺术（美术）学科跨学科主题学习实践研究

项目主持：徐　敏

项目实验校：上海市浦东新区竹园小学

项目组长：朱燕凡

项目组核心成员：蒋　悦

小学艺术（美术）学科
跨学科主题学习实践研究报告*

一、研究背景

教育部发布的《义务教育课程方案（2022年版）》，明确提出强化学科实践和跨学科实践，要求每门课程用不少于10%的课时开展跨学科主题学习，强调各科课程跨学科主题学习和综合实践活动的统筹设计，注重培养学生在真实情境中综合运用知识解决问题的能力。

基于此，上海市浦东新区竹园小学美术学科在市教师教育学院的引领下开启了关于"跨学科主题学习"的行动研究，思考教学案例的设计和文本撰写。通过对新课标中涉及"跨学科"的相关语句、段落开展内容分析，我们把"跨学科主题学习"的实质理解为是一种学习方式的变革。强调实现学科内部知识的整合，也强调学科间知识与方法的联结，强化课程协同育人功能。坚持学科立场，强调以本学科内容为主干，整合相关学科的关联知识与方法，促使学生知识的学习与能力的发展同步发生。

在此基础上，结合学校原有的艺术特色——博物馆教育，研究梳理出了跨学科主题学习实践的路径。通过统领性主题设计构建学习内容，在多样化学习场域开展学科实践活动，以艺术学科为基础，兼具跨学科特征，从而以培养学生核心素养和促进学生终身发展为目的，注重运用跨学科知识去解决生活中真实问题的能力，以及在艺术学习中用不同艺术语言反映、表现与创造，并能迁移到其他情境中的能力，以响应时代需求和培育时代新人。

通过研读课标，结合教材内容，包括美术学科与相关学科，最终，我们确立以"设计·应用"类艺术实践为切入点，开展"跨学科主题学习"的研究。此类艺术实践的学习

---

* 执笔人：朱燕凡，上海市浦东新区竹园小学；徐敏，上海市教师教育学院（上海市教育委员会教学研究室）。

主题需要学生展开对于现实生活的观察和感知，综合运用多学科知识围绕实际需要推陈出新，有不断追问和反复调整的韧劲，才能最终提出更具创意和独特性的解决方案。问题解决过程的本质是思维过程，即个体在问题解决过程中各个环节的思维活动，而日常设计课程中设计的科学性较为薄弱。设计思维（Design Thinking）——像设计师一样思考，是一套支持创造性解决问题的思维方法体系，分为共情、定义、构想、原型和测试五个阶段。它立足研究设计师的认知方式，认为设计师的思维方法倾向于以问题解决为中心，设计的过程即使用跨学科知识对真实情境下的具体问题加以综合解决的过程。因此，我们将设计思维模型介入跨学科主题学习，开展小学美术学科"我是商品陈列师"跨学科主题学习行动研究，以期培养学生的设计思维，使其真正理解"实用与美观相结合"的设计原则，更为合理地解决设计问题。

二、研究设计

（一）研究目标

本课题通过实践与研究，力求实现以下两个目标。

（1）将设计思维与跨学科主题学习相结合，设计"我是商品陈列师"跨学科主题学习，形成基于设计思维的跨学科主题学习的设计方法和路径。

（2）全面实施"我是商品陈列师"跨学科主题学习，探究其学习效果，证明基于设计思维的跨学科主题学习能够有效培养学生的设计思维，使其更为合理地解决设计问题。

（二）研究内容

根据研究目标，拟从以下几个方面开展研究。

（1）通过观察法和文献法开展设计课程的现状研究，梳理目前美术学科中设计课程存在的问题。

（2）通过文献法开展设计思维和跨学科主题学习的理论研究，为行动研究的开展奠定理论基础。

（3）根据"计划—行动—观察—反思—再计划……"行动研究循环模式开展第一轮基于设计思维的跨学科主题学习的行动研究。

（三）研究方法

本文以行动研究法为研究主线，辅以文献法、问卷法、访谈法、观察法、三角互证法。具体如下：

1. 行动研究法

本文以行动研究法作为研究的主线，采用"计划—行动—观察—反思—再计划……"

行动研究循环模式开展研究。旨在通过系统研究,运用设计思维模型改善设计课程现存之问题,开展基于设计思维的跨学科主题学习行动研究。

2. **文献法**

通过文献研究,梳理设计思维和跨学科主题学习的相关理论,为行动研究的开展奠定理论基础。

3. **问卷法**

在开展学习活动之前,使用问卷法对学生的学情做前测,了解学生的认知水平和学习基础,有针对性地设计学习活动。在学习活动后,对学生的学习情况做后测,了解学习效果。

4. **访谈法**

以合作研究者和参与本研究的学生为访谈对象,采用半结构型个别访谈和半结构型集体访谈的形式,对其做研究后的访谈和分析,了解他们对该课程的观点、建议和评价。

5. **观察法**

在行动过程中,以参与本研究的学生为观察对象,运用非参与式观察法,了解基于设计思维的跨学科主题学习的开展情况和实施效果,观察记录以教学日记、拍照和录像形式完成。

6. **三角互证法**

为提高研究结果的信度和效度,本研究采用三角互证法(Triangulation),即为达到研究目的,通过综合性的资料来源或多种资料收集方法,对资料所作的定性交互验证。本研究通过收集课堂录像、课堂观察记录、学生的访谈记录、学生学习的评估证据为资料之互证,运用问卷法、访谈法、观察法、文件分析法为方法之互证,通过合作研究者为研究者之互证。

(四)研究过程

1. **计划**

设计基于设计思维的跨学科主题学习教学计划。我们统整优化教材原有内容,做适当的拓展延伸,设计小学美术"我是商品陈列师"跨学科主题学习,本案例属于设计·应用艺术实践,第二学段"装点我们的生活"学习任务。以美术学科为主干,整合数学和语文学科的知识与技能,运用学校现有场地和设施为学校设计课程兑换奖品的陈列墙,使全校学生直观了解可兑换的奖品,激发学生学习的热情,推动学校课程评价的实施,共8课时。基于设计思维模型设计本案例的5个学习阶段,即5个子任务——共情、定义、构想、原型、测试,根据学习目标逐步架构学习活动和学习内容。通过设计思维模型的介入,保障学生体验完整的设计过程,帮助学生更为完善地解决设计问题。

2. 行动

实施教学计划。为验证将设计思维模型介入跨学科主题学习是否能够有效培养学生的设计思维,使其更为合理地解决设计问题,我们开展了行动研究。研究对象为上海市浦东新区竹园小学(长岛校区)三年级两个班级的学生,将其中一个班作为实验班,共40人;另一个班作为对照班,共40人。对实验班采用基于设计思维的跨学科主题学习教学;对照班在实施该案例时则无设计思维支持。基于"调查—设计—汇报"的探究路径,这两个班级课时分配相同,男女比例相当,美术教师相同,都以小组合作的方式开展学习。开展行动研究前,我们对研究对象做了前测,结果表明两个班级的学生学习基础无明显差异。行动研究过程中,收集课堂观察、学生访谈、学习评价证据等资料探究学习效果,验证实施的有效性。

3. 观察

收集与解释本次行动研究的评估证据。资料包括课堂观察、学生访谈、学习过程评价证据。其中学习过程评价证据又包括抽样调查表、各类学习单、头脑风暴、教学过程中的问答和交流、平面设计图、设计说明等。笔者将收集到的资料组织编码,资料编码意义如表2-3-1所示。

表2-3-1 评估证据资料编码表

代码	说明	范例	编码意义
观察	课堂观察(教学日记、照片和录像)	观察231018	2023年10月18日的观察记录
访谈	学生的访谈记录	访谈231018	2023年10月18日学生的访谈记录
证据	学习过程的评价证据	证据231018	2023年10月18日的学生学习过程评价证据

根据收集的不同评价证据,将实验组与对照组的行动过程作比较,分析基于设计思维的跨学科主题学习的学习效果。

4. 反思

在该环节,我们反思本次行动研究,并撰写研究报告。具体围绕本项目的设计和实施复盘,着重就学生的设计思维(原型)阶段的设计平面图的表现方式开展再思考。

5. 再计划

根据反思结果调整教学计划，为第二轮行动研究做准备。计划在学生设计思维（原型）和（定义）阶段的学习探究过程中，运用"三个助手"数字化学习平台，通过互动学件形成任务簇，搭建学生的学习支架。同时，也鼓励学生尝试运用数字化绘制软件开展平面图的设计绘制，便于设计图的反复调整。

三、研究结论

1. 基于设计思维的跨学科主题学习的设计方法和路径

将设计思维模型融入学生设计课程中开展跨学科主题学习，即将设计思维的 5 个阶段（共情、定义、构想、原型、测试）贯穿整个课程学习的始终，学生遵循既定的步骤逐步完成阶段性目标，最终解决统领性任务。设计思维为学生提供解决设计问题的思维方法和步骤，使学生的设计更为科学合理。

然而，因设计思维模型的复杂性，因而并不能直接套用于本案例中，它必须根据三年级学生学情、课程标准和统领性任务作调整，重新定义每一阶段的内涵和所要达成的目标。因此，我们立足统领性任务的达成，调整和确定设计思维的 5 个阶段及其目标为——共情：了解学校和学生的需求。定义：分析归纳商品陈列需要考虑的因素，定义陈列墙的具体要求。构想：设想并确定设计方向。原型：开展设计，清晰传达设计想法。测试：评价、反思、修正设计，这也是本案例的 5 个子任务和学习目标。

之后，我们进一步思考为达成这样的目标，学生需要"怎么学""学什么"，以此来架构学习活动和学习内容。本案例的学习活动以小组合作的形式开展，以探究式的学习活动为主指向学生的意义建构，为学生提供具身实践的机会，在寻求问题解决的过程中提升能力。为支持学习活动的开展，我们研读不同学科的课程标准，找到支持学习活动开展的学科核心概念，它们分布于美术、数学和语文三门学科，不同学科的核心概念又可细化为不同的知识与技能，从而确定本课程的学习内容。

至此，形成以统领性任务为导向，以设计思维模型为框架，架构跨学科主题学习的学习活动与内容，形成基于设计思维的跨学科主题学习的设计方法和路径。一方面，不同的学习活动需要学生调动跨学科知识技能；另一方面，通过学习活动重组跨学科知识技能，促使不同学科的学习内容在此框架中连续互动、深度整合。通过设计思维模型的架构，学生在体验完整的设计程序的过程中，尝试像设计师一样思考，达成对设计过程的深度理解和意义建构，优化其认知取向和基本行为，逐渐发展起完整的设计思维，从而更为合理地解决设计问题。

2. 基于设计思维的跨学科主题学习的学习效果

（1）基于用户的需求注重设计思维。

传统的设计课程中缺乏从用户角度的思考和反省，而此次跨学科主题学习中设计思维的运用解决了这方面的不足。学生既是用户也是设计师。通过个人视角解释问题、创造想法，然后在这个想法的基础上，通过与更多用户对话进行重新框架，最终呈现出设计方案。在此过程中，学生不断培养与巩固知识技能和思维方法，同时针对设计思维5个要素的培育与发展，最终形成较为完整与系统的设计思维，并内化成为学习与思考的素养。

（2）开放式的学习实践注重知识迁移。

本项目是一个半开放式的学习活动，包括学习空间、学习资源、学习成果，以学生为中心组织学习活动。在此过程中，学生需要灵活运用美术学科以及关联学科的知识技能来解决问题，从繁杂的问题信息中提取有用的信息，将这些信息转化成为具体的学科知识技能。通过探究，分析信息和问题，在已有的经验积累中不断更新对问题的分析以及对信息的识别，进而产生创意与创造，综合运用跨学科知识来解决问题，并检验反思所得到的结果，最后能够举一反三，以此来提升解决不同问题的能力。

（3）学习成果注重检验与反思。

本项目中学生的学习成果与以往的美术学习有所不同，各小组洞洞板陈列墙通过反思、修正、完善设计，形成最终的设计方案，这并不是结束本项目的句号，而是在实际情境中验证设计方案可行性的开始。在此过程中，学生会将自己出现过的问题转化成学生问题解决的经验，养成对结果进行检验、找到问题分析错误的原因、及时反思改正的习惯。检验反思，能够提高学生学习的能力和对知识掌握的质量，让学生体会到解决问题的成就感。

四、效果与反思

艺术学科本身蕴含着的多维度的可能性，艺术实践强调育人为本，着眼学生核心素养的培育。我校开展的跨学科主题学习实践是应势发生的变革，赋能美术学科学习方式的变革，拓展学科学习更多的可能。通过跨学科主题学习的设计和实施，让师生共同拥有奔赴未来的经历，学生的创意思维在真实的问题情境、多样化的学习场域中破土而出。教师鼓励学生基于解决真实问题的发散性思考，鼓励在满足设计需要前提下的个性化表达。以跨学科知识技能的综合运用促进创意实践素养的提升，找到对艺术学习的终身热爱，从而获得深层的艺术感知及情感体验，将直觉思维转换为创作思维，从主观情感内化为创作情感，提高对作品的审美领悟能力，经历美术创作的过程，形成创造美的能力，提升核心素养。

我是商品陈列师[*]

一、育人价值

"我是商品陈列师"为小学三年级美术学科跨学科主题学习,该案例属于设计·应用艺术实践第二学段"装点我们的生活"学习任务,旨在运用学校现有场地和设施为学校设计课程兑换奖品的陈列墙,使全校学生直观了解可兑换的奖品,激发学生学习的热情,推动学校课程评价的实施。最终引导学生了解"实用与美观相结合"的设计原则,理解"设计能改善和美化我们的生活"这一大概念。

该案例以美术学科为主干,整合数学和语文学科的知识技能。在学习过程中,学生需要使用数据收集、整理和呈现的简单方法,对我校学生开展抽样调查,了解学生对兑换奖品的喜好;在实地考察和测量中形成空间观念与量感,促进设计与生活的紧密联系,确保设计与真实场景相适切;运用造型元素和形式原理的美术学科知识设计陈列墙,在团队合作中提高创意实践的能力;运用语文学科图文结合的混合型文本清晰地传达设计理念和想法,用口语交际的技能主动地交流与反馈。通过美术与数学、语文学科的融合,提高学生综合运用多学科知识解决实际问题的能力。

本案例基于设计思维模型开展学习,形成 5 个子任务为:共情、定义、构想、原型、测试,根据子任务的学习目标逐步架构跨学科学习活动和学习内容。通过设计思维模型的介入,保障学生体验完整的设计过程,帮助学生更为完善地解决设计问题,提高问题解决能力。

---

[*] 执笔人:蒋悦、朱燕凡,上海市浦东新区竹园小学。

二、主题学习方案

参见表2-3-2。

表2-3-2 "我是商品陈列师"跨学科主题学习方案

学习主题	我是商品陈列师			
实施年级	三年级	**总课时**	8课时	
学习目标	• 能够通过欣赏、倾听、调查等多种方法明确学校和学生需求 • 能够通过实地考察和自主学习的方式探究陈列的科学性和美观性,明确陈列墙的具体要求 • 能够根据定义所得,通过小组合作讨论,设想多种设计方案并合理选择最优设计方向 • 能够根据需求和陈列的具体要求,设计陈列墙平面图,科学、美观地呈现兑换奖品;能够运用图文结合的混合型文本清晰地传达设计理念和想法 • 能够通过自评、互评、师评测试原型,反思、修正、完善设计,形成最终的设计方案 • 在学习过程中形成设计思维,了解实用与美观相结合的设计原则,体会设计能改善和美化我们的生活			

内容组织	统领性任务		为学校设计兑换奖品陈列墙				
	子任务		1.共情	2.定义	3.构想	4.原型	5.测试
	关联学科	艺术(美术)	欣赏对比不同的陈列图,了解陈列师的工作内容和学校需求	探究陈列的美观性因素	使用造型元素和形式原理尝试绘制不同的设计草图	使用造型元素和形式原理设计平面图	根据陈列的美观性因素测试设计原型 使用造型元素和形式原理迭代设计
		数学	使用数据收集、整理和呈现的简单方法开展抽样调查,了解学生需求	通过实地考察和测量,探究陈列的科学性因素	在实际情境中运用量感、空间观念验证不同草图的可行性,确定设计方向	运用量感、空间观念设计平面图	根据陈列的科学性因素测试设计原型 运用量感、空间观念迭代设计
		语文				使用图文结合的混合型文本撰写设计说明	使用图文结合的混合型文本迭代设计说明

（续表）

	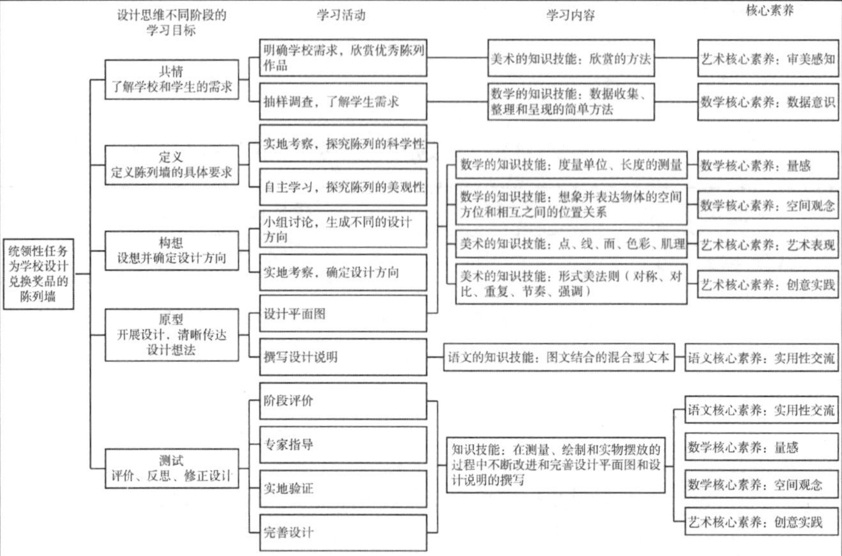 设计思维不同阶段的学习目标	学习活动	学习内容	核心素养
学习活动设计	统领性任务为学校设计兑换奖品的陈列墙	共情 了解学校和学生的需求	明确学校需求，欣赏优秀陈列作品	美术的知识技能：欣赏的方法	艺术核心素养：审美感知
			抽样调查，了解学生需求	数学的知识技能：数据收集、整理和呈现的简单方法	数学核心素养：数据意识
		定义 定义陈列墙的具体要求	实地考察，探究陈列的科学性	数学的知识技能：度量单位、长度的测量	数学核心素养：量感
			自主学习，探究陈列的美观性	数学的知识技能：想象并表达物体的空间方位和相互之间的位置关系	数学核心素养：空间观念
		构想 设想并确定设计方向	小组讨论，生成不同的设计方向	美术的知识技能：点、线、面、色彩、肌理	艺术核心素养：艺术表现
			实地考察，确定设计方向	美术的知识技能：形式美法则（对称、对比、重复、节奏、强调）	艺术核心素养：创意实践
		原型 开展设计，清晰传达设计想法	设计平面图		
			撰写设计说明	语文的知识技能：图文结合的混合型文本	语文核心素养：实用性交流
		测试 评价、反思、修正设计	阶段评价	知识技能：在测量、绘制和实物摆放的过程中不断改进和完善设计平面图和设计说明的撰写	语文核心素养：实用性交流
			专家指导		数学核心素养：量感
			实地验证		数学核心素养：空间观念
			完善设计		艺术核心素养：创意实践
学习评价	基于学习目标设计相应的评价工具，在每个子任务开展前将评价前置，以评促学，实现评价价值最大化。设置评价维度为探究性、合作性、准确性三个方面，从各方面综合评价学生的跨学科素养的落实情况 "子任务1共情"至"子任务4原型"为过程性评价，各小组使用评价量规自评，引导学生在评价过程中发展元认知，自我监控、自我反思和自我修正，为之后的子任务开展做准备。在"子任务5测试"阶段开展表现性评价和总结性评价，针对表现性任务——兑换奖品陈列墙设计图开展多主体评价。互评：汇报设计原型，接受同行评议，其他小组从科学性和美观性两方面给出改进建议；师评：专业陈列师对设计原型作指导，提出改进建议；自评：根据陈列的科学性、美观性实地考察，验证设计原型的可行性。将此评价过程作为子任务5的学习过程，促进学生对表现性任务的评价、反思和修正。最后，学生使用评价量规作总结性评价			
学习资源	洞洞板陈列墙（实地考察场地）、洞洞板配件、兑换奖品、调查表、分区表、探究手册、绘制草图学习单、等比例缩小方格纸设计图、等比例缩小奖品贴纸、彩笔、指导专家、评价表			

三、子任务学习活动设计

子任务1：共情。

所需课时：2课时。

学习目标：

1. 能够通过倾听、欣赏的方法明确学校需求和统领性任务。

2. 能够使用合适的方式做调查，明确学生需求，知道我校学生对兑换奖品的喜好。

学习过程：

1. 观看启动视频，快速进入情境，明确统领性任务。

2. 欣赏不同场所陈列前后的对比图，形象地了解陈列师的工作内容，明确学校需求。

3. 小组合作，对不同年级的学生开展抽样调查，明确学生需求，确定兑换奖品。

4. 小组合作，了解奖品的基本信息，确定陈列墙分区。

5. 评价。

学习资源： 启动视频、调查表、分区表、评价表。

学习评价：

参见表2-3-3。

表2-3-3 "共情"学习评价单

评价维度		具体要求
过程性评价	探究性	能够通过欣赏、对比，了解陈列师的工作内容，明确学校需求
		能够根据不同的场合和对象，运用合适的方式开展调查
结果性表现	准确性	能够通过调查、记录、整理信息，明确学生需求，确定兑换奖品
		能够根据一定的标准将兑换奖品作合理的分区

子任务2： 定义。

所需课时： 1课时。

学习目标：

1. 能够通过实地考察的方法，探究陈列的科学性。

2. 能够使用探究手册，通过组内自学探究陈列的美观性。

3. 能够使用POV描述法（观点＝用户P＋需求O＋洞察V）定义陈列墙设计的具体要求。

学习过程：

1. 陈列的科学性：通过实地考察的方法探究陈列的科学性（陈列位置、奖品特点、区域划分）。

2. 陈列的美观性：使用探究手册，小组合作自主学习陈列的形式美法则及其表达的不同设计意图。

3. 小组合作，使用POV描述法总结陈列墙设计的具体要求。

4. 评价。

学习资源： 洞洞板陈列墙（实地考察场地）、洞洞板配件、兑换奖品、探究手册、评价表。

学习评价:

参见表 2-3-4。

表 2-3-4 "定义"学习评价单

评价维度		具体要求
过程性表现	探究性	能够理解陈列的科学性因素
		能够理解陈列的形式美法则及其表达的不同设计意图
结果性表现	准确性	能够总结陈列墙设计的具体要求

子任务 3: 构想。

所需课时: 1 课时。

学习目标:

1. 能够根据定义所得,通过头脑风暴,设想多种陈列墙设计方案,绘制设计草图。

2. 能够通过实地考察,使用 SWOT 模型,从优势(Strengths)、劣势(Weaknesses)、机会(Opportunities)和威胁(Threats)四个维度比较不同构想,选出最优方案,确定设计方向。

学习过程:

1. 小组合作开展头脑风暴,绘制不同设计草图。

2. 使用 SWOT 模型,在实际情境中比较不同设计方案,确定最佳方案。

3. 评价。

学习资源:

绘制草图学习单、洞洞板陈列墙(实地考察场地)、洞洞板配件、兑换奖品、评价表。

学习评价:

参见表 2-3-5。

表 2-3-5 "构想"学习评价单

评价维度		具体要求
过程性表现	合作性	能够通过小组合作开展头脑风暴,产生尽可能多的符合要求的设计方案
		能够通过小组合作,使用 SWOT 模型讨论,达成协商结果,确定设计方向

子任务 4: 原型。

所需课时: 2 课时。

学习目标:

1. 能够根据需求和陈列的具体要求,设计陈列墙平面图,科学、美观地呈现兑换奖品。

2. 能够运用图文结合的混合型文本清晰地传达设计理念和想法。

学习过程:

1. 在实际情境中使用等比例缩小的方格纸设计图纸和商品贴纸设计平面图。

2. 撰写设计说明,清晰地传达设计理念。

3. 评价。

学习资源:

洞洞板陈列墙(实地考察场地)、洞洞板配件、兑换奖品、调查表、分区表、绘制草图学习单、等比例缩小方格纸设计图、等比例缩小奖品贴纸、彩笔、评价表。

学习评价:

参见表 2-3-6。

表 2-3-6 "原型"学习评价单

评价维度		具体要求
过程性评价	探究性	能够在实际情境中运用量感、空间观念帮助设计平面图
		能够在设计说明框架的支持下,梳理设计意图,撰写设计说明
	合作性	能够通过组内分工,完成原型
结果性表现	准确性	平面图的设计符合陈列的科学性和美观性
		能够用图文结合的混合型文本清晰地传达设计理念

子任务 5: 测试。

所需课时: 1 课时。

学习目标:

能够通过自评、互评、师评测试原型,反思、修正、完善设计,形成最终的设计方案。

学习过程:

1. 汇报答辩(互评),接受同行评议。

2. 专家指点(师评),接受专业陈列师的建议。

3. 实地验证(自评),在实际情境中验证设计方案的可行性。

4. 根据反馈建议完善平面图。

5. 使用 A/B 测试,根据评价要点比较原型和迭代设计,保证设计得到真正完善。

6. 评价。

学习资源:

洞洞板陈列墙(实地考察场地)、洞洞板配件、兑换奖品、等比例缩小方格纸设计图、等比例缩小奖品贴纸、彩笔、评价表。

学习评价:

参见表 2-3-7。

表 2-3-7 "测试"学习评价单

过程性表现	合作性	通过分工、讨论、协商,保证设计得到优化
	探究性	能够根据多主体反馈的建议,实施方案的优化
结果性表现	准确性	平面图的设计符合陈列的科学性和美观性
		能够用图文结合的混合型文本清晰地传达设计理念

四、课时举隅

1. 任务分析

在"子任务 1 共情"阶段,学生已明确学校和学生需求,确定陈列墙上需要展示的 15 件兑换奖品,并且按照一定的标准,将奖品分成了三个区域。本课时的学习任务是"子任务 2 定义",学习目标是探究商品陈列的科学性和美观性,使用 POV 描述法总结陈列墙设计的具体要求,为设计平面图做准备。

2. 学习目标

(1) 能够通过实地考察的方法,探究陈列的科学性。

(2) 能够使用探究手册,通过组内自学探究陈列的美观性。

(3) 能够使用 POV 描述法(观点＝用户 P＋需求 O＋洞察 V)定义陈列墙设计的具体要求。

3. 学习重难点

陈列的科学性和美观性;定义陈列墙设计的具体要求。

4. 学习资源

洞洞板陈列墙(实地考察场地)、洞洞板配件、兑换奖品、探究手册、学习单。

5. 学习过程

参见表2-3-8。

表2-3-8 课堂实施过程

活动环节一：导入	1. 回顾 2. 提问：陈列墙的设计需要满足哪些具体要求
活动环节二：实地考察	1. 自主选择不同的考察内容（陈列位置、奖品特点、区域划分）对洞洞板陈列墙实地考察 2. 从陈列位置、奖品特点、区域划分三个方面交流、汇总、归纳科学陈列的方法 （1）陈列位置：兑换奖品的陈列位置要在洞洞板陈列墙的中央 （2）商品特点：要根据商品尺寸和款式选择合适的陈列方式 （3）区域划分：兑换奖品要分区陈列，才能让同学找到可供兑换的奖品
活动环节三：自主探究	1. 小组合作，自主学习探究手册，探究陈列的形式美法则（对称、对比、重复、节奏、强调） 2. 讨论商品陈列图中所使用的形式美法则和设计意图
活动环节四：总结定义	1. 小组讨论，使用POV描述法总结定义陈列墙设计的具体要求 2. 分享交流

五、案例反思

（1）本案例立足美术学科，关联数学和语文学科建构跨学科主题学习。由于跨学科主题学习的综合性和复杂性，在设计之初，笔者深入探究本学科（美术学科）作为单一学科在设计课程中所表现的欠缺之处，广泛了解学生已有的跨学科学习经历与学习能力，以本学科的需求为立场，以学生已有经验为起点，以设计思维模型为框架，建构跨学科学习活动和学习内容。通过实践研究，笔者发现，处理好本学科和关联学科的关系是一个难点，应更好地处理跨学科主题学习时间与本学科总课时的比例关系，实现学科育人目标效益最大化，促进学生通过跨学科主题学习更为深刻地理解本学科的知识、方法和思想。

（2）本案例以设计思维模型作为学习活动指导策略，为学生提供一套创造性解决问题的思维方法体系，指引学生通过共情、定义、构想、原型和测试五个阶段，学会像设计师一样思考，一步步完成设计任务。通过实践研究，与之前的设计课程相比，学生在设计时思维的深度与广度得到了有效提升。第一，学生在设计思维的不同阶段，为达成不同阶段的学习目标，其思维经历了"联想与结构"的加工过程，促使他们激活和调动不同学科的知识经验来参与当下的学习,能够从多个角度思考学习任务的解决,使其思考更为全面。第二,通过完整的"经历与体验"使学生获得深度学习的机会,通过设计思维的指引,学生能够简约地、模拟经历"真实的"设计过程,深化知识理解,培养高阶思维。

(3) 为保障本案例的有效实施,笔者根据学生的学习基础提供多种类型的学习支架,帮助学生跨越最近发展区,解决设计问题,提高问题解决能力。事实上,本案例学习支架的设计还有诸多提升的空间,例如根据不同学科特点设计相适切的学习支架,对于不同能力水平的学生给予个性化的支架支持,根据学生的能力发展动态调整和隐退学习支架等。应尽可能关注到每一位学生的任务反馈,发现可能存在的生成性问题,给予学生个性化支持,适时调整学习支架,使学生获得最大程度的能力发展。

学习支架支持下的跨学科主题学习实践研究*

摘　要：学习支架的使用是跨学科主题学习有效实施的一个重要环节。本文从搭建学习支架以支持跨学科主题学习有效实施的视角开展实践研究，根据跨学科主题学习的特点和不同类型学习支架的作用与形式，设计本案例的学习支架，探究其实施效果，总结学习支架在跨学科主题学习中起到的作用，以期为相关研究提供案例参考。

关键词：跨学科主题学习；学习支架；实践研究

跨学科主题学习是以真实情境为起点，以某一研究主题为组织中心，引导学生在真实情境下运用不同学科的知识技能来解决复杂问题的过程，具有综合性、探究性、开放性、可操作性的特点。"支架（Scaffold）"又名"脚手架"，该词本是建筑领域用语，指建造楼房时给予的暂时性支持，在楼房建成后即可撤除。之后，该术语被引入教育领域，称为"学习支架"，指教师或同伴以助学者的身份对学习者提供的有效支持，作为一种暂时性支持，帮助学习者跨越最近发展区，获得能力的发展，最终学会独立学习。

在跨学科主题学习中，一方面，为使用不同学科的知识技能去解决复杂的真实性问题，教师需为学生提供"有援"的学习环境，学习支架正是有援性学习环境的突出体现；另一方面，跨学科主题学习的开放性、探究性、可操作性等特点又为学习支架的创设提供了前提和条件。可以说，学习支架的使用是跨学科主题学习有效实施的一个重要环节。

目前，我国关于跨学科主题学习的研究尚在起步阶段，其设计与实施相对薄弱，其中关于学习支架的研究更是少之又少。鉴于此，本研究试图从搭建学习支架以支持跨学科主题学习有效实施的视角开展实践研究，探究其学习效果，总结学习支架在跨学科主题学习中的作用，以期为相关研究提供案例参考。

＊ 执笔人：蒋悦，上海市浦东新区竹园小学。

一、跨学科主题学习中学习支架的设计

学习支架有多种分类形式,按其表现形式可分为范例、问题、建议、图表、向导等;也有研究者将其分为概念支架、元认知支架、学科实践支架、学习实践支架和资源支架。本研究根据学习支架的不同功能来分类,将跨学科主题学习中的学习支架划分为情境型支架、策略型支架、资源型支架、交流型支架和评价型支架五种类型,并结合跨学科主题学习特征阐述其作用和形式,如表2-3-9所示。

表2-3-9 跨学科主题学习中学习支架的作用与形式

学习支架类型	作用	形式
情境型支架	为学生有意义的学习创设真实性情境,激发学生学习兴趣;引导学生明确跨学科主题学习的情境和统领性任务,沉浸情境,促进新旧知识的联系	真实场景、视频、音乐、图片、问题等
策略型支架	为支持学生在跨学科主题学习中的探究活动提供方法和程序等多种策略指导,帮助学生有效解决问题	问题、范例、建议、图表、程序、指南、实验、学习单等
资源型支架	为支持学生完成统领性任务,提供有效的学习资源以及获取资源的方法	文本性资源、多媒体资源、网络资源、专家资源等
交流型支架	支持跨学科主题学习中师生、生生之间的信息交流和共享,促进学习共同体的建立	问题、建议、探究性对话等
评价型支架	检验跨学科主题学习中学生学习效果,调控学习进程,促进学习反思,修正学习成果	评价量规、概念图等评价工具;开展自评、互评、师评、社会性评价等多主体评价

研究案例"我是商品陈列师"为小学三年级美术学科跨学科主题学习,该案例属于设计·应用艺术实践第二学段"装点我们的生活"学习任务。以美术学科为主干,整合数学和语文学科的知识技能,运用学校现有场地和设施为学校设计课程兑换奖品的陈列墙,使全校学生直观了解可兑换的奖品,激发学生学习的热情,推动学校课程评价的实施,共8课时。笔者基于设计思维模型设计本案例的五个学习阶段,即五个子任务——共情、定义、构想、原型、测试,根据其学习目标逐步架构学习活动和学习内容。通过设计思维模

型的介入,保障学生体验完整的设计过程,帮助学生更为完善地解决设计问题(课程设计详见表2-3-10)。

在本案例中,学习支架的设计不仅需要支持不同学科知识技能的学习与运用,还需要支持设计思维不同阶段的开展。于是,笔者根据课程设计需要与学生学情关联,结合不同类型学习支架的作用与形式,对本案例的学习支架作了设计,如表2-3-10所示。

表2-3-10 "我是商品陈列师"课程设计与学习支架设计

统领性任务:为学校设计兑换奖品陈列墙			
子任务与目标	学习活动	学习内容	学习支架
子任务1:共情 明确需求 (2课时)	1. 明确情境和统领性任务 2. 抽样调查,了解学生需求	美术的知识技能:欣赏对比不同的陈列图 数学的知识技能:数据收集、整理和呈现的简单方法	情境型支架:启动视频、图片 策略型支架:调查表格
子任务2:定义 定义陈列墙的具体要求 (1课时)	3. 实地考察,探究陈列的科学性 4. 自主学习,探究陈列的美观性		策略型支架:关键词、关键问题、POV描述法 资源型支架:探究手册
子任务3:构想 设想并确定设计方向 (1课时)	5. 头脑风暴,生成不同的设计方向 6. 实地考察,确定设计方向	数学知识技能:长度的测量、物体的空间方位和相互之间的位置关系 美术知识技能:陈列的形式美法则及其表达的设计意图 语文知识技能:图文结合的混合型文本	策略型支架:头脑风暴策略 交流型支架:指导学生从优势和劣势两方面交流
子任务4:原型 开展设计,清晰传达设计想法 (2课时)	7. 设计平面图 8. 撰写设计说明		资源型支架:范例、微课、等比例缩小方格纸、设计图纸和商品贴纸 策略型支架:设计说明框架
子任务5:测试 评价、反思、修正设计 (2课时)	9. 测试设计 10. 完善设计		评价型支架:评价指导与示范 交流型支架:A/B测试

子任务 1 共情：明确需求。在该阶段主要设置情境型支架和策略型支架,前者使用项目启动视频和图片帮助学生明确情境和统领性任务,激发学习兴趣,促进新旧知识的联系;后者则为学生提供策略型支架——抽样调查表(表 2-3-11),帮助学生收集、记录、整理信息,有效获知需求。

表 2-3-11 兑换商品抽样调查表

(1) 在每个年级各调查 10 位学生,问一问他们:"学校要在学期末打造一面兑换奖品陈列墙,你们最想得到什么奖品?"(每件奖品的价值在 10 元以下)

班级:_____ 组员:_____ 学号:_____

三年级			
四年级			
五年级			

(2) 统计人气最高的商品是什么(表 2-3-12)。

表 2-3-12 调查统计表

序号	奖品名称	它的票数
1		
2		
……		

子任务 2 定义：定义陈列墙的具体要求。在该阶段主要设置策略型支架和资源型支架,通过关键词和关键问题的策略指导支持学生开展实地考察,探究陈列的科学性因

素,关键词和关键问题以不同颜色的地贴表示(图2-3-1),方便学生探究;提供资源型支架——探究手册(图2-3-2)支持组内开展自主学习,探究陈列的美观性因素;通过POV描述法(图2-3-3),对探究所得的跨学科信息作思维加工,总结出设计奖品陈列墙需要符合的多重要求。

图2-3-1 陈列墙场地,不同颜色的地贴区分不同关键词和关键问题

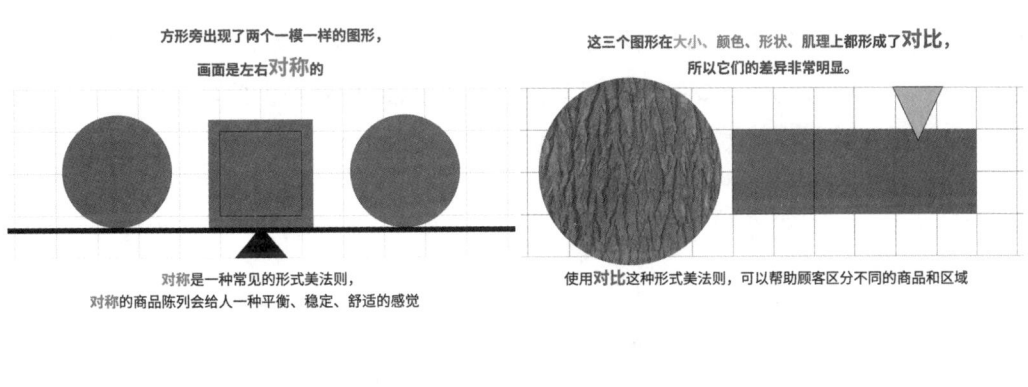

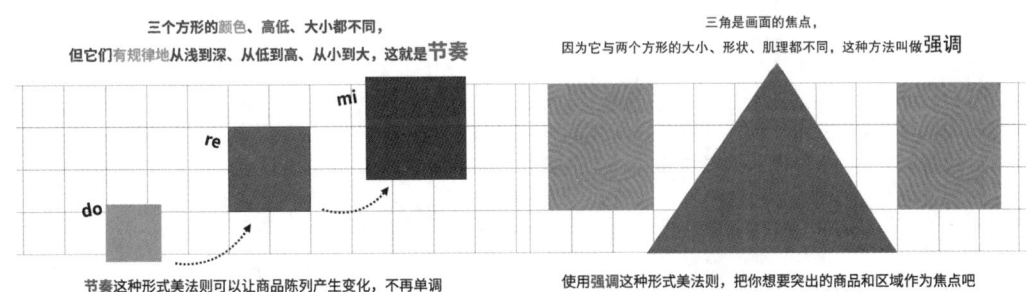

图2-3-2 探究手册部分内容

小组讨论，请使用 POV 描述法定义陈列墙的具体要求。

观点=用户 P+需求 O+洞察 V

1. 用户是谁？
2. 他们需要什么？
3. 陈列墙的设计需要同时符合科学性和美观性要求。
   科学性包括哪些？
   美观性包括哪些？
4. 请完整陈述你们的观点

图 2-3-3　POV 描述法学习单

子任务 3　构想：设想并确定设计方向。在该阶段主要设置策略型支架和交流型支架，在确定了陈列墙设计的具体要求后，学生针对统领性任务提出多种设计方向，因此需对其开展头脑风暴给予策略指导，并指导小组成员从优势和劣势两方面交流，比较不同构想，选出最优方案，确定设计方向。

子任务 4　原型：开展设计，清晰传达设计想法。该阶段主要设置资源型支架和策略型支架，前者提供诸如范例、微课、等比例缩小的方格纸设计图纸（图 2-3-4）和商品贴纸（图 2-3-5）等学习资源支持学生设计陈列墙平面图，后者提供撰写设计说明的策略指导，引导学生将设计想法清晰地表达出来。

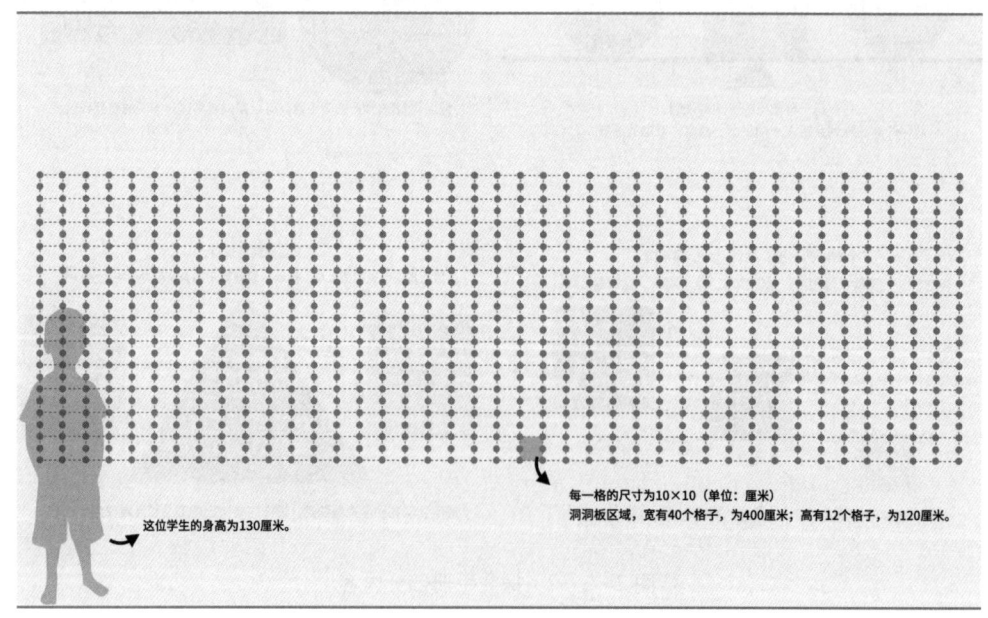

图 2-3-4　等比例缩小的方格纸设计图纸

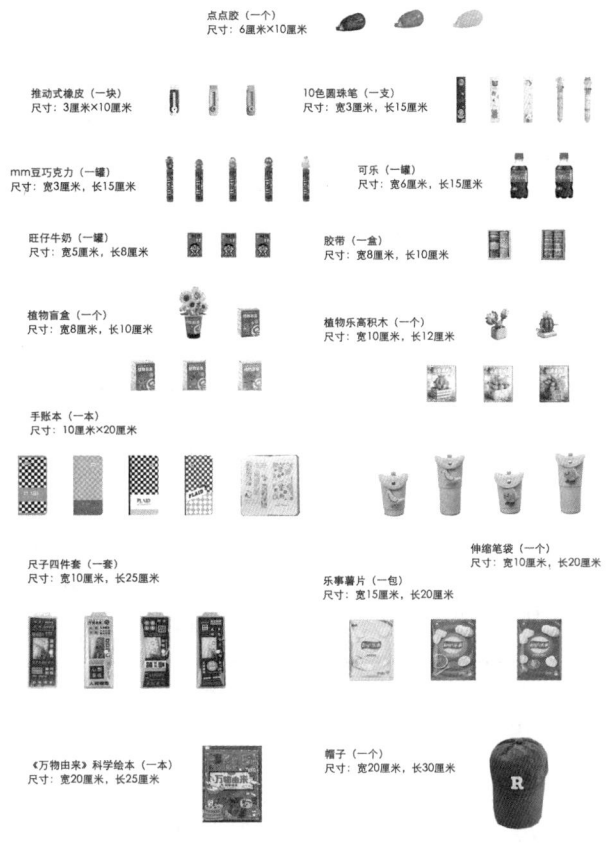

图 2-3-5 等比例缩小的商品贴纸

子任务 5　测试：评价、反思、修正设计。该阶段主要设置评价型支架和交流型支架，帮助学生通过评价要点和 A/B 测试方法（比较原型和迭代设计的方法）检验设计原型，促进学习反思，修正学习成果，不断迭代设计，生成更佳的解决方案。

二、学习支架支持下的跨学科主题学习的实践

为验证学习支架的设计能否支持"我是商品陈列师"跨学科主题学习的有效实施，笔者作了实践研究。研究对象为上海市浦东新区竹园小学（长岛校区）三年级两个班级的学生，将其中一个班作为实验班，共 40 人，另一个班作为对照班，共 40 人。对实验班采用学习支架支持下的跨学科主题学习教学，对照班在实施该案例时则无支架支持。这两个班级课时分配相同，男女比例相当，都以小组合作的方式开展学习，皆由笔者担任美术教师。实践前，笔者对研究对象作了前测，结果表明两个班级学生的学习基础无明显差异（表 2-3-13）。实践过程中，通过课堂观察、学生访谈、学习评价证据探究学习效果，

验证实施的有效性。

表 2-3-13 前测问卷实验班和对照班比较

序号	问题	答案		
		知道	知道一些	完全不知道
1	你知道商品陈列师的工作内容吗	实验班:0	实验班:3	实验班:37
		对照班:0	对照班:4	对照班:36
2	你知道奖品陈列墙的作用吗	实验班:3	实验班:33	实验班:4
		对照班:2	对照班:33	对照班:5
3	你知道兑换奖品陈列墙的设计有哪些具体要求吗	实验班:0	实验班:9	实验班:31
		对照班:0	对照班:10	对照班:30
4	你知道如何设计陈列墙的平面图吗	实验班:0	实验班:1	实验班:39
		对照班:0	对照班:2	对照班:38
5	你知道如何撰写设计说明吗	实验班:8	实验班:20	实验班:12
		对照班:6	对照班:21	对照班:13

（一）子任务1 共情

1. 实践过程

学习活动1:明确情境和统领性任务。笔者向实验班提供了两个情境型支架。首先,学生通过观看校区校长录制的项目启动视频,进入真实性情境,清晰了解学校需求。接着,学生通过不同场所陈列前后的对比图,形象地了解陈列师的工作内容,产生知识迁移。在对照班,笔者则通过传统的讲授法描述统领性任务。

学习活动2:抽样调查,了解学生需求。实验班通过调查表格的策略指导开展调查,整理调查结果,了解我校学生对兑换奖品的喜好。在对照班则无此学习支架,学生在明确任务后即自主开展调查。

2. 对比分析

通过课堂观察发现,实验班学生在学习支架的支持下能够更快速地沉浸情境,表现出更大的学习兴趣,对统领性任务的理解也更为形象和清晰,为之后活动的开展奠定了稳固的基础。而对照班则对统领性任务的理解较为迷茫,随着课程的开展才逐渐明白自己要做什么。

在调查活动中,两个班级都能够顺利开展调查,但是两者在花费时间和调查结果上差异明显。过程性评价证据表明,实验班借助调查表格,几乎所有的小组都能够快速有效地获取调查结果,而对照组则要花费很长时间,远远超出既定课时,而且仅有一半小组可以获得理想结果。

（二）子任务 2　定义

1. 实践过程

学习活动 1：实地考察，探究陈列的科学性。实验班学生在关键词和关键问题的指引下前往学校的陈列墙前开展实地考察，根据陈列位置、奖品特点、区域划分这三项考察内容具有针对性地观察和思考，最后全班学生汇总考察结果，共同归纳出陈列的科学性因素。对照班则无策略型支架的支持，较为自由地考察，最后由教师汇总和归纳学生的考察内容。

学习活动 2：自主学习，探究陈列的美观性。实验班学生使用探究手册自主学习陈列的形式美法则和其表达的设计意图。对照班则无探究手册，通过教师讲授和集体欣赏的方法学习陈列的形式美法则。

学习活动 3：定义陈列墙的具体要求。实验班运用 POV 描述法，梳理所得信息，定义陈列墙具体要求。对照班则无此策略型支架，未对信息作梳理和总结。

2. 对比分析

通过课堂观察发现，两个班级均能够发现陈列的科学性和美观性因素。但有两个明显区别，一是实验班的探究更加自主有效，二是实验班学生在学习支架的支持下能够自主建构学科知识，而对照班则较为困难，往往由教师总结归纳。

通过之后的平面设计图发现，实验班学生能够较为全面地将定义阶段所得的不同学科的知识运用在设计中，而对照班则容易顾此失彼，这可能与学习活动 3 有关。

（三）子任务 3　构想

1. 实践过程

学习活动 1：头脑风暴，生成不同的设计方向。实验班小组成员围绕陈列的具体要求开展头脑风暴，教师提供策略型支架，示范头脑风暴的一般流程：提出问题—定时发散—表达创意，学生通过此路径讨论出不同的设计构想，绘制不同的设计草图以供选择。对照班开展讨论时则无头脑风暴的策略指导。

学习活动 2：实地考察，确定设计方向。开展实地考察前，教师指导学生从优势和劣势两方面作交流，比较不同构想。学生带着草图在陈列墙前运用量感、空间观念作对比和观察，审视和交流不同创想的可行性，选择最佳设计方向。对照组在实地考察时未使用交流型支架，自由讨论确定最佳设计方向。

2. 对比分析

通过课堂观察发现，两个班级的学生都能够通过讨论确定设计方向，但过程性评价证据表明，实验班学生在头脑风暴策略型支架的支持下，能够产生更为丰富的创想。同时,访谈结果表明,实验班学生认为交流型支架可以帮助自己更有逻辑地开展讨论,更好地确定设计方向,而对照班学生则反映在讨论时经常会因意见不合产生争吵,思路也不够清晰。

(四) 子任务 4　原型

1. 实践过程

学习活动 1:设计平面图。这一环节,学生需要对陈列墙的不同区域和商品陈列作规划与设计。因这一学习活动涉及"比例"这一数学知识,已超出三年级学生的认知水平,因此无论是实验班还是对照班,笔者都提供了相应的资源型支架。学生在观看微课和范例后,使用等比例缩小的方格纸设计图纸和商品贴纸开展设计,生成设计原型。

学习活动 2:撰写设计说明。实验班和对照班均观看设计说明的示范视频,之后实验班学生使用设计说明撰写框架,从科学性和美观性两方面阐述设计想法。对照组则无此策略型支架,自主撰写设计说明。

2. 对比分析

前文已提及,由于定义阶段学习的差异,实验班在设计时能够更为全面地使用不同学科的知识,使设计更为完善。同时,实验班的设计说明也更为清晰地传达设计想法。课堂观察发现,对照班的学生时常反映即使看完示范视频也不知道如何撰写设计说明,常常需要教师作个别辅导。

(五) 子任务 5　测试

1. 实践过程

学习活动 1:测试设计。测试阶段包括汇报答辩(互评)、专家指点(师评)、实地验证(自评)三个环节,在互评和自评环节教师都会向实验班示范如何根据平面图和设计说明作评价,通过评价得到不同反馈,检验设计原型。在对照班教师则未提供评价示范,学生根据学习经验作评价。

学习活动 2:完善设计。学生根据测试结果完善设计,实验班学生在修改设计后,使用 A/B 测试的交流型支架,根据评价要点比较原型和迭代设计,保证设计得到真正完善。对照班在完善设计后无此环节。

2. 对比分析

课堂观察发现,在评价型支架的支持下,实验班学生的自评和互评能够紧紧围绕科学性和美观性因素作评价,评价有理有据,对照班的评价则不够全面和清晰,有些学生甚至不知道如何作评价。评价直接影响设计的完善,最终的迭代设计也显示,实验班学生在学习支架的支持下,能够通过评价促进学习反思,修正学习成果,生成更佳的解决方案。

三、结论与展望

通过研究表明,学习支架的使用能够有效支持本案例的实施,其在跨学科主题学习中的作用主要体现在以下三个方面。

(一)学习支架可以促进学科知识的迁移、扩展和整合

"学科整合"是跨学科主题学习有别于其他学习方式的基本特征。在跨学科主题学习中,学生在学习支架的支持下,其思维经历了"联想与结构"的加工过程,促使他们激活和调动不同学科的经验来参与当下的学习,又要将当下的学习内容与先前经验作结构性的整合,从而使知识转化为与学生个体有关联的、能够操作和思考的内容,实现不同学科知识的迁移、扩展和整合,完成学习任务,达成学习目标。

例如,在设计平面图的学习活动中,学生需要对陈列墙的不同区域作规划与设计,设计要兼顾科学性和美观性。为达成这一目标,教师为学生提供了等比例缩小的方格纸设计图纸这一资源型支架。方格纸是数学学科中常用的学具,只要确定每一个方格的尺寸,就可为学生提供测量标准和数据依据。在此学习支架的支持下,学生将陈列墙不同区域以几何图形的形式作规划与设计,在满足美术学科的形式美法则的同时,又可便捷地测量每一个区域的大小及其在陈列墙上的位置。在此过程中,由于学习支架的支持,学生不同学科的知识经验被激活,进而迁移、拓展和整合,使得陈列墙的设计能够满足跨学科要求。

(二)学习支架可以促进学生自主学习和意义建构

"自主学习"和"意义建构"是跨学科主题学习的过程。目前,跨学科主题学习常常会陷入"浅表化"实施的风险,例如依然采用被动的学习方式,仅仅关注不同学科知识的获得而非运用,因此无法有效落实学生核心素养的培育,学习支架则可以成为学生"自主学习"和"意义建构"的良好途径。

例如,在"子任务2 定义"的学习过程中,学生需要探究陈列的科学性和美观性要求,该学习内容超越了单一学科的知识结构,具有复杂性和挑战性,需要学生高度投入与深度思考。"学习投入程度"决定学生能否在学习过程中具有学习的内驱力和深层次的思维加工,分为无投入、浅层投入、常态投入、深度投入四个水平。在子任务2中,笔者在对照班主要采用的是讲授法,无学习支架的支持,学生被动地接受知识,大部分学生无法自主建构陈列的具体要求,属于"浅层投入"的学习投入程度。

在实验班,笔者通过启发性问题和指导性学习资源,引导学生根据一定路径开展自主学习,使用一定资源开展小组探究,学生能够依靠内驱力主动参与学习,建立起自己的学习框架和知识体系,自主完成学习任务,实现对学科知识的体悟与理解,属于"常态投

入"的水平。部分实验班的学生甚至可以达到"深度投入"的水平,他们舍得在挑战性任务上花时间,例如会在休息时间自主前往陈列墙考察,会在课间主动询问教师相关问题,能够对学习过程自我监控和完善,对学科知识进行深层次的思维加工。

(三) 学习支架可以提高学生问题解决能力

"问题解决"是跨学科主题学习的直接结果。学生在综合运用不同学科知识与技能的过程中,优化其学习的认知取向和基本行为,使其能够更为完整地看待事物,提升诸如理解、分析、推理、实践、反思和表达等问题解决能力。

在本案例的实践研究中,学习支架的设计对学生提高问题解决能力具有显著影响。如上文所述,正因为学生在"定义陈列墙的具体要求"这一学习活动中使用了POV描述法梳理探究所得信息,才能够在设计陈列墙平面图的时候较为全面地将不同学科知识运用在设计中,更为完善地解决设计问题。在最后"完善设计"活动中,正因为学生使用了A/B测试的交流型支架,根据评价要求比较原型和迭代设计,才能够保证设计得到真正优化。最重要的是,设计思维模型作为一种问题解决的方法论体系,是学生解决问题的策略型支架,正因为学生经历了共情、定义、构想、原型、测试这一设计思维的过程,才能体验完整的设计过程,促进认知的深化和迭代,提高问题解决能力。

本研究根据跨学科主题学习的特点搭建学习支架,支持跨学科主题学习有效实施,帮助学生跨越最近发展区,逐步形成独立学习的能力。事实上,跨学科主题学习中学习支架的设计还有诸多提升和研究的空间,例如根据不同学科特点设计相适切的学习支架,对于不同能力水平的学生给予个性化的支架支持,根据学生的能力发展动态调整和隐退学习支架等。相信随着该领域的实践不断深入,相关研究也会逐渐增多,笔者也会将此作为研究方向,继续探究跨学科主题学习中学习支架的设计与使用。

参考文献

[1] 陈艳茹.素养培育视角下跨学科主题学习设计案例研究[D].上海:华东师范大学,2022.

[2] 张玉华.跨学科主题学习的水平分析与深化策略[J].全球教育展望,2023,52(03):48-61.

[3] 郭华,袁媛.跨学科主题学习的基本类型及实施要点[J].中小学管理,2023(05):10-13.

［4］孟璨.跨学科主题学习的何为与可为[J].基础教育课程,2022(11):4-9.

［5］闫寒冰.信息化教学的学习支架研究[J].中国电化教育,2003(11):18-21.

［6］郭炯,郭雨涵.学习支架支持的批判性思维培养模型应用研究[J].电化教育研究,2015,36(10):98-105.

［7］张瑾.STEM+教育中学习支架设计研究[J].现代教育技术,2017,27(10):100-105.

［8］郭华.深度学习及其意义[J].课程·教材·教法,2016,36(11):25-32.

小学体育与健康学科跨学科主题学习实践研究

项目主持：王立新

项目实验校：上海市杨浦区控江二村小学

项目组长：王思范

项目组核心成员（按姓氏拼音排序）：

曹丹凤　陈　明　冯凯荣　雷红英　陆文康　黄　霞　闫　文

小学体育与健康学科
跨学科主题学习实践研究报告*

一、研究背景

随着科学技术的发展与知识的生产方式逐渐呈现出高度综合化,在真实问题情景中仅靠某一个学科的知识难以全面、深度解决所有问题,长期单一学科学习的弊端显现。因此,无论从知识的生产方式或学生学习方式发展的内在演变逻辑来看,学科与学科之间彼此渗透的现象都逐渐凸显,"知识主要在一种学科、认知语境中被创造"的模式转变为"知识是在更宽广的、跨学科的社会情境和经济情境中被创造"的模式已成必然。跨学科学习成为教育改革的重要内容和发展趋势之一。

《义务教育体育与健康课程标准(2022年版)》已经明确地将跨学科主题学习设定为体育与健康课程内容之一,并贯穿整个义务教育阶段。在体育与健康课程教学中开展跨学科主题教学,将体育与德育、智育、美育、劳动教育和国防教育的内容交叉融合,有利于学生在多学科情境、生活场景中应用体育与健康知识,提高学生解决复杂情境中实际问题的综合能力。因此,加强体育跨学科主题学习的研究,探索基于体育的跨学科主题学习方案与策略,是发挥学科交叉、协同育人作用的重要选择,更是体育与健康课程综合性发展的必然需求。

本课题基于体育与健康学科特征,探索体育学科与关联学科的融合点,并形成具体可操作的体育跨学科主题学习案例,能够进一步丰富体育课程的内容形式,引领育人方式的变革,对培养学生运用多学科知识和方法解决体育与健康问题的思维方式和实践能力,最终促进学生综合素质发展这一核心素养的实现具有重要实践意义。开发并践行体育跨学科主题学习,既是对体育教师思想创新的一次挑战,又是体育教师专业自主实践

---

* 执笔人:王立新,上海市教师教育学院(上海市教育委员会教学研究室);王思范、雷红英、曹丹凤、黄霞,上海市杨浦区控江二村小学。

的良好契机。通过基于体育学科的跨主题学习案例的研究,引领体育教师充分理解与把握体育学科的内在逻辑,深入了解学生的体育学习与社会实际的有机联系,将学科、学生、跨学科以及社会实践议题有机结合,主动联合不同学科教师开展跨学科教研,能有效提升体育教师的专业素养,提高学科教研的融合水平,培养有密切学术业务合作的教师团队,实现新时代多学科共同实现立德树人的根本任务。

二、研究设计

(一) 文献综述

国外最先提出学科融合教学理念的是德国教育学家赫尔巴特,其开创了学科融合教学的先河。美国关于学科融合的研究经历了由 STS 到 STEM 再到 STEAM 三个阶段,学科融合的内容也越来越丰富完善。国际上,STEAM 跨学科主题学习、IB 国际课程风靡各地。

国外有研究者发现,随着跨学科学习中现实问题的引入,能够加强学校教育与现实生活世界的联系,并鼓励个人在先验知识和新的学习任务之间建立联系,帮助学生发展个人化的知识,形成整体系统的认识,提升综合能力。跨学科学习的研究者认为从事跨学科项目的学习者都倾向于整合多学科视角,提升他们的问题解决及高阶思维力(如解决问题、批判性思维、多元认知反思等),从而迁移到其他背景、事件或问题中。对于学生的学习态度也有积极影响,增加学生参与度,为传统课堂教学注入新鲜活力。也有研究表明,相较于分科课程,跨学科的项目学习能够提升学生的成绩。体育活动课中通过视频、图像等,以及非互动屏幕技术等,可以使学生体育教学的自我评价相比传统评价方式更有效。也有研究者表示,通过创建平台,可以实时记录出拳训练的效果,提高学生的主动性。篮球练习与数学知识开展融合教学可以通过测量运动场地,如:周长、面积等练习数学知识。另外,数学还可以与田径、排球和橄榄球等开展融合教学。这些实例印证学科融合教学对学生的帮助是可见的。

相对而言,国内在学科融合中体育学科与其他学科融合的研究较少。当前在新课标的背景下,现代化教育更加重视对学生综合素质的培养。近些年一些研究者也发现体育与其他学科可进行融合,比如体育与数理生化融合,适时引入一些理工科内容和知识,对体育运动作科学解读,对体育器材应用开展合理分析,都能够让学生顺利进入到运动环节,并与信息科技融合。体育与语文、音乐融合的实例,例如一年级下册课文《动物王国开大会》中,出现了老虎、狗熊、狐狸、大灰狼等动物,与低年级体育教材内容《各种姿势的走与跑》进行融合,符合低年级学生活泼好动、爱模仿的特点。同时有实证表明,基于核心素养下数学逻辑知识、语言文字知识与小学体育整合课程的作用时发现,适时地将体育与相关学科的关联知识进行整合教学不仅可以加深学生对运动技术的理解,提高体能,而且会对学生的言语智能及其他智能的发展有一定的促进作用。

总的来说,体育与不同学科之间的融合方式有很多,如空间上的融合,结构和要素上的融合等,既可以是知识的融合,也可以是课程资源的融合。在义务教育阶段体育学科与语文学科进行融合,语文学科有丰富的知识内容可以融合进体育教学中,根据体育课程的现状,可以创设许多内容,使体育课程更加丰富。

(二)研究目标

(1)收集跨学科主题学习案例构建与实施策略的理论基础,为科学设计基于体育学科特征的跨学科学习方案提供理论依据和指导原理。

(2)厘清体育跨学科主题学习的目标和价值定位,形成小学体育与健身学科跨学科主题学习的实践模型、策略与路径。

(3)探索影响体育跨学科主题学习案例实施的主要问题和障碍,为提升体育跨学科主题学习的育人效果提供实践依据和改进方案。

(三)研究内容

(1)梳理和比较国内外有关跨学科主题学习的理论基础,总结国内外跨学科主题学习的经验得失,厘清体育跨学科主题学习的概念内涵,奠定体育跨学科主题学习案例设计的理论基础。

(2)基于体育与健康学科的三大核心素养,通过问卷调查、学生调研和专家访谈等方法明确体育跨学科主题学习的具体目标、主题内容、教学方式和评价,研制出可操作的体育跨学科主题学习的具体方案和实施策略。

(3)实施体育跨学科主题学习方案,验证体育跨学科主题学习方案的效果,总结其在具体实施过程中所遇到的问题和困境,进而对体育跨学科主题学习方案作优化和升级,最终形成体育跨学科主题学习典型案例和研究报告。

(四)研究方法

本研究将采用文献资料法、问卷调查法、行动研究法等多种研究方法相结合的方式开展。其中,文献资料法主要是通过查阅相关文献和资料,了解当前小学体育跨学科主题学习的研究现状和发展趋势;问卷调查法主要是针对参与本研究的教师和学生实施问卷调查,了解他们对本案例的看法和建议;行动研究法主要是以实践为基础,通过实际行动来解决问题,并在过程中不断观察、分析和反思,以提高实践的效果和质量。通过对实施过程中学生的表现作观察和记录,分析总结本案例的效果和不足之处。

(五)研究过程

首先通过对政策法规、学术论文、理论专著等文献的检索,整理出体育跨学科主题学习的理论基础与内涵界定。再根据其理论基础、内涵界定等确定小学体育跨学科主题学习活动的方案研制,方案包括育人价值、活动目标、实施过程等内容;随后通过方案的实施找到改进的方法和路径,最终形成较为完整的研究报告、案例和论文(图2-4-1)。

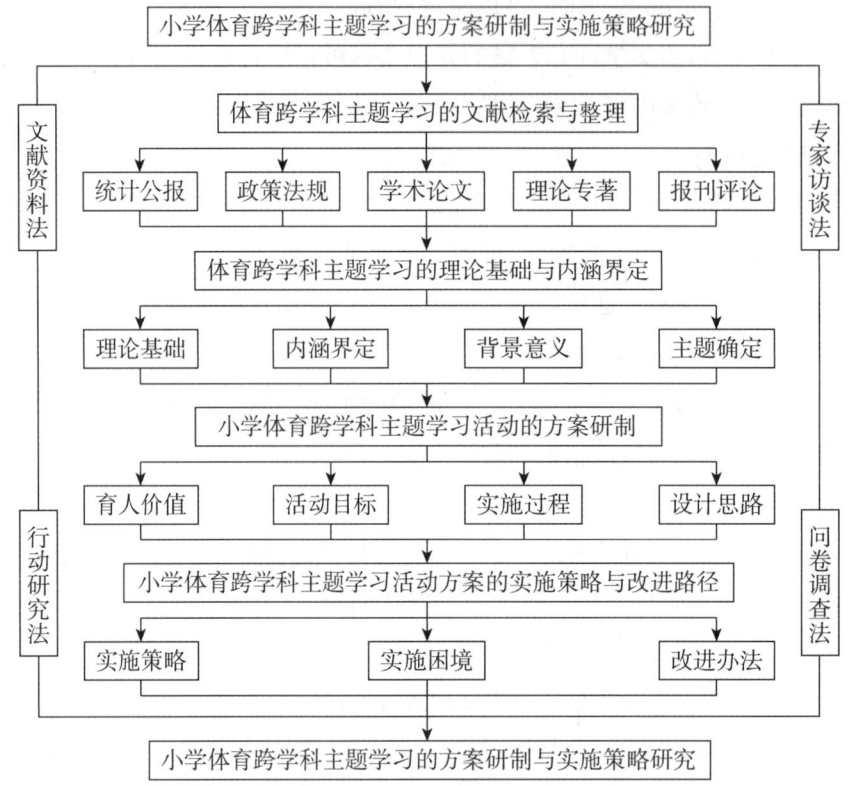

图2-4-1 研究过程图

三、研究结论

(一) 大单元教学与跨学科主题学习的内在联系

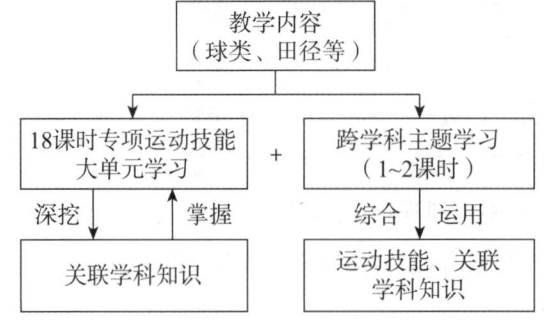

图2-4-2 大单元教学与跨学科主题学习内在联系图

如图 2-4-2 所示,把大单元教学和跨学科主题学习结合起来的目的是让学生学会所要教学的内容,可以是球类、体操、中华传统体育等运动技能。为了把两者更有机地融合在一起,需要教师在设计 18 课时大单元教学时深挖教材本身所蕴含的关联学科知识点并融合在不同教学阶段中,所挖掘的关联学科知识点是为了帮助学生更容易地掌握或理解专项运动技能。在大单元学习之后开展跨学科主题学习时,则是对前期所学运动技能和关联学科知识点的综合运用。

教师要站在更高位整体设计所要教学的内容,这就要求教师对教材有很深的理解、对单元的整体架构有很清晰的认识以及对关联学科知识点的挖掘有很强的敏感度。

(二)教学设计的方法与路径

1. 寻找与关联学科的融合点

在确定所要教授的运动项目后,需根据学生学情及项目自身特点寻找其本身所蕴含的关联学科知识点,并思考该知识点的融入是否能促进学生体育学科核心素养的达成。

教师可依据"五育"融合理念来寻找。"德":该运动项目中是否包含中华传统文化的知识、能否激发学生对中华民族传统文化的热爱,提升文化修养等;"智":运动项目中各技术动作所蕴含的力学知识;"美":在展示或比赛阶段是否能体现艺术的美感,需要音乐或服装的配合等;"劳":是否可以自己制作教具或练习器材。

在学习进程的不同阶段,跨学科的侧重也有所不同。在学练初期以单个技术动作为主时,可着重寻找技术动作本身蕴含的力学原理,并依据学情创设学生容易理解的力学现象小实验,帮助其快速理解和掌握该项目的基本动作技能;在几个基本技术动作的组合性学练中,可着重寻找 2—3 个技术动作之间的相互关系是否可通过关联学科的方法帮助学生更好地把多种动作组合在一起学练,帮助学生巩固所学的运动技能;在熟练运用阶段,则可尝试把之前所寻找到的关联学科知识点融合在一起综合运用,帮助学生熟练运用所学运动技能。

2. 确定主题

确定主题时需基于教材、学生的真实需求和学情基础。首先,依据此次新课标规定的课程内容:基本运动技能、体能、健康教育及六大类专项运动技能作为确定主题的基础;其次,依据学校的体育特色课程或学生的真实需求选择;最后,基于学生的学情制订适合本学段学生认知水平的大单元跨学科主题。其中,学生学情不仅要考虑学生的运动基础更要考虑关联学科的知识基础,使主题的确定更具科学性、更能符合学生身心发展的需求。主题中需尽可能呈现所要结合的主要关联学科知识点。

3. 制订学习目标

制订学习目标需依据学生能力水平发展进阶的规律并结合主干学科(体育)与关联

学科之间的联系。首先要依据新课标的要求深入分析教学内容的育人价值及其所蕴含的核心素养,再结合关联学科知识点中学生所具备的关键知识、关键技能及关键能力形成具体学习目标。学习目标中应包含对运动技能的掌握程度、关联学科知识点的合理运用等方面的具体描述。

4. 设计任务

在确定了主题和目标后,需通过任务驱动的形式设计任务,并开展内容组合和学习进程。如图2-4-3所示,统领性任务的设置至关重要,既是整个学习过程学生要达成的目标,又是对大单元跨学科主题学习的高度提炼。在统领性任务下位可设置多个子任务,每个子任务可对应一个知识点,并辅以评价任务。各子任务间也可存在相互包含关系,即1个较大的子任务中包含另1个或2个小子任务。

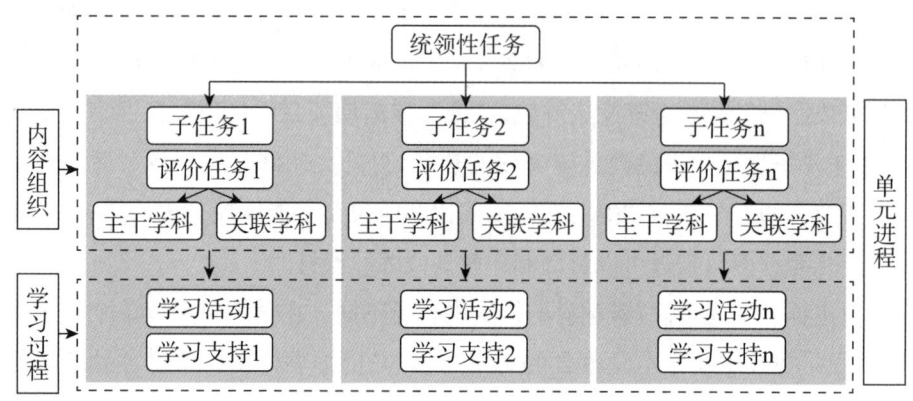

图2-4-3 单元进程图

5. 课程安排

在课程安排时需根据教材中"知识、技能、体能、展示与比赛、观赏与评析、规则与评价"六个方面的具体教学内容作细化与分类,按照运动能力进阶的思路把各子任务合理安排在18课时之中,最后的统领性任务即是大单元学习之后的综合应用。

四、效果与反思

(一) 效果

1. 提高学生的学习兴趣

跨学科主题学习能够将体育与关联学科知识相结合,创设情境,营造良好的课堂学习氛围,从而提高学生的学习兴趣和学习注意力。这种学习方式能够帮助学生更快地掌握和运用知识技能,提高学习效果。

2. 培养学生的综合素质

跨学科主题学习不仅注重体育技能的学习,还注重培养学生的综合素质。通过与关联学科的融合,学生可以更好地理解体育运动的原理和背景,同时也可以培养他们的思维能力、创新能力、团队协作能力等,促进学生的全面发展。

3. 增强课堂互动性

跨学科主题学习可以增强课堂的互动性,促进师生之间的交流与合作。在教学过程中,教师可以根据学生的实际情况和需求,选择合适的跨学科主题,引导学生积极参与课堂活动,提高课堂的互动性和实效性。

4. 促进教师专业成长

跨学科主题学习需要教师具备广泛的知识和技能,因此可以促进教师的专业成长。通过与关联学科的融合,教师可以不断拓展自己的知识面和教学能力,提高自己的专业素养和教学水平。

5. 提升学校教学质量

跨学科主题学习是一种创新的教学方式,可以提升学校的教学质量。通过这种方式的教学,学生可以更好地理解体育与关联学科的知识和技能,提高他们的综合素质和学习效果,从而提升学校的教学质量和品牌形象。

(二)反思

体育学科的跨学科主题学习要以体育与健身学科为核心,突出解决学科内问题,不能简单地理解为在教室里开展理论学习,或者在运动场上过多地讨论和探究。体育课堂的教学是以身体练习为主要手段,新课标要求科学设置运动负荷,每节课群体运动密度不低于75%,个体运动密度不低于50%。由此可见体育最大的特点是学生动起来,而其他学科和体育学科最大的不同是相对静的。如何把体育学科的"动"和关联学科的"静"更好地结合起来,把握好跨学科的度是体育跨学科主题学习的难点。

体育与健康课程本身具有基础性、健身性、实践性和综合性等特点。体育教师应具有多学科知识的储备,根据教材特点积极挖掘其中所包含的跨学科元素,并在课前主动向关联学科教师学习、取经,做好多学科知识预设,引导学生做好跨学科知识的预习和资料搜索;课中积极引导学生运用跨学科知识提升体育运动技能,做到精准施教、合理高效跨学科;课后积极总结引领学生跨学科实践运用,追踪指导学生跨学科实践活动,帮助学生解决真实生活中的体育运动问题,养成积极参与体育运动的好习惯。

> 实践
> 案例

龙腾鼓韵展风采[*]

一、育人价值

《义务教育体育与健康课程标准(2022年版)》中,将舞龙纳入"中华传统体育类"运动中。舞龙是一种集武术、鼓乐、戏曲与龙艺于一身的艺术样式,具有很高健身价值和观赏价值的传统活动。我校五年级学生正处在身体发育旺盛的阶段,思维活跃,受舞龙社团熏陶,对舞龙运动颇感兴趣。

本案例在学习舞龙技能的过程中融合音乐、科学、数学和美术等学科知识元素,带领学生在学会举龙行进、原地8字舞龙、穿龙尾等舞龙基本技术之后,结合创想龙形组图、识别舞台空间方位、感受中华鼓韵魅力等,实现身体素质、艺术欣赏、知识涵养的综合提升,实现学科融合和体育核心素养的培育。

二、主题学习方案

参见表2-4-1。

表2-4-1 "龙腾鼓韵展风采"跨学科主题学习方案

学习主题	龙腾鼓韵展风采	
实施年级	五年级	总课时 19—20课时
学习目标	运动能力:了解竞赛礼仪、龙具型号、场地等,初步建立龙的认识,懂得如何拿龙、放龙、摆龙,明白舞龙场地的基本结构,学会举龙行进、8字舞龙、穿龙尾、简单造型及敲鼓技术,能根据教师提供的场地图示进行套路练习,并能自主创编跑位图形 健康行为:通过舞龙基本动作的学习,能初步理解舞龙运动对健康的促进作用,学会通过舞龙活动开展课外体育锻炼,逐步形成舞龙锻炼意识和习惯 体育品德:通过舞龙基本技术动作及其组合动作的不断练习磨合,养成不怕挫折、积极进取、顽强拼搏、勇于担当的体育精神	

---

* 执笔人:朱晓玲,上海市杨浦区教育学院;王思范、雷红英、曹丹凤、闫文、黄霞,上海市杨浦区控江二村小学。

(续表)

统领性任务	参加"龙腾鼓韵展风采"五年级舞龙比赛			
子任务	知晓龙文化	小龙人学艺	鼓韵震天响	神龙展风采
体育与健康	了解舞龙传统文化及理论知识	学会举龙行进、8字舞龙、穿龙尾、简单造型等技术动作	学会击鼓的动作方法,并能使用不同的舞龙动作配合不同的音乐节奏	综合运用跨学科知识完成舞龙表演,展示出各班各小组特有的舞龙风采
内容组织 关联学科 科学		结合杠杆原理,尝试体验不同的握杆方式,并寻找到科学合理且轻巧省力的握杆方式		
道德与法治	介绍舞龙的起源和发展、基本礼仪与规则等,知晓中华传统舞龙文化			
艺术（音乐）			能够辨别不同的节奏变化,并且将鼓点节奏与舞龙动作结合,表现出龙在舞动时的灵动感	
艺术（美术）		运用美术图形知识展开空间想象,设计各种舞龙的队形与造型		
数学		认识舞台方位,根据不同的点位和顺序设计舞龙的行进路线		

(续表)

学习活动设计	活动流程： 龙腾鼓韵展风采 ├─ 项目启动 │ ├─ 体育组制订比赛要求 │ └─ 班级分工明确任务 ├─ 项目实施 │ ├─ 舞龙大单元学习（18课时）── 小龙人学艺（18课时） │ │ ├─ 知晓龙文化（涉及3课时，含在18课时内） │ │ └─ 鼓韵震天响（涉及5课时，含在18课时内） │ └─ 班级制订并落实舞龙表演方案（1~2课时） └─ 成果展示 └─ 班级参与舞龙比赛（体锻课或大课间）── 神龙展风采
学习评价	过程性评价： 	评价维度	观测点	评价标准	评价结果
---	---	---	---
学习兴趣	参与	1. 参与舞龙动作练习 2. 参与舞龙小组比赛和展示	☆☆☆☆☆ ☆☆☆☆☆
学习习惯	观察	3. 认真观察示范、倾听讲解 4. 分辨动作观察组合动作套路	☆☆☆☆☆ ☆☆☆☆☆
	学练	5. 根据节奏口令或音乐练习 6. 积极思考、认真学练	☆☆☆☆☆ ☆☆☆☆☆
	交往	7. 与同伴互助，小组合作 8. 参与团队展示和比赛	☆☆☆☆☆ ☆☆☆☆☆
	守则	9. 按照规定路线顺序学练 10. 遵守舞龙比赛规则	☆☆☆☆☆ ☆☆☆☆☆ | 终结性评价： | 评价维度	观测点	评价标准	评价结果
---	---	---	---
学业成果	运动能力	1. 知晓舞龙相关文化知识 2. 学会舞龙组合动作技术 3. 完成舞龙相关体能练习 4. 舞龙动作与鼓点节奏配合 5. 有造型设计和队形方位变化 6. 积极参与舞龙展示比赛	☆☆☆☆☆ ☆☆☆☆☆ ☆☆☆☆☆ ☆☆☆☆☆ ☆☆☆☆☆ ☆☆☆☆☆
	健康行为	7. 理解舞龙对健康的促进作用 8. 形成舞龙锻炼意识和习惯	☆☆☆☆☆ ☆☆☆☆☆
	体育品德	9. 不怕挫折，积极进取 10. 团结协作，勇于担当	☆☆☆☆☆ ☆☆☆☆☆	

学习资源	器材:龙具、7人龙、中国鼓 多媒体:大屏幕

三、子任务学习活动设计

子任务 1:小龙人学艺(包含"知晓龙文化"和"鼓韵震天响")。

所需课时:18 课时(其中有 3 课时融合"知晓龙文化",5 课时融合"鼓韵震天响")

学习目标:学会举龙行进、8 字舞龙、穿龙尾和简单造型的舞龙技术动作,并能知晓每个动作中所蕴含的科学原理,循序渐进地开展由单个技术动作学练到组合动作学练的全过程。同时,合理融合劳动教育、科学、数学图形、方位等跨学科知识,熟练巩固舞龙组合技能。

学习过程:

参见表 2-4-2。

表 2-4-2 "小龙人学艺"课时计划

课时	单元	内容	子任务穿插
1—4课时	举龙行进	握把方法、圆场起伏行进	"知晓龙文化"(3-1) (舞龙运动的起源和发展、拿龙、摆放龙具的规则)
		举龙行进、游龙	
		举龙行进、圆场起伏行进组合练习	
		击鼓、举龙行进、圆场起伏行进组合练习	"鼓韵震天响"(5-1)
5—6课时	造型	龙出宫、龙身、长城等造型	
		击鼓、举龙行进、圆场起伏行进、造型组合	"鼓韵震天响"(5-2)
7—11课时	8字舞龙	原地 8 字舞龙	"知晓龙文化"(3-2) (舞龙运动的精神)
		原地 8 字舞龙	
		首尾 8 字舞龙	
		首尾穿肚 8 字舞龙	
		击鼓、8 字舞龙组合、造型	"鼓韵震天响"(5-3)
12—14课时	穿龙尾	穿龙尾、8 字步、虚步	
		穿龙尾、造型组合	
		击鼓、穿龙尾、造型组合	"鼓韵震天响"(5-4)

(续表)

课时	单元	内容	子任务穿插
15—18课时	创编组合	举龙行进、8字舞龙、穿龙尾、造型动作创编组合	"知晓龙文化"(3-3)（舞龙展演、比赛的基本礼仪和规则）
		举龙行进、8字舞龙、穿龙尾、造型动作创编组合	
		击鼓、举龙行进、8字舞龙、穿龙尾、造型动作创编组合	"鼓韵震天响"(5-5)
		班级舞龙展示预演	

学习资源：

器材：龙具、7人龙、中国鼓。

多媒体：大屏幕。

学习评价：

参见表2-4-3。

表2-4-3 "小龙人学艺"评价表

等第	评价标准
优秀	动作到位有力,路线正确,动作组合衔接连贯、路线清晰,能说出动作名称
良好	动作到位有力,路线正确,动作组合衔接较连贯、路线较清晰,基本能说出动作名称
合格	动作到位有力,路线正确,能自主完成动作组合创编,能说出大部分动作名称
需努力	动作缺乏力度,路线不正确,动作组合不连贯,只能说出小部分动作名称

子任务2： 知晓龙文化。

所需课时： 3课时(18课时舞龙大单元中的第1、第7、第15课时)。

学习目标：

1. 了解舞龙运动传统文化、起源、发展与基本礼仪等。

2. 了解"龙"的象征意义,认识与"龙文化"相关的中国传统节日,知晓这些传统节日的时间、习俗等,增强对民族文化的了解,增强民族自信。

3. 了解拿龙、摆放龙具的规定,了解舞龙展演和比赛的基本礼仪和规则,具体知晓现代竞技舞龙比赛类型、舞龙竞赛分组、比赛服饰、舞龙竞赛的场地规定等。

学习过程：

1. 课前查阅舞龙运动相关资料，了解"龙"的象征意义。
2. 教师讲解舞龙运动的起源、发展与基本礼仪等。
3. 小组代表分享舞龙传统文化。
4. 知识竞答：
   (1) 中国哪些传统节日里有"龙"文化活动？
   (2) 你知道哪些关于"龙"的成语？
5. 游戏合作：龙头拼图。
6. 你能描绘出龙具的结构吗？
7. 请你判断一下：这些是正确拿龙、摆放龙的行为吗？
8. 教师讲解舞龙表演和比赛的基本礼仪和规则、竞赛类型、分组等。

学习资源： 大屏幕、自制课件、拼图、龙具等。

学习评价：

参见表 2-4-4。

表 2-4-4 "知晓龙文化"评价表

题目	答题处	评价结果
中国哪些传统节日里有"龙"文化活动？（至少写3个）		自评 ☆☆☆
你知道哪些关于"龙"的成语？（至少写3个）		自评 ☆☆☆
你知道舞龙运动有哪些精神品质的象征吗？（至少写3个）		自评 ☆☆☆
你知道正确拿龙和摆放龙具的规定吗？（至少写3条）		自评 ☆☆☆
你知道舞龙竞赛的礼仪和规则吗？（至少写3条）		自评 ☆☆☆

子任务3： 鼓韵震天响。

所需课时： 5课时（18课时舞龙大单元中的第4、第6、第11、第14、第17课时）。

学习目标：

1. 合理运用乐理知识，学会击鼓的动作与方法，能分辨宽松和密集的节奏，并根据不同的鼓点节奏,合理选配舞龙动作,做到动作与节奏吻合。

2. 能与同伴合作,在班级中自信地展示舞龙技艺,有欣赏美、展示美的能力,充分展现当代青少年的精气神。

学习过程:

(1) 根据背景音乐主旋律,集体击鼓练习。

第一组:举龙行进走,鼓点节奏:

> 2/4 × × × ‖
> 运用四分音符,时值为1拍,这条节奏相对比较宽松。

第二组:举龙行进跑,鼓点节奏:

> 2/4 ×× ×× ×× ×× ‖
> 运用八分音符的节奏和前八十六的节奏,这条节奏相对比较密集。

第三组:8字舞龙,鼓点节奏:

> 2/4 × × × ×× × 0 ‖
> 这条节奏型由切分节奏和八分音符节奏组合而成,给人感觉节奏的强弱有明显对比,节奏感更强。

第四组:舞龙造型,鼓点节奏:

> 2/4 × × × ‖
> 运用四分音符,时值为1拍,这条节奏相对比较宽松。
> 敲击的方式换成了击鼓棒。

第五组:穿龙尾,鼓点节奏:

> 2/4 ×× ×× ×× ×× ‖
> 运用八分音符的节奏和前八十六的节奏,这条节奏相对比较密集。
> 敲击的方式换成了击鼓棒。

(2) 配乐＋击鼓＋舞龙。

根据音乐节奏和鼓点变化,可采用一半学生击鼓、一半学生舞龙,交替进行的形式。

(3) 配乐＋击鼓＋舞龙＋队形变换。

参与班级内舞龙展示编排,任务分工,组内成员合作开展击鼓和舞龙同台展示。

练习要求:舞龙动作灵动、队形变换合理、动作与音乐节奏合拍、鼓点敲击正确。

学习资源:

器材:龙具、7人龙、中国鼓。

多媒体:大屏幕。

学习评价:

参见表2-4-5。

表2-4-5 "鼓韵震天响"评价表

等第	评价标准
优秀	敲鼓动作到位有力,富有节奏感,能根据不同节奏使用不同舞龙动作
良好	敲鼓动作比较到位有力,有节奏感,能根据不同节奏使用不同舞龙动作
合格	敲鼓动作比较到位有力,节奏感不强,有时能根据不同节奏使用不同舞龙动作
需努力	敲鼓动作缺乏力度,节奏感不强,不能根据不同节奏使用不同舞龙动作

子任务4:神龙展风采。

所需课时:1—2课时。

学习目标:依据学校要求参与五年级舞龙展示活动,根据舞龙大单元所学到的舞龙、击鼓、舞台表演等技能、完成3分钟的舞龙节目表演。

学习过程:

1. 课前讨论舞龙表演策划案内容。

参见表2-4-6。

表2-4-6 班级舞龙赛策划案

		参与舞龙学生	参与打鼓学生
参与人员	第一组:		
	第二组:		
	第三组:		
	第四组:		

(续表)

行动路线	2份线路图
组合动作	1份组合动作线路图
造型	结束造型设计
口号	

2. 课中按照策划案内容进行排练。

3. 参与"龙腾鼓韵展风采"舞龙比赛。

学习资源：

器材：龙具、7人龙、中国鼓。

多媒体：大屏幕。

学习评价：

参见表2-4-7。

表2-4-7 "神龙展风采"评价表

等第	评价标准
优秀	行动路线、组合动作、造型合理，能根据鼓乐节奏编排，口号响亮
良好	行动路线、组合动作、造型比较合理，能根据鼓乐节奏编排，口号响亮
合格	行动路线、组合动作、造型比较合理，能基本根据鼓乐节奏编排，口号比较响亮
需努力	行动路线、组合动作、造型不合理，基本不能根据鼓乐节奏编排，口号不响亮

四、课时举隅（片段）

舞龙组合动作学练融合跨学科知识点（音乐鼓点节奏、数学方位）。

本课是舞龙大单元第11课时内容，属于子任务"鼓韵震天响3"的内容，是在掌握了基础舞龙技能：举龙行进、8字舞龙和龙舟、龙出宫、长城等造型动作后，尝试舞龙动作与不同的音乐鼓点节奏融合，使学生真正感受中华传统体育所蕴含的"运动美、艺术美、精神美"的价值内涵（表2-4-8）。

表 2-4-8 舞龙大单元(18-11)课时计划

课序	时间	教学内容	运动负荷			教与学的活动	组织与队形	信息技术应用
			次数	时间	强度			
三	18′	舞龙： 1.击鼓练习（复习三段节奏）	2	2′	中	◎出示鼓乐伴奏下的舞龙视频，引出本环节的鼓乐练习 ◎出示鼓乐练习谱子，邀请学生带领复习 ◇回忆并认真复习所学节奏 ◎邀请优秀学生展示 ◇小组长带领组员分段练习 ◎组织全体学生跟着音乐练习 ☆节奏正确，击鼓动作到位 △跨学科知识点：音乐鼓点节奏	○ ○ ○ ○ ○ ○ ○ ○ ○ ○ ○ ○ ○ ○ ○ ○ × × × × × × × × × × × × × × × × △	PPT 出示三种节奏
		2.连连看（根据音乐选择合适的舞龙动作）	2	3′	中	◎出示连连看题目，引导学生根据所听到的音乐选择不同的舞龙动作 ◇4个小组长带领组员思考选择不同的舞龙动作并尝试练习 ◎分段演奏鼓乐，鼓励学生展示 ◇小组听鼓乐展示，互相评价舞龙动作与鼓乐的配合度 ◎总体点评，选择优秀小组展示 ☆动作与节奏匹配，积极思考，团队配合默契 △跨学科知识点：音乐鼓点节奏	| 1 | 2 | | 3 | 4 |	PPT 出示连连看题目

（续表）

课序	时间	教学内容	运动负荷			教与学的活动	组织与队形	信息技术应用
			次数	时间	强度			
三	18′	3. 击鼓舞龙展示	1	3′	中	◎ 引导学生认识舞台方位图，提示学生合理编排队形，设计跑动路线，小组分工合作，3人击鼓，7人舞龙，合理分配，小组展示 ◇ 小组长带领组员讨论分工，设计跑动路线 ◎ 播放音乐，4组依次展示，评选优秀小组 ☆ 有序分工、动作与节奏匹配、路线设计合理，团队默契 △ 跨学科知识点：音乐鼓点节奏、数学方位	1 2 3 4	出示舞台方位图 鼓乐舞龙展示

五、案例反思

（一）基于新课标，体现"教—学—评"一致性

"教—学—评"的一致性，是基于课程标准的要求。在开展舞龙跨学科主题学习中，同样需要全面关注教学与评价。"跨学科主题学习"的单元教学是以一个大任务、大项目或大活动组建起来的，完成任务的过程既是学习的过程，也是评价的过程。舞龙的教学涉及不同学科以及德智体美劳五个方面的学习结果，而不同类型的学习结果需要在不同时机通过不同形式、不同方式的评价任务去搜集证据。例如：将舞龙的传统文化、基本礼仪、比赛规则等方面融入对学习兴趣和学习习惯的评价；将舞龙动作技能的原理性知识等，贯穿于舞龙技能学练和评价；将鼓点的结合、造型的变换、舞台的走位等方面，融入终结性展示成果的评价。

（二）"体育"为本，彰显"五育"融合

舞龙的学练不仅拥有体育学科的育人价值，同时在培养学生的艺术审美、民族认同、文

化自信等方面具有积极作用。因此,舞龙的跨学科不仅可以跨"域",也可以跨"育"。"域",即不同的学科"领域",包含音乐的节奏、美术的造型、科学的原理、道法的文化等等。"育",则是从"五育"融合的视角出发,立足体育之本,催发德智体美劳的"化学反应"。

"体育+智育",促进思练结合。杠杆原理的融入不仅让学生领悟了动作要领,还提升了课堂趣味性。"体育+德育",还原体育之本。舞龙运动蕴藏诸多的德育契机,不仅要知晓龙文化,更要爱惜龙具、齐心协力,体现出龙的威严,在舞龙中感受中华民族勤劳、奋进、坚毅、拼搏精神的象征。"体育+美育",彰显体育之美。舞龙与音乐、鼓点、造型、方位的融合,体现了艺术的美感。"体育+劳动教育",体现身体力行。龙头龙身的美化是画龙点睛之笔,体现美术教育的意义。

> 教学论文

素养导向下"体育+美育"跨学科主题学习的设计与实践*
——以五年级"民族传统体育项目——舞龙大单元"为例

一、研究问题提出

2022年4月,教育部在《义务教育课程方案(2022年版)》中明确规定每门课程原则上不得少于10%的课时用于设计跨学科主题学习,与此同时,基于课程方案的《义务教育体育与健康课程标准(2022年版)》首次将"跨学科主题学习"作为课程内容的一个重要板块,并强调体育与健康课程的跨学科主题学习部分主要立足于核心素养,结合课程的目标体系,设置有助于实现体育与德育、智育、美育、劳动教育和国防教育相结合的多学科交叉融合的教学内容。在新课标的指引下,学界围绕"体育+德育、智育、劳动教育、国防教育"的跨学科主题学习进行了大量探索,但目前有关"体育+美育"的探索较为缺乏。鉴于此,笔者在教学实践中不断尝试与反思,设计了五年级的"民族传统体育项目——舞龙大单元"的跨学科主题学习案例,以期为一线中小学教师开展"体育+美育"的跨学科主题教学实践提供借鉴。

二、设计过程阐述

1. 设计依据

舞龙作为中华民族传统体育类运动的代表性项目,不仅在培养学生的合作共进、增强民族认同感等方面具有重要作用,同时舞龙的学练过程中也蕴藏着"龙体美、节奏美、造型美、神态美"等丰富的美育元素。基于本校在舞龙运动的长期实践经验,本文遵循新课标的大单元设计思路,在舞龙大单元专项运动技能内容设计的基础上,提炼和归纳舞龙学练过程中蕴含的美育元素,并将其有机地融入舞龙大单元的相应课次中。让学生在

---

* 执笔人:王思范,上海市杨浦区控江二村小学。

掌握舞龙运动技能的同时,通过自主探索发现舞龙运动中蕴藏的美育元素,更深入地知晓舞龙文化,展现舞龙精神,领略舞龙魅力,进而实现运动能力、艺术欣赏、知识涵养、健康行为和体育品德的综合提升。

2. **设计思路**

舞龙是专项运动技能中中华传统体育类运动的重要内容,本文依据舞龙大单元(19次课)技能内容蕴含的美育点,融合设计了三个跨学科主题学习重点课时(表2-4-9)。让学生在学会舞龙基本技能、组合技能的基础上自主策划舞龙表演路线、动作,以图片文字形成策划案,再根据策划案将舞龙技能在更丰富的情境中进行表演与比赛,将龙舞得圆、舞得活、舞得美,在考验学生力量、速度、耐力等身体素质的同时也考验学生技能应用能力和团结协作意识,展现出龙体之美、节奏之美、路线之美、造型之美、神态之美,以体育美。

3. **融合策略**

融合美育,人龙合一:舞龙具有相当的艺术表演性,为使学生进一步知晓舞龙文化,了解动作技能原理,提高运动表现水平,在大单元教学中的关键部分融合跨学科知识。例如,科技杠杆原理、音乐击鼓乐曲、数学方位图的融入能帮助学生更快、更容易掌握舞龙技术动作,使龙舞得更美。本节课在基于大单元的跨学科主题学习中融合美育,让学生学会欣赏美、表现美、评价美。本节课通过龙头、龙身、龙尾不同把位的间隔、龙把的垂直度、龙骨的水平线以及步伐和音乐的统一性,更好地将龙体美和节奏美呈现出来。为了更好地表演舞龙,教师引导学生使舞龙动作符合龙的盘、游、穿、戏等姿态,达到路线美和神态美。

表2-4-9 "龙的传人"大单元跨学科主题学习课时

课时	举龙行进 (第2课时)	创意造型、举龙行进和 8字舞龙组合(第14课时)	龙腾鼓韵展风采 (第19课时)
学习活动	握把姿势;直线举龙走;直线举龙跑	鼓乐节奏的变化;鼓乐伴奏下8字舞龙;鼓乐伴奏下造型	单龙和鼓的组合;双龙和鼓的组合;四龙和鼓的组合
练习活动	看标志物举龙行进走、行进跑;听信号举龙行进直线走和跑	不同节奏击鼓练习;鼓乐伴奏的8字舞龙;鼓乐伴奏的造型练习	单龙和鼓固定套路练习;双龙和鼓策划案练习;四龙和鼓策划案练习
比赛活动	握把姿势竞赛;举龙行进直线走比赛;举龙行进直线跑比赛	不同鼓乐节奏与舞龙技能(造型、举龙行进、8字舞龙)的匹配度比赛	单龙和鼓固定套路展示;双龙和鼓策划案展示;四龙和鼓策划案展示

（续表）

课时	举龙行进 (第2课时)	创意造型、举龙行进和 8字舞龙组合(第14课时)	龙腾鼓韵展风采 (第19课时)
体能活动	2分钟25米折返跑；举龙行进过低障碍跑	30秒8字舞龙竞速；30秒穿龙尾比多；1分钟创意造型比赛	举龙行进跑比快；穿龙尾竞速；穿龙尾、8字舞龙、举龙行进体能组合竞赛
跨学科知识点	杠杆原理：利用杠杆原理，指导学生轻巧、合理、科学地握把	鼓乐：根据音乐节奏的强弱、舒缓和密集，匹配不同舞龙动作，展现鼓乐的节奏美和舞龙技能	鼓点节奏、舞台方位、各种图形；结合鼓点节奏、队形路线创编等展示舞龙运动的各种美

三、实践案例举隅（片段）

本单元的授课对象为五年级学生，学生通过前面课次学习，已掌握舞龙的基本技能和1套规定路线动作。在身体素质方面，学生的力量、速度和耐力也已具有一定基础。学生能基于舞龙基本技能和身体素质的支撑，自主探索舞龙技能学练中蕴藏的美育元素。基于此，本文以舞龙大单元的第三个跨学科主题学习课时为例开展实践阐释（表2-4-10）。

表2-4-10　舞龙大单元的跨学科主题学习课时计划

课序	时间	教学内容	运动负荷			教与学的活动	组织与队形
			次数	时间	强度		
三	21′	舞龙： 1. 小龙人 solo 秀 （一龙独秀：复习规定舞龙套路）	2	4′	中	◎ PPT 出示并介绍舞龙策划案，引出本节课的主要教学内容 ◎ PPT 出示舞龙规定套路，帮助学生回忆舞龙动作，提问：如何做到龙形饱满？ ◇ 7人龙和3人鼓为1组，分成4组练习 ◎ PPT 出示评价要点，帮助学生提高舞龙规定套路水平 ◇ 龙和鼓的位置轮换，听音乐完整练习 ☆ 龙体美：龙形饱满 节奏美：鼓点清晰	

（续表）

课序	时间	教学内容	运动负荷			教与学的活动	组织与队形
			次数	时间	强度		
三	21′	2. 小龙人进化秀（双龙戏珠：两条龙和鼓之间的策划案实施）	2	4′	中	△ 跨学科知识点：音乐鼓点节奏、舞台方位图 ◎ PPT出示班级设计的舞龙策划案 ◇ 根据班级推荐出的两份策划案由小组长带领组员讨论分工，并设计跑动路线 ◎ 提出两个问题 1. 如何做到路线合理？ 2. 如何展现龙的神态美？ 并引导学生带着问题利用多媒体讨论、录屏磨合、相互评价 ◇ 击鼓组长纵观全局，指挥龙头和击鼓的配合 ◇ 根据舞龙策划案，在鼓点节奏下完成两条龙的组合练习 ◎ 借助多媒体技术，结合评价要点，提示学生合理编排队形，设计跑动路线 ◇ 小组长带领组员结合评价要点，做到 路线美：双龙不碰撞、路线合理 神态美：龙与龙珠、龙与龙的互动 ◎ 引导模拟表演：两条龙一起展演，完成双龙合舞的原地"8"字舞龙队形 ◇ 勇于挑战，乐于展示 ◎ 组织学生互评 ◇ 集体展示表演 ☆ 路线美、神态美	

(续表)

课序	时间	教学内容	运动负荷			教与学的活动	组织与队形
			次数	时间	强度		
三	21′	3. 小龙人展风采 （四龙共舞：龙腾鼓韵展风采）	2	5′	中	△ 跨学科知识点：音乐鼓点节奏、舞台方位图、舞龙策划案 ◎ PPT出示舞龙总策划案，即第三段四龙共舞，结合动态路线图展示舞龙路线和动作过程 ◇ 根据策划案尝试练习磨转一圈 ◎ 引导学生自主练习大造型，展现大造型的对称美和层次美 ◇ 根据舞龙策划案大造型动态视频，分步骤完成大造型，依次是大鼓、双龙龙出宫和双龙对穿以及两侧的小鼓位置，形成由内到外的层次美和对称美 ◎ 指导学生第三段策划案练习 ◇ 在鼓乐伴奏下进行第三段舞龙组合练习 ◎ 引导学生四龙共舞：龙腾鼓韵展风采 ◇ 模拟展演 ☆ 团队合作，体现龙体美、节奏美、路线美、造型美、神态美 △ 跨学科知识点：音乐鼓点节奏、舞台方位图、舞龙策划案	

四、结语

跨学科主题学习是体育与健康课程促进学生体育核心素养达成必不可少的重要一环。但由于体育与健康课程以身体练习为主的学科特性,其跨学科主题的学习不能完全脱离运动技能习练的载体。体育跨学科主题学习的设计和开展既要注重与其他"四育"的横向关联,更要注重与专项运动技能大单元的纵向衔接。本文以民族传统体育类的舞龙大单元为载体,探索了舞龙大单元中蕴藏的美育要素,为"体育+美育"的跨学科主题学习提供了实践借鉴。

参考文献

[1] 中华人民共和国教育部.义务教育课程方案(2022年版)[S].北京:北京师范大学出版社,2022:11.

[2] 中华人民共和国教育部.义务教育体育与健康课程标准(2022年版)[S].北京:北京师范大学出版社,2022:11.

[3] 张爱丽,裴绍志.跨学科主题学习活动的设计与实施[J].中国学校体育,2023,42(03):9-10.

[4] 颜小琴.以"体育+劳动"为主线打造多学科融合路径:跨学科主题学习案例及实践课教学设计[J].体育教学,2023,43(08):20-22.

[5] 汪星辰.跨学科主题学习课堂教学实践:以"钢铁战士"主题活动为例[J].中国学校体育,2023,42(03):19-20.

第三编
跨学科主题学习中跨学科教学能力的培养

开展跨学科主题学习,对教师的跨学科教学能力是很大的挑战。本编中科学、英语、艺术(音乐)三门学科聚焦教师在跨学科教学中遇到的问题,整理形成问题解决的方法策略,供教师们参考借鉴。本编内容重点关注了跨学科培训课程的建设,帮助教师突破对跨学科的认知困境;跨学科思维模式的创生,帮助教师突破跨学科教学设计的能力困境;跨学科研修模式的构建,逐步形成相互支撑、共同推进的研修新生态。

核心素养视角下小学科学跨学科主题学习的行动研究

项目主持: 赵伟新

项目实验校: 上海市闵行区七宝镇明强小学

项目组长: 刘依婷

项目组核心成员(按姓氏拼音排序):

蔡亚男　陈　哲　郭智娟　孙雨辰　张李奕

核心素养视角下小学科学跨学科主题学习的行动研究报告*

一、研究背景

（一）变革之需：素养时代呼唤课程教学的转型

全球化、数字化和知识经济的时代背景下，如何培养学生终身学习能力与发展学生核心素养，满足和适应未来社会的发展需求，成为国际基础教育改革的大趋势。传统的学校学科课程虽然能为学生奠定扎实的知识基础，但往往忽略学生能力的培育及人格品质的涵养。因此，要实现发展学生核心素养的教育目标，就需要推进学校课程与教学向素养本位转型，从教的范式向学的范式转型，关注课程教学与学生生活世界的联系，帮助学生形成整体的认识，让学生在做中学，获得知识、能力和意识品质的整体发展。

（二）必由之路：经由跨学科学习通往素养培育

跨学科学习是课程整合理念之下的一种重要学习形式，是"面向学生核心素养发展的教与学"的重要选择，因为"学科领域与素养之间的关系不是一一对应的，所有的领域与学科都有助于多种素养的发展，没有一种素养的发展专门依赖于一个学科"，即素养本身也具有一定的跨学科性，"核心素养是指人格品性与跨学科的通用素养"。跨学科学习不仅能够发挥学校课程教学的整体育人功能，还能打破学科间的界限，促进学生综合素养的发展，加强知识的横向联系，实现不同学科内容的统整，让学生以综合和关联的方式在真实的境脉中展开实践，以提高问题解决能力与批判思维能力等。

（三）学科透视：跨学科主题学习的"自然之基"

多重学科性质的综合就是科学的立足之本和应有之义，是科学内部的学科建构逻辑和话语特点。知识之间是有内在联系的，没有绝对孤立的学科；分科学习难以体现

---

* 执笔人：刘依婷，上海市闵行区七宝镇明强小学；赵伟新，上海市教师教育学院（上海市教育委员会教学研究室）。

各学科之间的联系,甚至会因为各自遵循的教学思想的局限性而产生冲突,不利于学生将知识进行整合和再创造。于是,围绕科学学科开展跨学科活动理当应运而生、顺势而为。

二、研究设计

(一) 文献综述

在学生核心素养培育的现实背景下,已经有研究者对于跨学科主题学习设计展开了新的探索,这些探索既反映了素养指向的教与学的一些关键特征,也表现出了跨学科学习对素养培育的特殊回应,这些都为跨学科主题学习的设计提供了一定的方向性参考。

国外相关研究中,有学者提出了跨学科主题学习的设计框架,如雅各布斯的跨学科课程设计框架,提出了跨学科设计步骤包含"选择组织中心、开展头脑风暴、创设引导性问题以确认课程内容的范围与顺序、组织活动"四个部分,这对一些教师开展跨学科教学设计提供了一定的参考。但由于国内外的课程实施、学情差异等因素,设计路径不宜直接套用。国内在素养培育的视角下聚焦于跨学科主题学习设计的研究较少,缺乏具有参考性的系统梳理与设计路径案例,对小学科学跨学科主题学习设计的参考和示范影响有限。

本研究从核心素养培育的视角对小学科学跨学科主题学习的内涵作界定,设计跨学科主题学习案例,并实践、审视和分析案例。基于案例分析,提炼小学科学跨学科主题学习设计的实践智慧,丰富与完善跨学科主题学习设计的相关理论架构。

(二) 概念界定

小学科学跨学科主题学习,是核心素养导向下的科学课程新型学习方式。对于小学科学课程的跨学科主题学习,我们认为有两种情况:①科学课程是综合课程,因此在科学课程内,跨"课程内不同学科领域"或跨"学科核心概念",以主题来组织学习内容和学习方式;②是立足科学课程,以主题来组织数学、劳动和美术等关联课程的学习内容和学习方式。

在本项目中,我们的研究属于第二种情况。将小学科学跨学科主题学习界定为基于学生的学习基础,以小学科学教材单元为主体,引导学生在某一学习主题中基于在不确定的真实情境发现问题,综合、关联和辩证地运用数学、劳动等不同课程知识、观念与方法开展思考,展开探究与实践进而分析问题;有机整合不同课程的工具、思维与资源,创造性地解决问题;在此过程中,促成学生核心素养的培育。

(三) 研究目标

本研究在梳理国内外核心素养及跨学科主题学习相关研究的基础上,从素养培育的视角出发,厘清小学科学跨学科主题学习的内涵;基于调研了解到的教师跨学科教学实践存在的困难,通过具体策略突破困境;设计并实施跨学科主题学习案例;分析案例提炼小学科学跨学科主题学习设计的实践智慧。

(四) 研究内容

(1) 通过文献研究,厘清跨学科主题学习的内涵特质,学习国内外跨学科主题学习设计经验与方法。

(2) 通过分析梳理,形成具有可操作性的小学科学跨学科主题学习的界定,确立实践取向等。

(3) 通过访谈调研,分析教师在设计、教学、评价等方面的现实困境。

(4) 通过教师培训,设计实施跨学科培训课程,帮助教师突破跨学科教学现实困境。

(5) 通过实践探索,设计"小学科学跨学科主题单元学习方案"框架,选取教材一个单元开展跨学科主题单元设计,开展案例研究。

(6) 通过案例分析,提炼小学科学跨学科主题学习设计的实践模型、策略与路径等。

(7) 通过活动展示,分享研究成果,辐射实践经验,带动更多教师专业成长。

(8) 通过梳理总结,提炼研究经验,形成跨学科主题学习典型案例和研究报告。

(五) 研究方法

本研究采用行动研究法作为主要的研究方法。通过文献调查、案例分析以及现状调研等梳理目前跨学科主题学习的问题,聚焦问题设计跨学科主题学习并开展教学实践。在教学实践中运用评价量规监控学生的学习情况,并评估素养提升情况。在不断修改优化调整跨学科主题设计过程中梳理相关经验,形成小学科学跨学科主题学习实践模型、策略与路径等。

(六) 研究过程

本研究依次经历文献研究、教师调研、规划培训、实践探索和案例分析等过程(图3-1-1)。

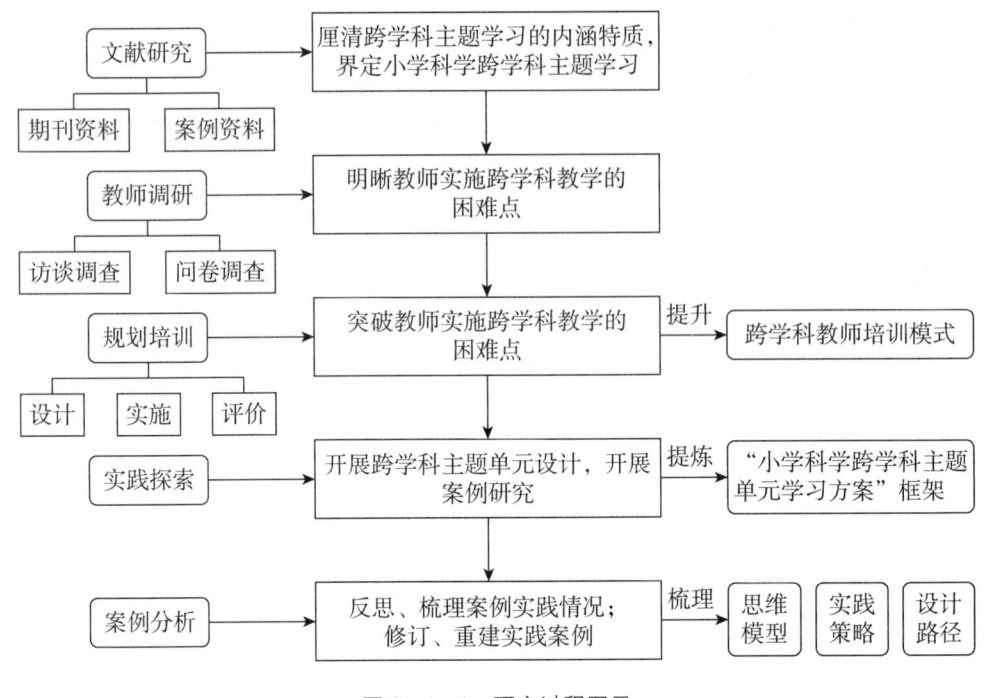

图 3-1-1 研究过程图示

三、研究结论

（一）形成小学科学跨学科主题学习内涵界定

小学科学跨学科主题学习，是从"分科学习"到"立足学科主动跨界"的学习。"立足学科"是指不否定分科学习，也不脱离科学学科，而是坚持学科立场，以科学核心知识和思想方法为主干，围绕一个主题开展综合性学习活动，调用相关学科的关联知识和方法，从而让学生拥有系统而扎实的科学学科知识与方法；"主动跨界"是指通过跨学科学习让学生拥有综合应用多学科知识来解决复杂问题的机会，提升学生多视角观察事物和全面整体把握事物本质的能力、综合思考问题和解决问题的能力。

小学科学跨学科主题学习，是从"唯一结果"转向"复杂问题创造解决"的学习。在小学科学跨学科主题学习中，学生需要面对真实、不确定、开放性的问题，在解决劣构问题的过程中，会遇到怎样的困难、能否解决、如何解决，解决之后的结果如何，都不确定。在分析和解决问题的过程中，学生去探寻自己"未知"的科学规律，用新方法来实现新创造。在这样的学习活动中，学生能真正像科学家一样去发现和探究"未知"的科学，并拥有改造真实世界的习惯与能力。

小学科学跨学科主题学习，是从"知识传授"转向"面向未来素养培育"的学习。小学科学跨学科主题学习是面向未来培育素养的载体。跨学科主题学习需要学生调动和集合各个学科的力量解决实际问题,学生站在了学习活动的中央,需要把所学知识融会贯通,学科知识逻辑到儿童立场学习逻辑转变有了实现的可能。"做中学、用中学、创中学",联结学科学习和生活世界,可以全面提升学生的核心素养。

(二) 形成破解跨学科教学实践困境具体策略

结合教师实施跨学科教学所需要的态度、知识与行为,分析得出跨学科教学能力的五大维度,即跨学科教学价值认同、跨学科教学知识理解、跨学科教学设计能力、跨学科教学实施能力和跨学科教学发展意识。建构"五维体系"跨学科培训课程,突破认知困境;创生"三维融通"跨学科思维模式,突破设计困境;创生"点线面网"跨学科推进模式,突破实践困境。

(三) 确立小学科学跨学科主题学习设计要点

本项目研究以确立学习主题、制订学习目标、设计学习活动、组织学习评价为基本流程,基于小学科学教材单元来设计和重构小学科学跨学科主题学习单元,尝试提出小学科学跨学科主题学习单元设计要点,如图3-1-2所示。

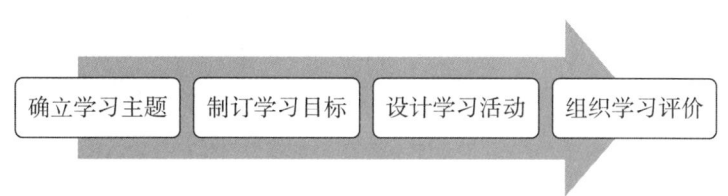

图3-1-2 小学科学跨学科主题学习单元设计要点

1. 确立学习主题:以学科为起点,向生活生长

确立学习主题,是跨学科主题学习单元设计的重点和难点,其要点见图3-1-3。需要经历分析单元学习内容、分析学生学习基础和链接真实生活情境等过程,梳理跨学科交叉内容,才能初步确立学习主题。

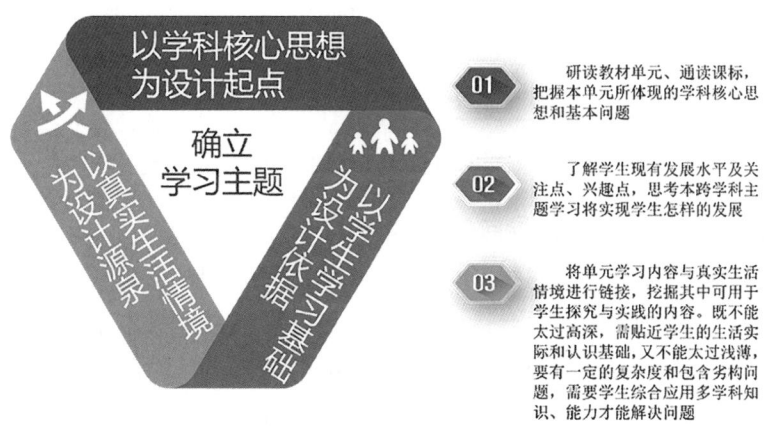

图3-1-3 确立学习主题基本流程

2. 制订学习目标：以素养为主线，分两层架构

以核心素养发展为主线，设立"学科素养—跨学科素养"两层学习目标，如图3-1-4所示。在学科素养层面，目标设计强调学生通过体验、认识及内化等过程，逐步形成相对稳定的思考和解决学科问题的思维方法；在跨学科素养层面，目标设计强调学生在探究实践和创新创造过程中，运用各学科知识解决劣构问题和完成复杂性任务。

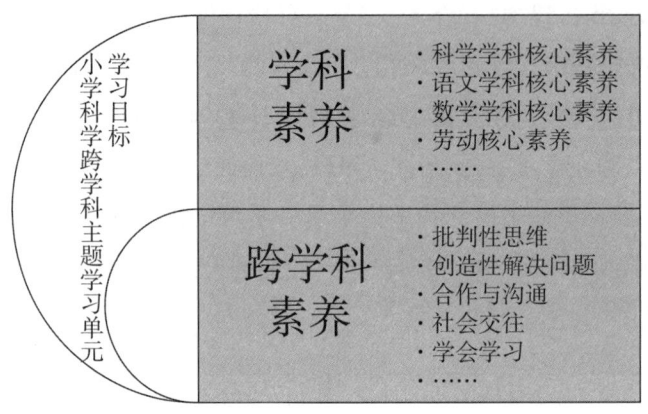

图3-1-4 跨学科主题学习单元学习目标分层

跨学科主题学习单元学习目标制订的具体流程，如图3-1-5所示。

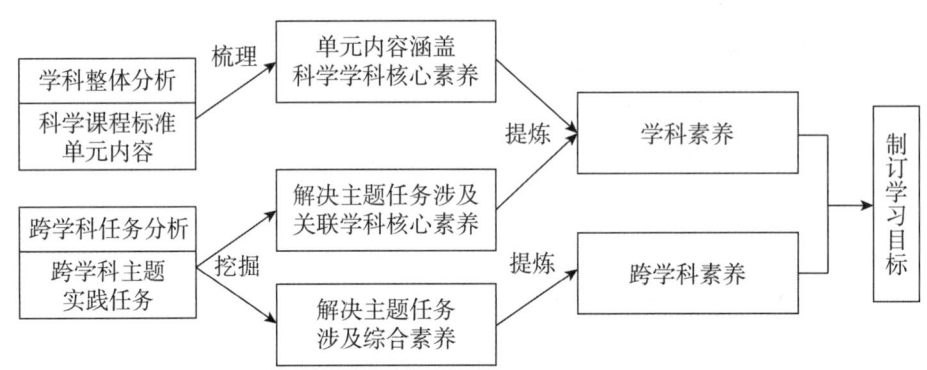

图3-1-5 制订跨学科主题学习单元学习目标流程

3. 组织学习活动：以问题为导向，促深度学习

跨学科主题学习，要以发现问题、分析问题和解决问题为导向，以实现在真实生活情境中解决问题；以多个劣构问题串联成问题链，借助开放性问题激发学生应用不同学科知识、观念与方法，驱动学生深度学习；以环环相扣的子任务形成任务链，促使学生在劳动实践、科学探究、数学计算等各种不同的实践过程中达成素养的提升。具体组织流程如图3-1-6所示。

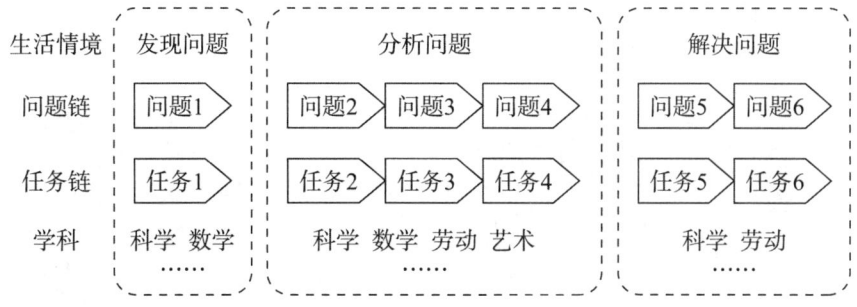

图 3-1-6　跨学科主题学习单元学习活动组织流程

4. 创新学习评价：以素养为导向，展多元评价

围绕核心素养提升和发展水平来展开学习评价，并贯穿整个实践过程，包括过程评价和成果评价两部分，如图 3-1-7 所示。

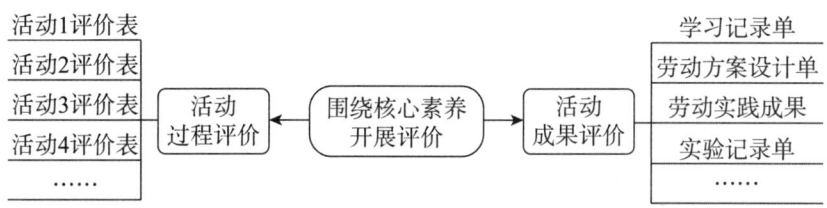

图 3-1-7　跨学科主题学习评价设计

一是要对学生参与实践过程中的核心素养作评价，包括对学生表现出来的科学学科素养和数学、劳动、语文、艺术等各学科素养，也包括对批判性思维、提出问题和解决问题能力、收集与处理信息的能力、团队合作能力等跨学科素养。二是对学生参与跨学科主题学习活动的成果作评价，主要是指物化的学习成果，包括学习记录单、劳动实践方案设计、劳动实践成果、实验记录单和观察记录单等，可汇总形成学生跨学科学习档案袋。评价的过程，可以是学生自评、互评和教师评价相互配合。评价的目的在于对学生学习活动过程的全程调控与调节，全面跟踪与记录学生跨学科主题学习中的成长与变化。

四、效果与反思

（一）研究效果

学科项目团队探明小学科学跨学科主题学习的内涵，针对跨学科教学实践认知和能力困境，建构"五维体系"跨学科培训课程和创生"三维融通"跨学科思维模式，从"主题—目标—活动—评价"四个方面提炼设计要点，并形成具有推广价值的跨学科主题学习案例成果。

1. 项目校学生素养发展

学生经历跨学科主题学习，在实践中实现知识迁移和素养提升，各学科知识与技能形成网络,学习力、问题解决和创新能力都有所提升,能主动在家开展劳动实践和科学探究,将成果在科技节及校园电视台栏目中展示,如图3-1-8所示。

图3-1-8 案例实践过程及实践成果举隅

2. 项目校教师专业发展

利用"三维融通"跨学科思维模式,项目校教师依次经历"点线面"的发展历程,即骨干先行、重"点"突破;学科跟进、多"线"延展;双师合作、全"面"探索,从科学学科个体单打独斗逐步转向不同学科教师合作联智、互惠互通、共生共研,从单一学科"小"环境转移到跨学科发展"大"环境,促进全校教师跨学科教学能力的提升。

3. 项目成果辐射推广

项目团队组织上海市教学研讨活动进行展示,分享项目成果,除线下观摩学习教师外,还有3000余人通过直播平台线上学习,近2000人在"上海教研在线"研修平台上互动点评。在主题为"科学教育助推教育强国建设"的中国教育学会第四届课堂教学研讨会上完成说课,全国层面深度交流、分享,推广了小学科学跨学科主题学习的优秀实践成果。

(二)研究反思

1. 找准切入点,进一步完善胜任跨学科教学教师培养

各学科教师都有必要通过持续深入的研究不断增强自身跨学科教学能力。建立不同学科教师之间的协同教学机制,促进教师之间的合作,实现优势互补与特性碰撞;设置跨学科联合教研机制,实现不同学科教师的协作教研,促进各学科教师在精神与思想层面的交融互通,使教师间产生知情意心理共鸣,实现全学科协同育人。

2. 寻找协同点,进一步推进跨学科主题学习资源建设

跨学科主题学习的有效落实,既需要学校坚持自主创新,还需要与家庭和社区通力合作,整合、利用、开发家庭和社会的多方资源,让"非正式学习"环境和资源为学生的跨学科学习提供强有力的支撑。学生既可以接触当代科技的前沿内容,避免教科书内容滞后性的局限;又可以在科技馆、天文馆等校外科技场馆开展浸润式、体验式学习;还可以

利用咖啡店、面包店等非正式教育场所,将科学教育与劳动教育相结合。

3. 落实实践点,进一步推进新课程教与学方式的变革

物理、化学、生物等都是实践性学科,在这些学科中实践发挥着独特的、不可替代的作用。作为这些学科的综合和加和,科学学科也体现了实践性。在小学科学跨学科主题学习中也要强化"做中学、用中学、创中学",将"学"贯穿渗透在"做、用、创"中,引导学生在自主、合作、探究的过程中达成素养表现目标。

参考文献

[1] 安桂清.基于核心素养的课程整合:特征、形态与维度[J].课程·教材·教法,2018(09):7.

[2] 崔允漷.追问"核心素养"[J].全球教育展望,2016(05):9.

[3] 高嵩,陈晓端.论当代主题式教学中的课程知识整合[J].课程·教材·教法,(2020),40(05):8.

[4] 海蒂·海斯·雅各布斯.跨学科课程:设计和实施[M].ASCD(弗吉尼亚州亚历山大市),1989.

[5] 杜文彬.教师跨学科教学能力的关键要素与结构模型建构研究:基于混合研究方法[J].全球教育展望,2023,52(08):70-86.

> 实践案例

馒头里的小世界*

一、育人价值

"馒头里的小世界"跨学科主题学习单元,基于沪科教版《自然》**四年级第二学期第二单元"显微镜下的世界"而创设。生活中,人们常会利用各种微生物为我所用,制作馒头就是一个常见实例。如何制作蓬松、美味和美观的馒头,对学生而言充满未知。发酵的成功与否直接影响馒头的口感和造型,科学与劳动在"制作馒头"中得以自然巧妙地交叉融合。

以"制作馒头"为统领性任务,将科学、劳动、数学等学科的相关内容交叉整合,形成跨学科主题学习单元。引导学生在劳动实践中发现问题,探究实践中分析问题,体验与探究事物的变化及其原因,将探究所得科学原理应用于再次的劳动实践之中,用科学指导劳动,从而解决生活中的实际问题。

二、主题学习方案

参见表3-1-1。

表3-1-1 "馒头里的小世界"跨学科主题学习方案

学习主题	馒头里的小世界		
实施年级	四年级	总课时	7课时
学习目标	1. 在"初步实践,发现问题"学习阶段,通过劳动实践、观察等活动,能对劳动过程中遇到的问题具有好奇心和探究欲望,在劳动实践中逐步掌握制作馒头的技术和工艺并提出可探究的科学问题;学会规范使用制作馒头的劳动工具;懂得在劳动中遵规守约和与他人合作劳动、珍惜劳动成果的重要性,养成安全规范、有始有终的劳动习惯		

---

* 执笔人:刘依婷、蔡亚男,上海市闵行区七宝镇明强小学。

** 小学自然课程,即小学科学课程。

(续表)

学习目标	2. 在"科学探究,分析问题"学习阶段,通过观察、实验等活动,能基于劳动实践提出合理的猜想,制订验证猜想的实验方案,记录探究的过程和结果,运用证据和初步结论对探究的问题作出合理的解释;初步学会利用显微镜观察微生物;知道显微镜的组成和作用,知道细胞是生物体的基本单位,知道影响酵母产生气体多少的因素;感悟微观世界和生物科学的奇妙 3. 在"再次实践,解决问题"学习阶段,通过阅读、劳动实践等活动,能综合运用多学科知识和多方面经验解决劳动中出现的问题,采用一定的技术、工艺和方法完成劳动任务,提高解决问题的能力,发展初步的筹划思维;知道微生物包括细菌、真菌、病毒等,说出人类利用微生物的一些实例;具有辩证看待微生物的意识,体会劳动与科学的密切关联			
内容组织	统领性任务	使酵母产生适量的气体,制作蓬松的馒头			
	子任务	初步学会制作馒头	初步学会使用显微镜;探究影响酵母产生气体多少的因素	应用探究结论,制作蓬松的馒头
	关联学科	科学	通过初步制作馒头的活动,基于已有经验和所学知识,从馒头制作的过程、条件等方面提出馒头成品不理想的原因猜想	初步学会利用显微镜观察微小物体、小生物和微生物,知道显微镜的构成和作用,知道细胞是生物体的基本单位;能从制作馒头的过程、条件等方面提出让酵母产生足量气体的猜想,制订比较完整的探究计划,设计控制变量的实验方案,能运用观察、实验等方式获取信息,用科学语言、统计图等记录整理信息,并运用分析、比较等方法得出影响酵母产生气体多少的因素	应用探究结论,修订第一阶段初步制作馒头的劳动方案,具有初步的构思、实施、验证与改进的能力,感受科学与劳动的密切联系,具有用科学指导劳动的意识
		劳动	在初步制作馒头的活动中,尝试制订制作馒头的方案,能对劳动过程中遇到的问题具好奇心和探究欲,在劳动实践中逐步掌握制作馒头的技术和工艺并提出可供探究的科学问题;学会规范使用制作馒头的劳动工具;懂得劳动中遵规守约和与他人合作劳动、珍惜劳动成果的重要性,养成安全规范、有始有终的劳动习惯	具有安全劳动、规范劳动、有始有终等良好习惯	综合运用多学科知识和多方面经验解决馒头不够蓬松的问题,修订制作馒头的方法,发展初步的筹划思维,进一步掌握制作馒头的技术、工艺和方法,完成制作蓬松馒头的劳动任务

（续表）

内容组织	关联学科	数学	能在制作馒头的过程中，对原料的用量作合理估算；选择合适的量值单位和度量工具测量不同状态的原材料，初步感知度量工具和测量方法引起的误差，能合理得到估计度量的结果	经历收集、整理和表达数据的过程，能分析条形统计图、折线统计图等图表表达的含义，并作出简单的判断	能在再次制作馒头的过程中，能在科学原理的指导下，合理估算原料的用量；选择合适的量值单位和度量工具测量不同状态的原材料，初步感知度量工具和测量方法引起的误差，能合理得到估计度量的结果
学习活动设计	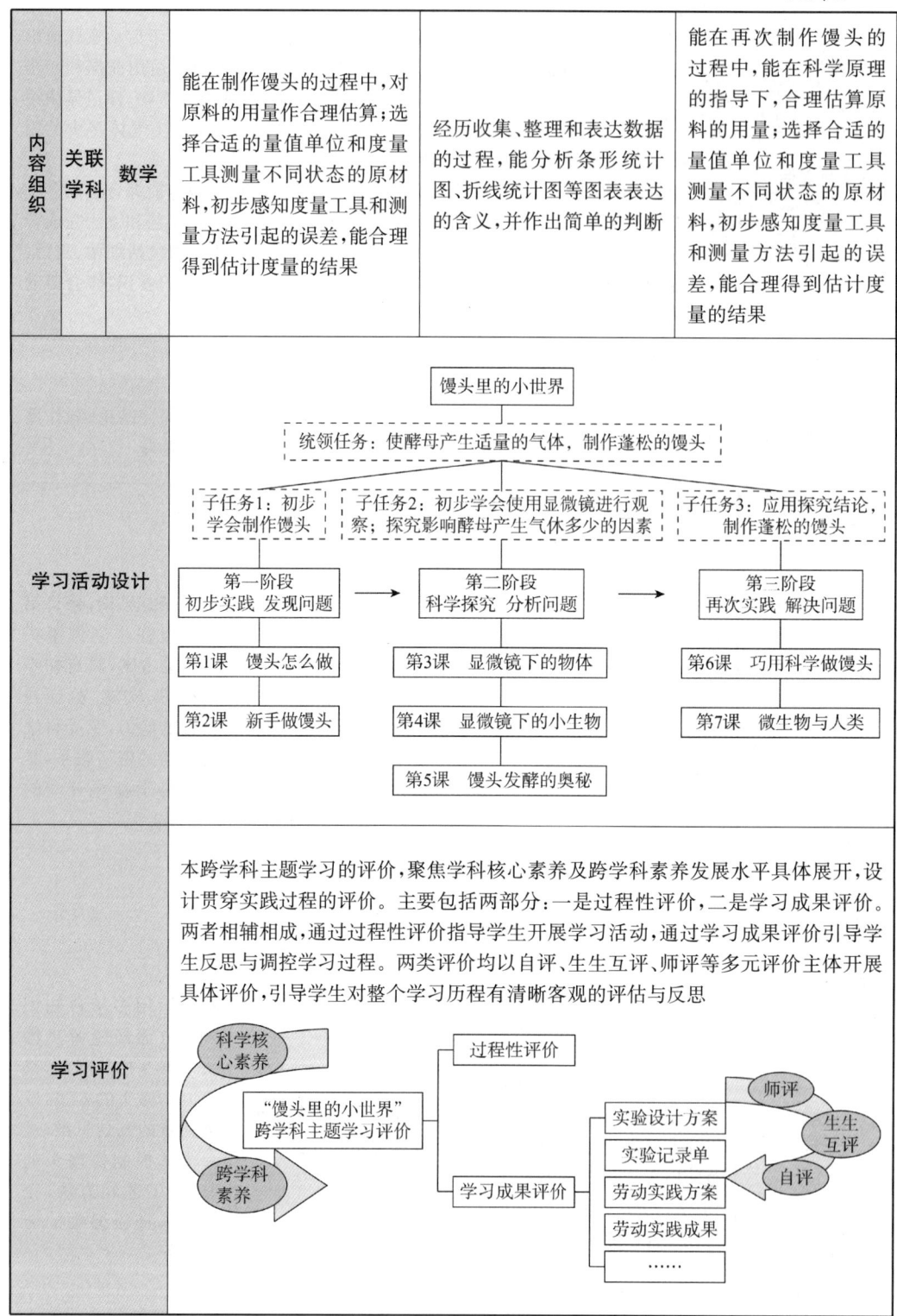					
学习评价	本跨学科主题学习的评价，聚焦学科核心素养及跨学科素养发展水平具体展开，设计贯穿实践过程的评价。主要包括两部分：一是过程性评价，二是学习成果评价。两者相辅相成，通过过程性评价指导学生开展学习活动，通过学习成果评价引导学生反思与调控学习过程。两类评价均以自评、生生互评、师评等多元评价主体开展具体评价，引导学生对整个学习历程有清晰客观的评估与反思					

(续表)

学习资源	基于"赛·课堂"数字化教学系统开展学习,提供足够的材料和工具支持学生开展充分的劳动实践 主要资源有: 1. 实物资源:显微镜、洋葱、酵母、量杯、滴管、水、载玻片、盖玻片和平板电脑等,面粉、白砂糖、揉面盆、揉面垫、蒸笼等 2. 数字资源:阅读资料和"赛·课堂"教学系统等 3. 环境资源:适宜开展小组讨论、劳动实践(厨房劳动)的教学环境

三、子任务学习活动设计

子任务 1: 初步实践,发现问题——初步学会制作馒头。

所需课时: 2 课时。

学习目标:

1. 通过劳动实践、观察等活动,能对劳动过程中遇到的问题具有好奇心和探究欲,在劳动实践中逐步掌握制作馒头的技术和工艺并提出可供探究的科学问题。

2. 学会规范使用制作馒头的劳动工具。

3. 懂得在劳动中遵规守约和与他人合作劳动、珍惜劳动成果的重要性,养成安全规范、有始有终的劳动习惯。

学习过程:

参见图 3-1-9。

学习资源:

1. 学生活动器材:面粉、酵母、糖、水、电子秤、量杯、揉面盆、揉面垫、蒸笼等。

2. 自制数字课件、视频资料、阅读资料和"赛·课堂"教学系统等。

学习评价:

参见表 3-1-2。

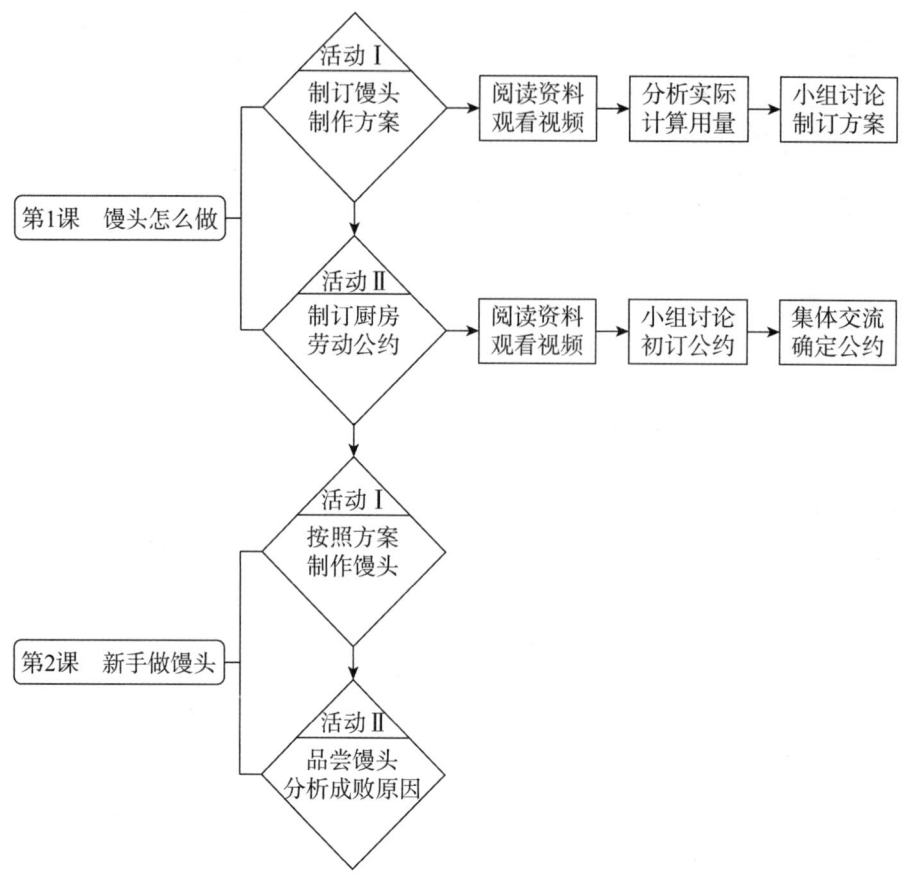

图 3-1-9　第一阶段活动流程图

表 3-1-2　第一阶段活动评价

评价维度	具体要求
学习方法	采用"阅读资料(观看视频)—梳理信息—制订方案/公约"的过程制订"馒头制作方案"和厨房劳动公约;结合"馒头制作方案"反思制作过程,分析影响馒头制作成败的可能原因
学习态度	对劳动过程中遇到的问题具有好奇心和探究欲望;规范使用制作馒头的劳动工具;遵规守约、善于合作、珍惜劳动成果
学业成果	制订"馒头制作方案";制订"厨房劳动公约";根据方案制作馒头;提出影响馒头制作成败的可能原因

子任务 2:科学探究,分析问题——初步学会使用显微镜;探究影响酵母产生气体多少的因素。

所需课时: 3课时。

学习目标:

1. 通过观察、实验等活动,能基于劳动实践提出合理的猜想,制订验证猜想的实验方案,记录探究的过程和结果,运用证据和初步结论对探究的问题作出合理的解释。

2. 初步学会利用显微镜观察微生物;知道显微镜的组成和作用,知道细胞是生物体的基本单位,知道影响酵母产生气体多少的因素。

3. 感悟微观世界和生物科学的奇妙。

学习过程:

参见图3-1-10。

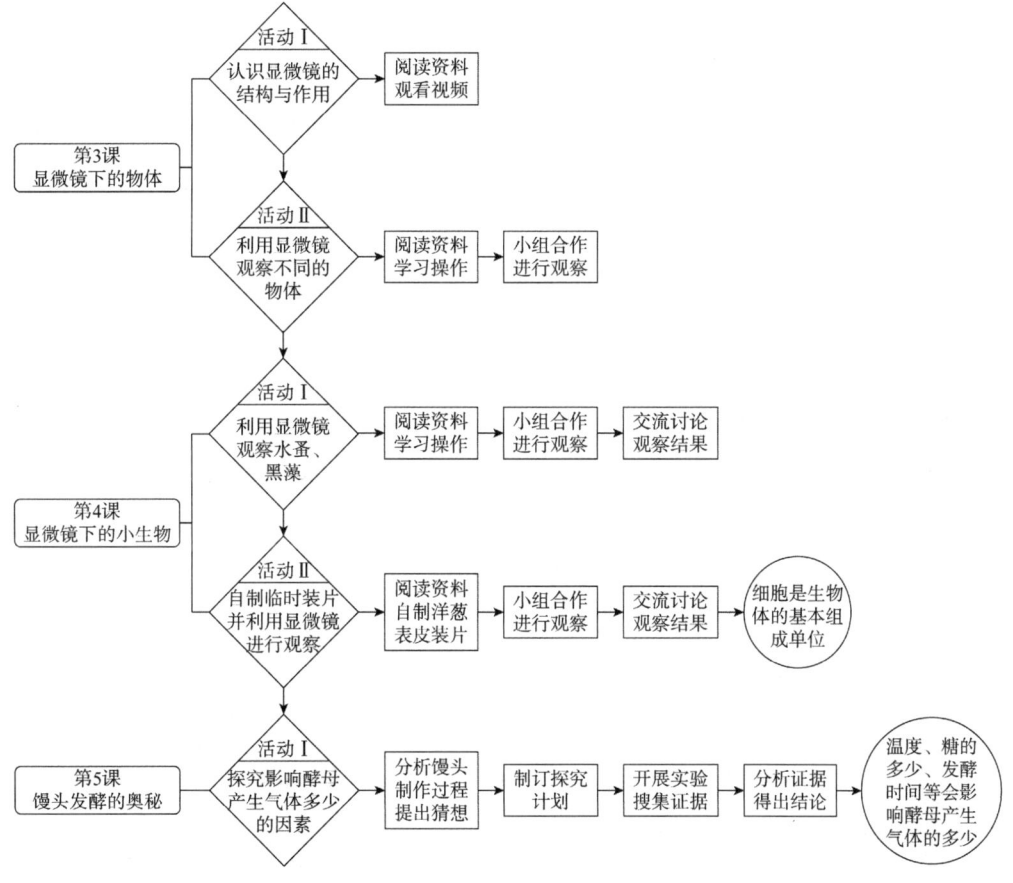

图3-1-10 第二阶段活动流程图

学习资源:

1. 学生活动器材:显微镜、糖粒、纸巾、水藻、载玻片、盖玻片、水蚤、黑藻、洋葱、镊子、滴灌、烧杯、水、托盘、保温杯、不同水温的水(100 ℃沸水、45 ℃温水、0 ℃冰水)、酵母9

袋、方糖9块、烧杯9只、6根搅拌棒、防烫手套和平板电脑等。

2. 自制数字课件和"赛·课堂"教学系统等。

学习评价：

参见表3-1-3。

表3-1-3 第二阶段活动评价

评价维度	具体要求
学习方法	通过观看视频或阅读图文资料的方式学习显微镜的操作方法及制作临时装片的方法；采用"提出猜想—制订计划—搜集证据—分析证据—得出结论"的过程，探究影响酵母产生气体多少的因素
学习态度	实事求是记录现象和数据
学业成果	知道显微镜的构成和作用，学会使用显微镜进行观察，知道细胞是生物体的基本单位；知道影响酵母释放气体多少的因素

子任务3： 再次实践，解决问题——应用探究结论，制作蓬松的馒头。

所需课时： 2课时。

学习目标：

通过阅读、劳动实践等活动，能综合运用多学科知识和多方面经验解决劳动中出现的问题，采用一定的技术、工艺和方法完成劳动任务，提高解决问题的能力，发展初步的筹划思维；知道微生物包括细菌、真菌、病毒等，说出人类利用微生物的一些实例；具有辩证看待微生物的意识，体会劳动与科学的密切联系。

学习过程：

参见图3-1-11。

学习资源：

1. 学生活动器材：面粉、酵母、糖、水、保温瓶、揉面盆、揉面垫以及平板电脑等。

2. 自制数字课件和"赛·课堂"教学系统等。

学习评价：

参见表3-1-4。

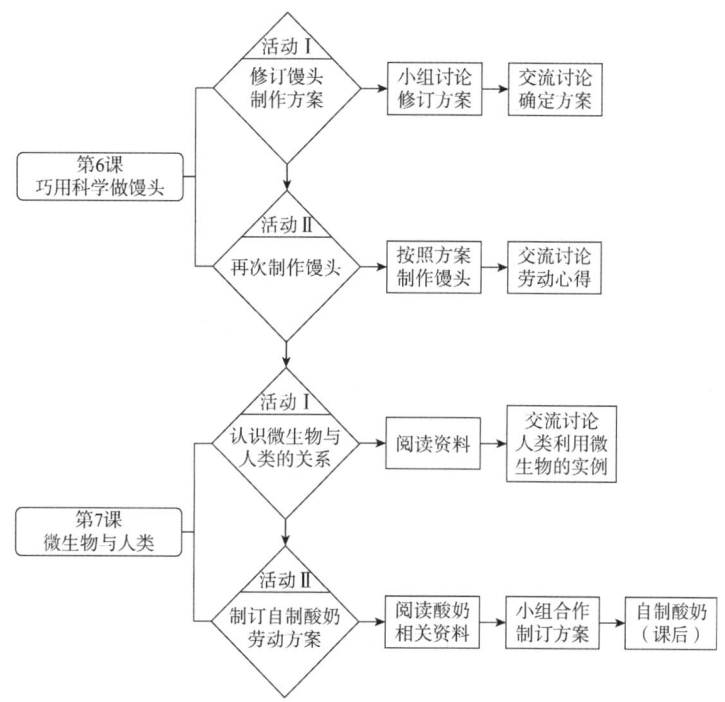

图 3-1-11 第三阶段活动流程图

表 3-1-4 第三阶段活动评价

评价维度	具体要求
学习方法	应用探究结论修订"馒头制作方案";采用"配料—和面—整形—醒发—蒸制"的馒头制作流程制作馒头
学习态度	科学严谨制订劳动方案;劳动中遵规守约、规范安全地使用制作馒头的劳动工具;珍惜劳动成果
学业成果	修订"馒头制作方案";制作出蓬松的馒头;制订"自制酸奶方案"

四、课时举隅

1. 学习任务分析

本节课是"馒头里的小世界"跨学科主题学习的第 6 课时,在学习本单元第 5 课"馒头发酵的奥秘"的基础上,应用探究结论开展劳动实践,为后续课时学生进一步探究微生物与人类关系,以及应用科学开展其他劳动奠定观念、能力、习惯等方面的基础。

2. 学情分析

本节课的学习,以水温的高低、酵母的多少、糖的多少、发酵的时长等因素会影响馒头的发酵效果为基础,需要学生具有运用科学知识解决实际问题的意识;具备初步的制作食品的劳动能力,如正确使用常见劳动工具,具备完成一定劳动任务所需要的设计能力;还需要学生具备一定的劳动习惯和品质,有安全劳动、规范劳动、有始有终等习惯。

3. 设计思路

本节课的学习,首先是修订劳动方案,基于前一课时"馒头发酵的奥秘"所得出的结论"水温的高低、酵母的多少、糖的多少、发酵的时长等因素会影响馒头发酵的效果"并在阅读资料的支持下,修订第一次制作馒头的方案,将科学结论转化为可具体实施的劳动方案;接着,根据修订方案,开展劳动实践,制作馒头,体会科学与劳动实践的密切联系。

4. 学习目标

(1) 通过"修订馒头制作方案"活动,能运用科学探究的结论解决劳动实践中的问题,能分析可利用的劳动资源和约束条件制订具体的劳动方案,发展初步的筹划思维,能综合运用多学科的知识与技能,如科学原理、数学的运算等解决劳动中出现的问题,感受科学与劳动的密切联系,具有用科学指导劳动的意识。

(2) 通过"再次制作馒头"活动,采用一定的技术、工艺与方法完成劳动任务,提高动手能力,在劳动过程中学会自我管理、团队合作。

5. 活动设计

活动1:修订馒头制作方案。

参见表3-1-5。

表3-1-5 "修订馒头制作方案"活动设计

活动设计	
学生活动	指导要点
1. 阅读资料,明确细节,计算配比,在原有方案基础上修订完善 ① 水温需多高? ② 白糖加多少? ③ 酵母用多少? ④ 发酵需多久? 2. 交流讨论,确定方案 3. 活动评价	• 以"水温需多高?白糖加多少?酵母用多少?发酵需多久?"等问题引导学生将科学结论转化为可具体实施的方法,修订初次的劳动实践方案,提供阅读资料,为学生修订方案提供必要支架 • 以"修改了哪些部分?为什么这样修改?"的问题引导学生交流讨论,最终确定方案 • 引导学生通过"赛·课堂"学生端完成活动评价单,对小组的活动情况作客观评价
学习资源	
数字资源:初次制作馒头方案、馒头制作图文资料(包含原料配比信息)、平板电脑 环境支持:适合小组合作学习的座椅排列	

（续表）

设计意图
1. 引导学生应用科学原理解决劳动问题：在前一阶段的学习中，学生已经通过阅读知道了馒头是否蓬松与酵母释放气体的多少有关，通过探究知道了影响酵母产生气体多少的因素。这些是学生完成本跨学科主题学习统领性任务"制作蓬松的馒头"的重要支架。本活动引导学生回顾初次制作馒头的原料、过程等细节，应用探究所得的科学原理开展方案修订，为后续劳动实践奠定基础 2. 引导发展筹划思维：无论是劳动实践还是科学探究，方案的制订有助于有序、高效地完成任务或达成目标，本活动是设计引导学生能从目标和任务出发，系统分析可利用的劳动资源和约束条件，制订具体的劳动方案，发展初步的筹划思维

活动 2：再次制作馒头。

参见表 3-1-6。

表 3-1-6 "再次制作馒头"活动设计

活动设计	
学生活动	指导要点
1. 劳动实践： 根据劳动方案，制作馒头 2. 活动评价 3. 交流劳动体会	• 以评价要求指导学生在劳动实践过程中需要遵守安全、卫生、整洁等劳动规则并规范使用劳动工具 • 引导学生通过"赛·课堂"学生端完成活动评价单，对小组的活动情况作客观评价 • 引导学生体会科学技术与人类生产生活的相互影响，感悟劳动的快乐
学习资源	
数字资源：修订后的制作馒头方案、馒头制作过程视频、平板电脑 实物资源：面粉、糖、酵母、温水、蒸笼、蒸锅等 环境支持：适合开展劳动实践的环境，需便于手部清洁（靠近盥洗室或配备移动洗手台）	
设计意图	
本活动旨在完成"馒头里的小世界"跨学科主题学习的统领性任务，学生在前一个活动"修订馒头制作方案"中规划了制作馒头的配料信息、制作过程等，本活动是方案的最终实施，将引导学生通过多次的劳动实践解决问题，形成有始有终的劳动习惯，体悟劳动成果的来之不易，珍惜劳动成果。再次制作的馒头是检验科学原理应用是否成功的标准，学生通过品尝再次制作的馒头，检验其是否成功，有助于学生再次反思实践过程，加深感悟科学对指导劳动实践的重要性	

五、案例反思

（一）优选生活情境，巧跨学科促进素养提升

"馒头里的小世界"跨学科主题学习基于教材内容，选择适宜四年级学生开展探索的"做馒头"这一情境任务具体展开。这一情境将科学、劳动、数学等学科的知识、观念、技能等无痕相融。在完成任务的过程中，各个学科相互促进、共同发力，最终促使统领性任务"制作蓬松的馒头"得以完成。在此过程中，学生亲历发现新问题、分析问题、解决问题的过程，把所学知识融会贯通，"做中学、用中学、创中学"，链接起学科学习和生活世界，全面提升学生的批判性、创造性、实践能力等核心素养。

（二）规划学习路径，真实探索赋能问题解决

"馒头里的小世界"跨学科主题学习为学生规划了"初步实践—发现问题—科学探究，分析问题—再次实践—解决问题"的学习路径，学生亲历了完整的问题解决过程。这不仅是解决"制作馒头"这一问题的路径，也是可以运用于解决其他生活常见问题的路径。学生在经历完整的问题解决过程后，未来也能够继续采用这样的路径、方法去发现和探究新问题，逐渐拥有自主解决问题的习惯与能力。

（三）整合丰富资源，搭建支架支持自主学习

"馒头里的小世界"跨学科主题学习主张小组合作模式下的自主学习，为了实现自主学习，需要为学生打造充分的学习支架，其中包含数字资源、实物资源以及环境资源。数字资源包含"馒头制作视频指导""馒头制作图文资料""显微镜的结构与操作方法""可修订式馒头制作方案"等；实物资源包含面粉、酵母、电子秤、蒸笼等馒头制作的原料和器材，以及显微镜、DIS传感器等科学探究器材；环境资源指的是便于小组合作学习的桌椅排列以及劳动实践的场所配置。这些资源整合起来形成学习支架，有效支持学生开展自主学习。

（四）积累学习档案，优化评价助力反思重建

"馒头里的小世界"跨学科主题学习关注积累学生的学习档案，包括"馒头制作方案""利用显微镜观察物体记录单""探究影响酵母产生气体多少实验记录单"等，这些学习档案配合过程性评价与学习成果评价，成为学生反思学习过程的重要依据，引导学生形成监控学习过程和总结反思的能力。

跨学科教学：内涵理解与教师培养*
——以小学科学为例

摘　要：当下教育界正在研究以跨学科教学为核心推动学习方式的变革，旨在整合知识、打破学科界限，培养学生的核心素养。本文分析了跨学科教学的内涵和特点，阐述了教师在跨学科教学中所面临的挑战，并概括了教师跨学科教学素养的五大要素。针对跨学科教学的现实困境，提出了相应的解决方法，旨在为教育改革提供有益的思路和建议，推动跨学科教学的深入发展。

关键词：跨学科教学；跨学科教师培养；小学科学

科技的创新、突破与发展越来越依赖于多学科的交叉、融合，这对复合型人才的培养提出了更高的要求。新时代复合型人才培养需要提升学生运用复杂技能解决综合问题的能力。因此，跨学科教学越来越受到关注，已经成为新一轮课程改革的热点。相较于常规的学科教学，跨学科教学对教师提出了更高的要求。教师需要在原有学科基础上突破惯性认知，确定跨学科教学主题，创设真实复杂的情境，建立跨越学科的单元架构，设计学生主体、重在实践的学习活动，帮助学生建立更全面、综合的知识结构，提升综合思维能力和问题解决能力，促进学生的创新思维和创造力发展。目前，不少教师对跨学科教学内涵的错误理解以及跨学科教学经验的不足，导致了跨学科教学设计与实施中的困惑。因此，跨学科教学究竟是什么？教师要开展跨学科教学需要具备哪些能力？又如何进行能力的培养？我们有必要对这些问题进行深入思考和研究，以避免在革故鼎新中盲目实施。

---

* 执笔人：刘依婷，上海市闵行区七宝镇明强小学；赵伟新，上海市教师教育学院（上海市教育委员会教学研究室）。

一、理解跨学科教学的基本内涵

（一）跨学科教学

雅克布（H. Jacobs）认为：跨学科是行动主体综合利用多个学科和方法论来处理概念、解决问题，并以此获取知识和经验的方法。跨学科教学作为一种教育教学方式，要求教师不将学科边界放在首要位置，而是通过将知识、技能和方法相结合，在真实情境或实际问题中建立有意义的联系并加以应用，从而促进学生在更广泛、更全面的领域内进行学习和思考。

（二）小学科学跨学科教学

小学科学课程的跨学科教学通常存在两种情况。第一种，科学课程作为一门综合课程，在科学课程内跨课程内不同学科领域或跨学科核心概念，以主题来组织教学；第二种，以科学课程为基础，通过主题的方式组织数学、劳动、美术等其他课程的教学。小学科学跨学科教学更加注重以问题解决为驱动，通过将不同学科领域、跨学科核心概念或多学科课程内容融入特定主题的活动中，帮助学生综合运用知识，并促进综合素养的发展。

二、认识教师跨学科教学素养

跨学科教学的内涵与特征体现了教育的创新与实践，强调了学科之间的联系与融合。可以看出开展跨学科教学，教师不仅需要具备扎实的学科知识，更需要具备跨领域的综合能力和视野，能够引领学生跨越学科的界限，促进他们全面发展。因此，培养跨学科教师已成为教育事业发展的迫切需求，也是适应当代教育需求的重要举措。

跨学科教学素养指向教学素养中的跨学科层面，应该具有跨学科特性。在跨学科教学初步实践的基础上，项目组将教师开展小学科学跨学科教学所需要的能力进行了概括：小学科学教师能够从科学学科出发，立足于真实情境，以综合性真实问题为中心，以学科中的13个学科核心概念或4个跨学科概念为主体，借助多学科的互通性进行以问题为中心的教学活动时能够所具备的态度、知识与行为等综合素养。具体表现为小学科学教师在理解本学科的基础上，还需具有跨学科教学知识理解，能够有效设计和实施有意义的跨学科教学实践活动，且对跨学科教学达成价值认同和具备发展意愿。

因此可以初步总结出跨学科教学意识认同、知识理解、设计能力、实施能力和发展意愿构成了教师跨学科教学素养的五大要素。

（一）跨学科教学意识认同

跨学科教学意识认同即教师对跨学科教学的价值和意义的认同程度。教师需认同跨学科教学在打破学科界限、联结知识学习与素养习得，以及促进真实学习发生等方面的作用；认同核心素养对学生健全人格、学会学习、自主发展的价值。只有当具备教师这些优势时，他们才能立足于育人的初心、立足于学生的需要主动进行跨学科教学相关学习与实践。因此跨学科教学意识认同是教师跨学科教学素养发展的先决条件。

（二）跨学科教学知识理解

跨学科教学知识理解即教师对跨学科教学的概念、特点以及教学方法的理解程度，包括了解跨学科教学的定义、原则、教学模式和相关研究。教师需要具备扎实的跨学科教学知识基础，才能在教学中灵活有效地整合不同学科的内容和技能。这种知识理解不仅是教师跨学科教学认知基础的基石，也是开展跨学科教学活动的前提条件。

（三）跨学科教学设计能力

跨学科教学设计能力涉及选择有价值的跨学科主题、制订合适的教学目标、整合多学科内容的教学活动、选择适当的教学策略和评价方法等。教师不仅需要掌握跨学科教学设计的一般原理，还需要在实践中改变自己的思维方式，将教学的组织逻辑从"学科"转变为"问题解决"，从整体的角度发现不同学科知识、素养与现实世界之间的联系，以及理解教学目标、学习活动和教学评价之间的相互关系。作为联结理论与实践的中间环节，教学设计承接着教师对教学的理解与认识，并直接决定着教学活动的展开，因此跨学科教学设计能力是教师跨学科教学素养的关键要素。

（四）跨学科教学实施能力

跨学科教学实施能力包括组织学生进行跨学科学习的能力、指导学生在跨学科学习中的角色和任务、灵活运用跨学科教学策略和方法，以及对跨学科教学的课堂评价能力。教师跨学科教学实践能力的发展强调从"教师为中心"到"学生为中心"的转变，教师需坚持开放协同和对话式的教学实践观，灵活运用先进的信息技术来组织和管理课堂教学，尊重学生的想法，充分发挥学生的主观能动性，引导学生积极参与学习，提高学生的学习兴趣和自主建构知识能力，促使学生在自主探索和同伴合作的过程中获得真实情境下的问题解决能力和素养发展。

（五）跨学科教学发展意愿

跨学科教学发展意愿包括教师的自主学习和专业发展能力、教师对跨学科教学创新的意识和实践，以及教师对教学过程的反思和改进能力。教师应该有自我改变的动力，将对跨学科教学的一次次实践、总结、反思和重建都化作跨学科教学素养成长的养分，如图3-1-12。

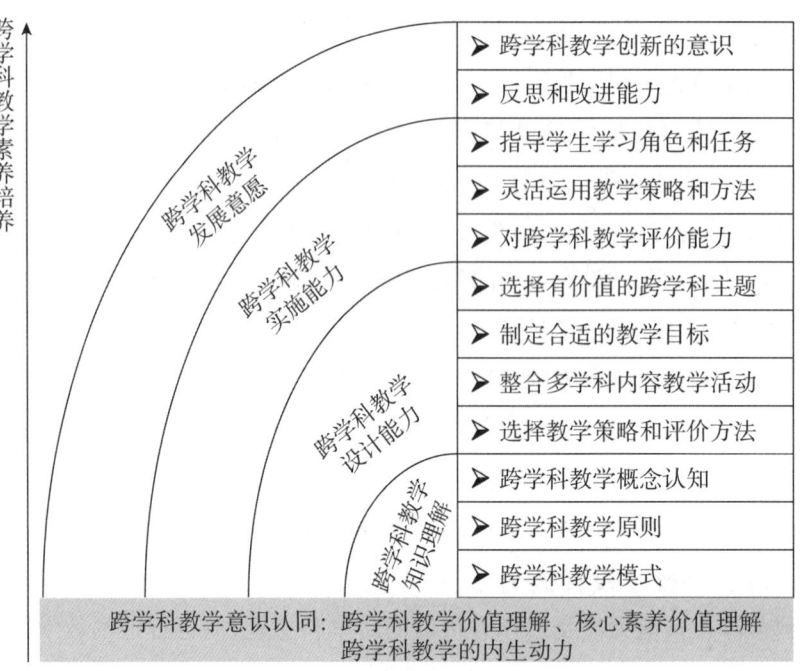

图 3-1-12 跨学科教学素养结构模型

这五个维度相互关联，共同构成了教师跨学科教学素养的完整框架。教师需要在每个维度上进行持续的学习和发展，以提高自己的跨学科教学能力。此外，学校和区域也应该提供支持和资源，促进教师在跨学科教学素养的专业发展。只有教师的发展，才能更好地满足学生的跨学科学习需求，培养他们的跨学科思维和综合能力。

三、破解跨学科教学的现实困境

（一）建构"五维体系"跨学科培训课程，突破认知困境

基于教师跨学科教学素养五大要素，项目组系统建构设计了"五维体系"教师培训课程，明确了课程内容、实施形式和学习成果，详见表表3-1-7。

表3-1-7 "五维体系"跨学科培训课程

课程模块	课程内容	实施形式	学习成果
跨学科教学意识认同	1.跨学科理念 ① 跨学科是什么？ ② 为什么要开展跨学科教学？ 2.跨学科教学观摩与体验	主要以讲座学习、观摩学习等方式开展研修	认识跨学科教学的优势与必要性

（续表）

课程模块	课程内容	实施形式	学习成果
跨学科教学知识理解	1. 跨学科教学理论学习梳理 2. 跨学科教学案例学习分析 3. 跨学科教学如何开展评价 4. 跨学科教学资源如何建设	主要以自主阅读及读书分享会的形式开展研修	认识跨学科教学的内涵与特质
跨学科教学设计能力	1. 跨学科教学活动设计 2. 跨学科教学评价设计 3. 跨学科教学资源建设 4. 跨学科教学模拟教学 5. 跨学科教学设计与改进	开展教学设计，以小组的形式开展模拟教学，对初步设计进行修订与改进	在理论的支持下开展跨学科教学设计
跨学科教学实施能力	1. 跨学科教学实践 2. 跨学科教学反思与重建 3. 跨学科教学再设计	开展教学实践，小组互相听课与学习，在互动中改进与重建	能尝试开展跨学科教学实践并优化
跨学科教学发展意愿	1. 跨学科教学案例撰写 2. 跨学科教学论文撰写	将教学实践中的成果以论文或案例的形式沉淀积累，并开展交流分享活动	形成跨学科教学创新意识，提高反思能力

"五维体系"跨学科培训课程，按照"整体设计—规范管理—研修推进—反思提升"的实施路径，如图3-1-13所示。顶层规划与学科联动相结合，教师培训和专题研修相结合，问题导向与主题教研相结合，实践推进与成果培育相结合，自上而下全面提升教师跨学科主题教学的认知。

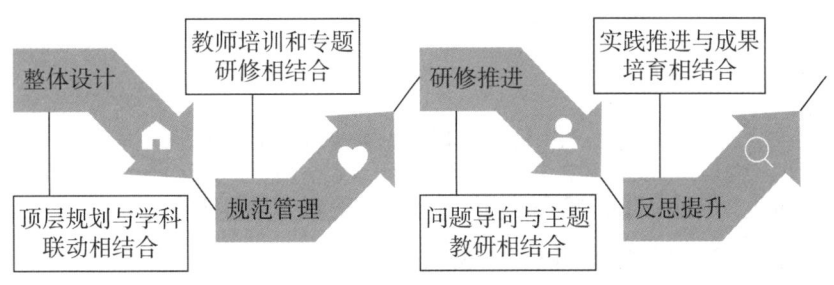

图3-1-13 "五维体系"培训课程实施路径

（二）创生"三维融通"跨学科思维模式，突破设计困境

跨学科教学设计能力，是教师跨学科教学素养的关键要素。在进行跨学科教学设计时，教师容易受过去的生活经验和已有思维方法的影响，原有学科教学设计框架和思维

方法会限制住教师。跨学科教学设计需要教师不把自己的思维局限在某个单一学科结构,可以把其他相关学科融合到一起,构建全新的跨学科体系,培养多维度思维模式,多角度地分析思考问题。借鉴查理·芒格思维模型的复式框架——"多元思维模型",项目组尝试创生"三维融通"跨学科思维模式,如图3-1-14所示。

"三维融通"跨学科思维模式,即从横向、纵向和系统等三个维度交叉融合来思考跨学科教学。横向思维,即研读教材、通读课标、解读学生、联结生活;纵向思维,即从单学科到多学科再到跨学科;系统思维,即制订学习目标、确立核心问题、结构任务板块、创新评价设计。"三维融通"思维成为项目组教师解决跨学科教学问题的工具,有助于教师思维更综合性、更体系化,对于达成跨学科主题学习的单元方案设计、教学设计、资源准备、方案实施及反思重建等过程,均有积极的作用。

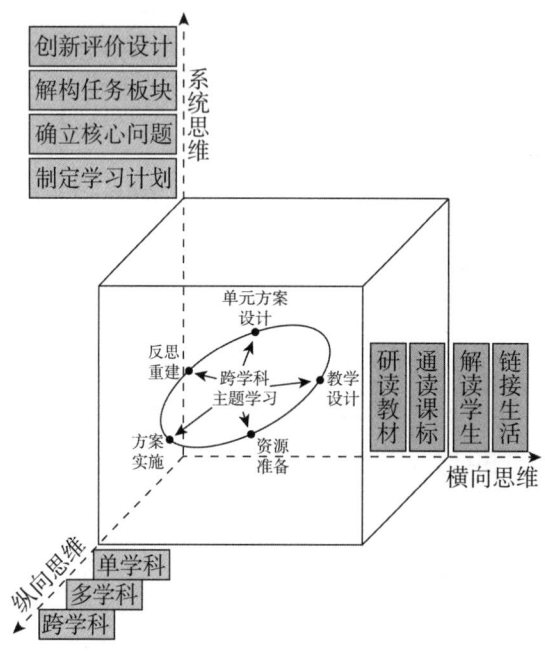

图 3-1-14 "三维融通"跨学科思维模式

(三) 创生"点线面网"跨学科推进模式,突破实践困境

1. 重"点"突破,骨干先行引领"一枝独秀"

跨学科教师发展首先要骨干先行,骨干教师可承担跨学科课程的设计和改革工作,引领学校教学改革的方向和进程。骨干先行强调培养具有跨学科教学能力的骨干教师,使其成为跨学科教学的引领者和示范者,从而推动整个学校教师队伍的跨学科教学能力提升。

2. 多"线"延展,学科突破营造"馨香四溢"

从点延伸到线,跨学科教师发展从骨干教师为引领,逐步推动整个学科组的跨学科教学能力提升。学科组可组织跨学科教学研讨会、专题讲座等活动,促使整个学科组教师共同参与跨学科教学的研究和探讨,实现从个别到集体的转变。

3. 全"面"探索,双师合作孕育"跨界智慧"

为了全面推广跨学科教学,学校积极推进了双师合作计划,旨在通过不同学科领域的教师共同参与跨学科教学全过程,促进知识的交叉传递和学科间的融合。在双师合作模式下,两名教师共同设计课程、教学活动,并共同承担教学任务。双师合作将为学校跨学科教学的深入推广奠定坚实基础,为培养具有综合素养和跨学科思维能力的学生提供更加全面的教育服务。

4. 筑"网"协作,融合项目呈现"立体丰盈"

学校开设了一系列融合项目,如"美天美象""美思美创""美编美社"项目,鼓励各学科教师自主报名并参与其中。这一举措旨在鼓励教师跨越学科界限,根据自身兴趣和专业背景,选择适合自己的跨学科跨领域融合项目,从而激发他们的创新热情和潜力。在项目实施中,教师将有机会与来自不同学科领域的同事深入合作,促进学科间的交流与融合。这样的项目不仅能够为教师提供专业成长的机会,也有助于为学校构建更加丰富多样的跨学科教学体系。

综上,在当前教育背景下,跨学科教学作为推动学习方式变革的核心,具有重要的意义和价值。通过对跨学科教学的内涵、教师面临的挑战以及教师跨学科教学素养的重要要素等内容的探讨,我们呼吁学校管理者重视跨学科教学的发展,为教师提供更多培训机会和支持,推动跨学科教学在教育领域的深入发展,使其成为培养复合型人才、推动教育改革的重要引擎,为社会发展贡献更多的智慧和力量。

参考文献

[1] H. Jacobs. Interdisciplinary Curriculum: Design and Implementation[M]. Alexandria, VA: Association for Supervision and Curriculum Development,1989:1-23.

[2] 杜文彬.教师跨学科教学能力的关键要素与结构模型建构研究——基于混合研究方法[J].全球教育展望,2023,52(08):70-86.

小学英语学科跨学科主题学习实践研究

项目主持：祁承辉

项目实验校：上海市普陀区新普陀小学东校

项目组长：吴煜琪

项目组核心成员（按姓氏拼音排序）：

程　怡　高鸿婷　李静文　王亚男　张　蕾　周新宇

小学英语学科
跨学科主题学习策略实践研究报告*

一、研究背景

教育部颁布的《义务教育课程方案(2022年版)》促进了教育教学观念的转变。方案明确指出,探究跨学科主题学习,提升不同课程对核心素养发展的贡献度;注重加强学科实践和开展跨学科主题教学,强化课程协同育人功能。英语作为一种语言,是人们生活中交际的一种工具,同时也记录了人类生活的各个方面,如社会、历史、文化、科技、经济、自然、艺术等领域的发展,有着天然的跨学科属性。《义务教育英语课程标准(2022版)》中的总目标,即"发展语言能力、培育文化意识、提升思维品质和提高学习能力"回应课程目标。以核心素养培育作为统领,结合核心素养各要素具有融合、互动等特征,提出关注人与自我、人与社会和人与自然的三大主题,将主题内容融入英语教学任务中。通过各种不同的主题,学生在真实的语境中,完成那些具有挑战性的任务,逐渐使学生体会如何做人、如何做事、如何与他人相处等,培养学生适应未来发展的正确价值观、必备品格与关键能力,最终实现具备核心素养。

在人与自我、人与社会、人与自然三大范畴中,"人与自我"以"我"为视角,设置"生活与学习"和"做人与做事"等主题群;"人与社会"以"社会"为视角,设置"社会服务与人际沟通""文学、艺术与体育""历史、社会与文化"和"科学与技术"等主题群;"人与自然"以"自然"为视角,设置"自然生态""环境保护""灾害防范"和"宇宙探索"等主题群。各主题群下设若干子主题。通过统计,在《牛津英语(上海版)》的120个单元中,有108个单元的单元主题有明显的跨学科导向,五大学科门类都有涉及,18个具体学科中涉及17个学科,包括社会学、文学、历史、美术、音乐、影视、民族学、体育与健康、数学、物理、生物、地

---

* 执笔人:祁承辉,上海市教师教育学院(上海市教育委员会教学研究室);吴煜琪,上海市普陀区新普陀小学东校。

理、天文学、农学与畜牧、医药学、食品、交通运输。

因此,本项目基于主题领域,开展小学阶段的英语跨学科主题学习的策略研究。

二、研究设计

(一) 文献综述

通过查阅文献资料,了解到国外跨学科研究的起步比国内早,国内随着新课标的施行对跨学科领域的研究重视程度在不断增加。国外的著作大多实践性较强,而我国比较注重理论,缺乏实践总结。我国在跨学科研究方面比较缺乏学术之间的相互交流和联系,主要靠个人著作的发表,有一定的局限性,理论难以统一。而近年来我国对跨学科研究愈发重视,高校及高中阶段在跨学科领域的研究开展较多,但在小学阶段的研究还较匮乏。

回顾跨学科教学在国内外的发展状况,可以看到跨学科教学研究在我国的飞速发展,但是我们认为在理论方面有待进一步发展。

其一,对英语学科的跨学科研究欠缺。目前国内在英语学科的跨学科研究主要有两个方面。一是在跨学科的视角下对教学方法和模式的实践研究;二是基于教学内容,如阅读的文本、教材的文本内容的跨学科分析。这些研究目前局限于大学、高中阶段。在小学阶段,对英语跨学科研究则相对较少。跨学科学习的意识和培养必须从基础教育开始抓起,因此在这方面的研究亟须加强。

其二,目前,基于主题领域的小学英语跨学科学习策略研究在国内缺少成熟的经验和做法。上海小学英语教师普遍有开展跨学科教学的意识,也认同跨学科教学助力学生全面发展的优势,但对跨学科教学过程中实施的具体学习策略较为模糊。因此,基于课堂实践以及对主题领域的整合归纳,本次研究将结合小学各年级学生以及小学英语教学的特点,总结出行之有效的跨学科学习策略方法,为一线教师提供帮助,促进跨学科课堂从理论走向实践。

(二) 研究目标

(1) 开展基于主题领域的小学英语跨学科主题学习的策略研究与实践,形成一般方法、路径及实施框架。

(2) 通过基于主题领域的小学英语跨学科主题学习的策略研究与实践,增效课堂教学,帮助学生形成一定的学习策略。

(3) 在研究过程中,提升学校课程领导力,培养一支具有跨学科学习研究能力的教师团队,促进教师在跨学科领域方面的专业发展。

(三) 研究内容

(1) 通过实践研究,归纳梳理出基于主题领域的小学英语跨学科主题学习"领域范畴—主题群—子主题"之间的框架体系。

（2）通过实践研究，完善基于主题领域的小学英语跨学科主题学习教学设计流程，形成学习活动设计模板及相关属性表；在研究中确立建构依据、总结设计原则、明晰具体流程。

（3）根据流程范式开展小学英语学科三个主题领域"人与自我""人与自然""人与社会"教学案例设计。

（4）开展基于主题领域下的小学英语跨学科主题学习的课堂实践研究。

（5）通过运用各类研究方法，开展对小学英语学科主题领域内教学实践情况的调查分析，针对基于主题领域下跨学科主题学习中突出的问题作策略研究，在教学实践与案例设计的基础上提炼策略与方法。

（四）研究方法

主要运用文献研究、案例研究、行动研究等方法。

（1）文献研究主要用于分析党的十八大以来义务教育学段关于跨学科主题学习的政策表述，特别是新课标中对英语综合实践活动的相关阐述，以及国内外关于跨学科学习的各类分析模型，形成对"跨学科主题学习"的理性认识，为后续设计各类模板或属性表提供坚实的理论基础。

（2）案例研究和行动研究，主要是探索"基于主题领域的小学英语跨学科主题学习的策略研究"的实践策略。

（五）研究过程

本研究遵循"理念引领—问题导向—协同推进"的整体思路。在具体的设计实施中，坚持基于标准，聚焦问题，将"目标—内容—过程—评价"的研究路径形成闭环，既注重通过经验的凝练发挥其引领价值，同时能形成基于本校实际的个性化研究成果。参见图3-2-1。

1. 研究目标

查找国内外跨学科主题学习资料以及相关基础理论，并以问卷、访谈等形式了解各学段学生就"跨学科"的学习经历和学习期待，以新课标核心素养培育为核心，确立研究课题。

2. 研究内容

统整十册英语教材，梳理相关主题内涵，同时学习相关学科关联主题范围内的各学段学习要点，研究英语学科与相关学科之间的连接点，结合对学生的调研，提出统领跨学科主题学习的驱动性总任务。

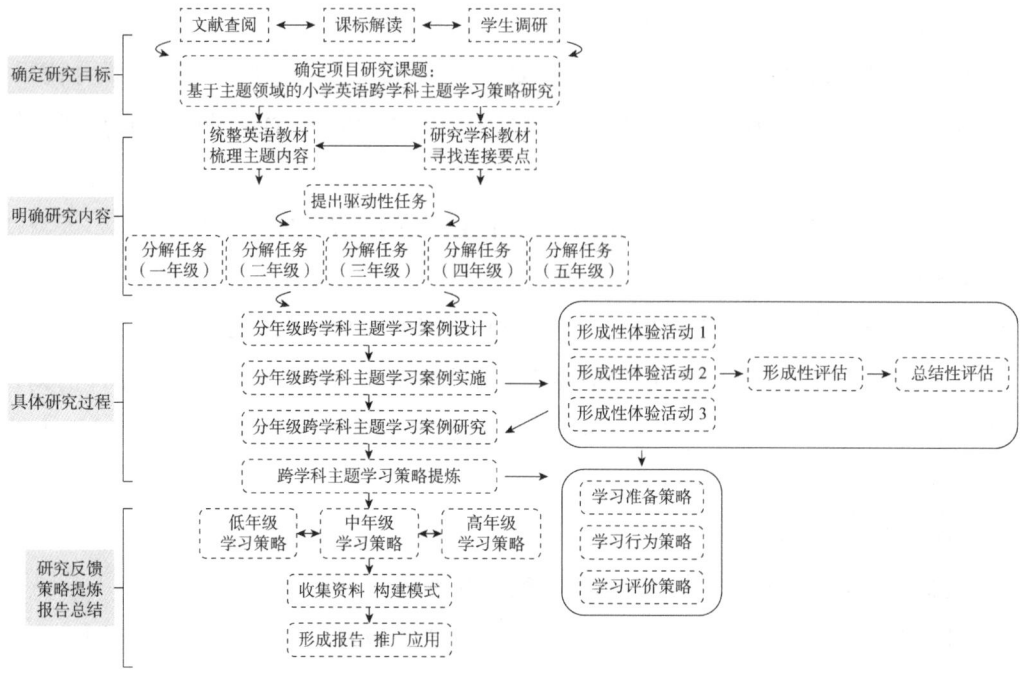

图 3-2-1 "基于主题领域的小学英语跨学科主题学习策略研究"研究过程路径图

3. 研究过程

根据学生年龄和学习特点、英语学科以及所跨学科在本年段的核心知识,将主任务分解到各学段中分层设计并实施主题学习。通过课堂教学、采访调查、资料收集、实验制作、分析研究等并联式或串联式的形成性体验活动对学生的综合能力作出评估。

4. 研究反馈

收集整合各学段跨学科主题学习实施的案例并系统研究,提炼基于主题领域的小学英语跨学科主题的分级学习策略,包括元认知策略、认知策略、交际策略、情感管理策略等,以及实施的路径和框架,撰写相关经验总结,形成报告并展示研修成果。

三、研究结论

(一)挖掘主题意义,统领核心任务

跨学科学习既是一种课程组织形式,也是一种学习方式。从内容上看,主题是跨学科学习的内容组织形式,是对课程学习的价值取向和内容组织的描述性表达,真正的跨学科学习是由学习主题来牵引的。具体而言,跨学科主题学习是指围绕一个学习主题,基于学科而又超越学科,运用整体观对关联要素作跨界整合,使之融通系统化为一个新的具有复合价值的学习内容结构整体,从而助力学生的完整学习,促进其完整生长、创生创造的学习活动。

《义务教育英语课程标准(2022版)》中提出:"英语课程内容由主题、语篇、语言知识、文化知识、语言技能和学习策略等要素构成。围绕这些要素,通过学习理解、应用实践、迁移创新等活动,推动学生核心素养在义务教育全程中持续发展。课程内容的六个要素是一个相互关联的有机整体,共同构成核心素养发展的内容基础。其中,主题具有联结和统领其他内容要素的作用,为语言学习和课程育人提供语境范畴。"依据课程标准,上海小学段1~5年级对应"主题内容要求"的一级、二级描述,项目研究组对接要求,梳理《牛津英语(上海版)》各年级教材自然单元主题,基于"主题性""开放性""创生性"原则,提出参考性核心任务,实现育人价值。

1. 主题性原则:实现整合融通

跨学科主题学习中的"主题"并非传统知识主题,而是基于对学生的培养目标,聚焦学生发展的核心素养点,从人类文明成果中挑选的价值命题。这种价值命题关乎学生的全面发展,包括兴趣、经验、生活体验、情境学习和个性发展等。因此,跨学科学习的主题往往来源于大单元教学。大单元教学不仅限于单个教材单元,而且是多个相互关联的单元构成的学习模块,在教学价值或目标上相互关联,在学习活动上不断进阶。这使得大单元教学与单元教学有所区别。

列举可依据主题性原则,凝练大单元主题,提出核心任务(或驱动性问题)的主题,如表3-2-1所示。

表3-2-1 人与自然-自然生态主题核心任务列举

范畴	主题群	子主题内容	相关教材单元	主题凝练	核心任务
人与自然	自然生态	季节的特征与变化,季节与生活(一级) 中国主要城市及家乡的地理位置与自然环境(二级)	1B M3U1 Seasons 2B M3U1 The four seasons 3B M3U3 Seasons 5B M3U2 Weather	Enjoy weather, enjoy life	一年级:介绍家乡四季气候特征 二年级:成为家乡气候代言人 三年级:担任家乡气象播报员 五年级:制作家乡气象风情宣传册

2. 开放性原则:动态调适整体

"缔结学生与现实世界的价值关系和实践关系,让课堂向生动的现实世界敞开"是培育学生核心素养的内在诉求。学科教学"向现实世界敞开"的本质是对学科学习的实践性的重视,是对学科知识学习之于现实世界的开放性的尊崇。从根本上说,跨学科主题学习是对学生作为现实的人、社会的人、文化的人的本质确认。强化学科知识与现实世界的联系,维护学科知识与学生成长需要的联系,将书本知识以主题的形式加以活态化处理,引导学生开展开放性的主题学习,这些无疑是必要的选择。参见表3-2-2。

表3-2-2 人与社会-社会服务与人际沟通主题核心任务列举

范畴	主题群	子主题内容	相关教材单元	主题凝练	核心任务
人与社会	社会服务与人际沟通	校园、社区环境与设施,爱护公共设施(一级)校园与社区环境保护,公益劳动与公共服务(二级)	2B M3U2 Rules 3A M3U1 My school 　　M3U3 In the park 4A M3U1 In our school 　　M3U2 Around my home 5A M2U3 Moving home	Better city, better life	二年级:制订班级规则并组织实施 三年级:发现校园行规问题并提出改进建议 四年级:为特殊群体绘制社区地图并给出生活方式建议 五年级:为不同群体设计租房方案并基于反馈调整改进

3. 创生性原则:促进自主探究

真正的"跨学科主题学习"必定有其创生性目标,正如张华教授所言:"跨学科学习指向发展融合批判性思维和创造性思维的自由人格。"而在"跨学科主题学习"中,这种创生性目标是通过自主建构,也即"自主实践性"来实现的。就此而论,挖掘主题意义的过程中须促进学生不断自主建构、不断创生发展其方法迁移、新旧整合、融通创新的能力。不仅可以使学生获得跨界整合的体验,更有助于学生从整体上看待与对待事物间的联系与区别。这样的学习在内容上是跨界整合的,在方法上是自主探究的,在结果上是创生创新的。参见表3-2-3。

表3-2-3 人与社会-社会服务与人际沟通主题核心任务列举

范畴	主题群	子主题内容	相关教材单元	主题凝练	核心任务
人与社会	社会服务与人际沟通	和谐家庭与社区生活,家乡和社会的变迁,历史的发展,对未来的畅想	5B M3U3 Changes	A small change makes a big difference	通过调查研究,自主探究,设计家庭、社区、城市改造方案

(二) 聚焦核心素养,厘清设计思路

基于主题领域的小学英语跨学科主题学习,是以英语学科为中心,围绕特定主题,运用不同学科的知识,开展对该主题的学习。课程组织内容以主题意义为引领,以单元形式呈现,更要着重于将人的发展或人的素养作为目标指向。

1. 素养导向,目标制订

跨学科主题学习的目标确定首先需要依据学科核心素养的要求,找到各学科之间核心素养要求的交叉点,才能兼顾各学科的课程目标,实现有效的"跨学科"。将完成主题下的任务作为目标,各学科核心知识点便有了共同服务的对象。以引领性的主题学习任务作为确立跨学科主题学习活动目标的依据,是站在解决问题的角度去应用知识,是对核心素养总体目标的进一步推进,也是跨学科主题学习活动目标从理论层面到实践层面的具体转化。

项目研究组依据各学科须培育的核心素养,制订了主题学习方案,模板见表3-2-4。

表3-2-4 跨学科主题学习方案模板

学习主题				
实施年级			总课时	(最好不超过10课时)
学习目标		(写法类似单元学习目标)		
内容组织	统领性任务			
	子任务			
	主干学科			
	关联学科	学科A		
		学科B		
		……		
	备注:主干学科与关联学科:主要填写主干学科和关联学科在任务实施过程中涉及的知识技能、思想方法等,可采用教学目标的撰写方式(认知维度+知识维度)。			
学习活动设计	图示化表示。学习活动的组织结构图+课时安排,呈现整个主题学习活动之间的关系			

(续表)

学习评价	比较上位地概述整个主题学习活动的评价安排。比如,从学习兴趣、学习习惯、学业成果三个维度,通过……方式和……方式进行评价,达到……程度是几颗星
学习资源	比较上位地概述整个主题学习活动的资源提供。比如,提供什么资源、使用什么平台。各学科可根据实际需要填写

2. 基于主题,双线融合

基于主题领域的小学英语跨学科主题学习,就是以英语学科为中心,围绕特定主题,运用不同学科的知识开展对该主题的学习。主题意义的挖掘,需要梳理单元主题与各语篇之间的关系,总结归纳出数个小观念,在小观念的基础上进一步提炼出本单元的大观念,并在此基础上优化整合单元内容,合理划分安排单元课时。围绕单元大、小观念,制订指向核心素养发展的单元整体教学目标以及关注学科本体的知识技能目标。"双线目标"以素养目标为内核,知识技能为外延,融合并进,指导单元跨学科主题学习目标的制订。基于"双线"目标以及主题所涉及的学科知识,设计驱动型问题、任务及下属子问题和子任务,整体设计学习活动,实践英语学习活动观。最后,关注目标达成和评价反馈,力求达到以评促教、以评促学的目的。参见图 3-2-2、图 3-2-3。

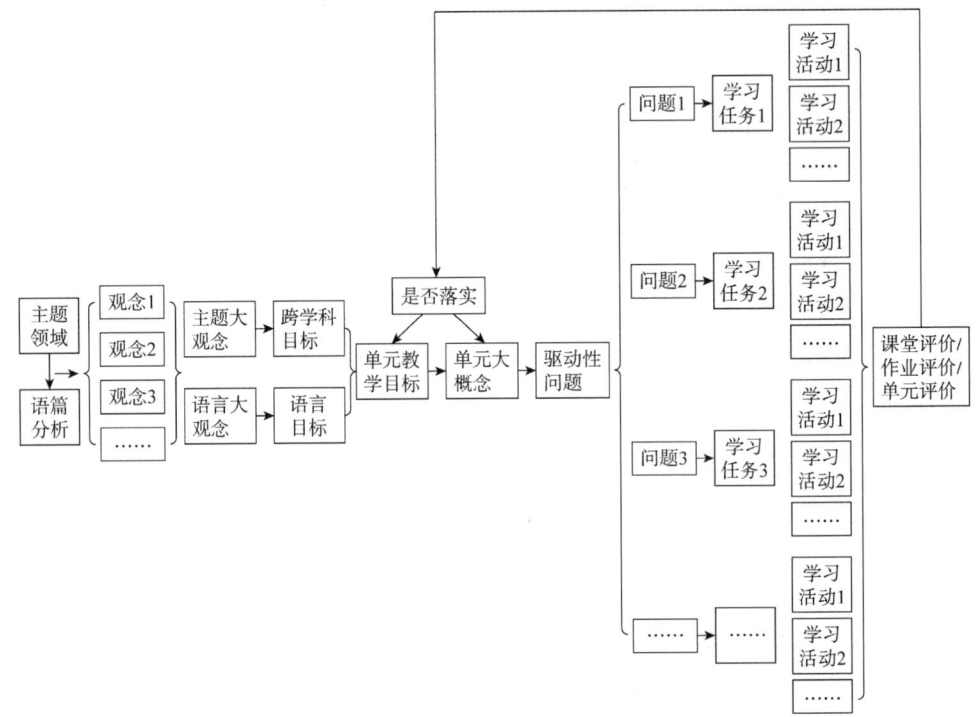

图 3-2-2 基于主题领域的小学英语跨学科主题学习设计路径图

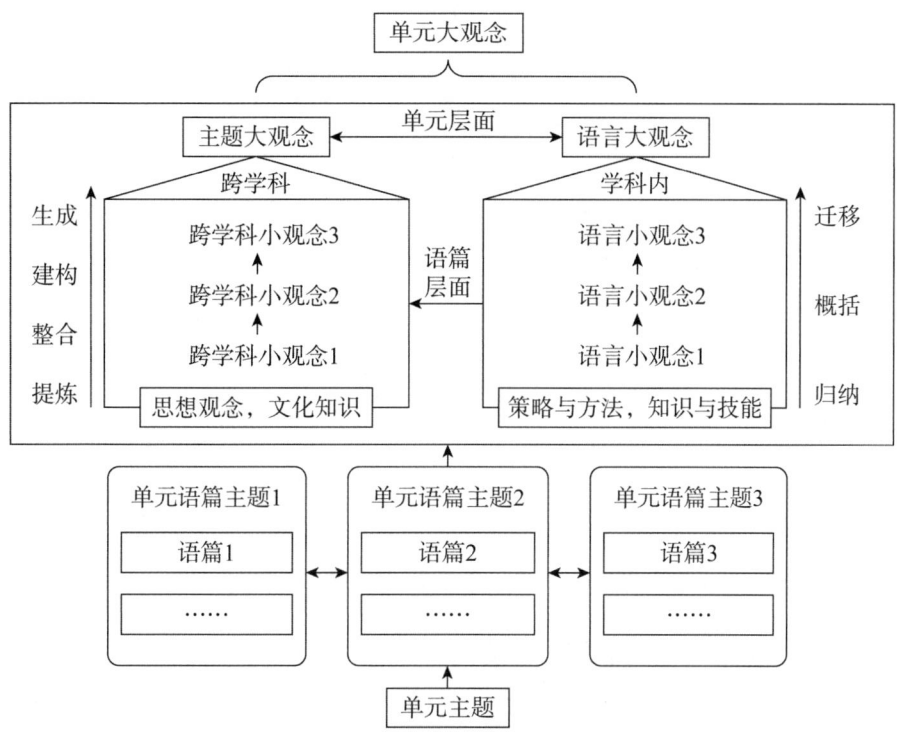

图3-2-3 基于主题领域的小学英语跨学科主题学习单元设计路径图

3. 问题驱动，策略形成

英语学习策略作为英语课程六要素之一，是发展学生核心素养的内容基础。根据课程标准，英语学习策略包括元认知策略、认知策略、交际策略、情感管理策略等。在基于主题领域的小学英语跨学科主题学习中，学生由本学科出发，综合运用多学科知识和自身经历解决问题，锻炼处理复杂信息从而建立信息间各种关系的能力。教师将复杂的信息以核心问题链的形式提出并设计跨学科主题学习任务单。学生在跨学科主题学习任务单及子问题的帮助下，通过多种学习方式，在一步步解决问题的过程中利用不同策略实践任务，最终完成单元总任务。参见图3-2-4。

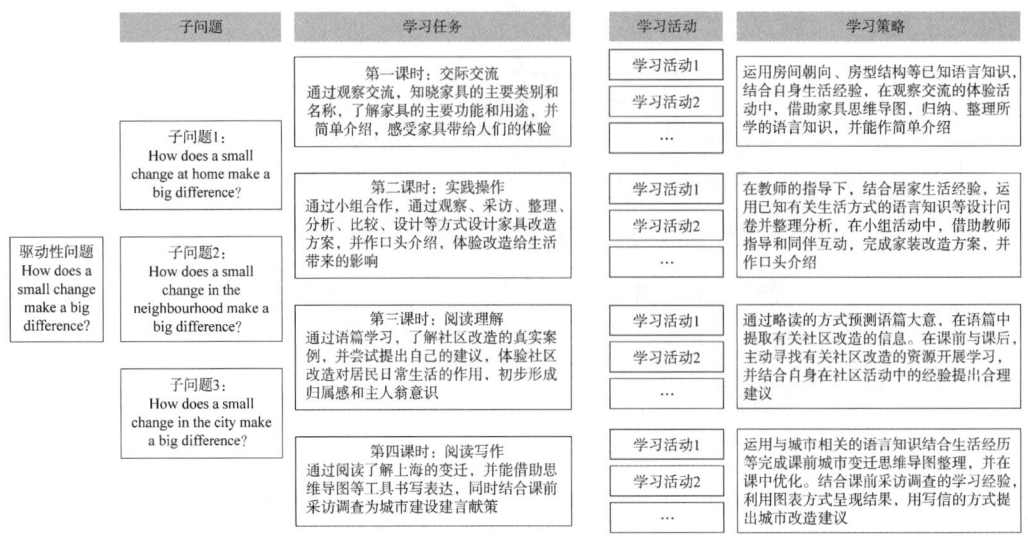

图 3-2-4 课例《英语(牛津上海版)》五年级第二学期 M3U3 Changes

（三）锚定现实问题，构建研修模式

跨学科主题学习对校本研修的思路、模式、策略提出了全新的挑战。实践中，我们整体协调学科教研、年级教研与师生共研各自的优势，初步形成了相互支撑、共同推进的研修新生态。

整体设计：学科深度教研与年级融合教研结合。 跨学科主题学习研究涉及两门及以上学科，除了需要学科内的深度教研，解决学科大概念的落实、学科知识与能力的培养外，更需要年级层面的协调与融合性教研。我们从制度上确保每月开展一次"纵向到底"的学科深度教研以及"横向到边"的年级融合教研。在学科深度教研中，英语教研团队基于学科立场，依托课程内容，立足主题意义的挖掘，初步形成语言大观念。随后，由教研组长及学科负责人制订年级融合教研"活动策划单"，确立活动时间、地点、主题、拟邀请的跨学科教研组，提出活动背景，阐释主题意义和主要问题，待年级教研组协作共研。在年级融合教研中，教师聚焦素养发展，寻找落实主题意义的现实问题及相关跨学科观念。教师共同细化活动目标，形成整体学习方案，最终以跨学科主题学习的单元教学目标叙写及学习内容设计作为呈现。

真实实践："教"研与"学"研结合。 项目团队充分认识"学习策略"在跨学科学习中的重要作用，借助"课堂观测单"，精准剖析学习过程中学生真实发生的问题以及解决问题的思维过程。通过连续性课堂观测中对学生的自主性实践、创造性思维、协作性探索等思维发展的判断，调整学习活动设计，将复杂的信息以核心问题链的形式提出，并设计跨学科主题学习任务单。学生在跨学科主题学习任务单及子问题的帮助下，通过多种学习方式,利用不同策略实践任务,最终完成单元总任务。

开放分享:"确定性"教研与"可能性"教研结合。跨学科主题学习是学生综合运用各学科知识与能力解决问题的系列化学习过程,是学生用自己的方式提出问题、分析问题、解决问题,最终贡献自己的成果,"不确定性"是这类学习的最突出特征。因此,教研作为这类学习最重要的支持系统,必须以发现"可能性"为核心,发现学生可能的学习方式、学习技术、学习困难、学习发现,以及学习的迭代,在此基础上,准备好"可能性"的支持和服务,包括技术支持、资源提供、心态调节等。团队以"活动反馈单"深化学习资源,形成由教材资源、学生资源、场景资源、数字资源、课程资源、评价资源等组成的跨学科主题学习资源库,该资源库也成为架起"确定性"与"可能性"之间的桥梁。通过对不同学生参与学习活动的观测,项目组教师建立了丰富的学习资源库,使得学生由学科知识出发,动态性地从多角度提出解决问题的途径,在经历知识建构的过程中,体验一种更开放、更多元、更灵活的学习方式,提升其核心素养。

四、效果与反思

在当今社会高速发展的背景下,人才培养已成为各国关注的焦点。社会发展所需的人才类型正在发生改变,单一领域的专业人才已无法满足时代的需求。为此,各国纷纷将目光投向跨学科教育,以培养具备复合型知识结构和技能的跨学科人才。我国也在新课标中明确提出跨学科主题学习,以适应这一全球发展趋势。跨学科主题学习旨在培养学生具备跨学科思维、创新意识、合作能力等核心素养,使他们更好地应对未来世界的挑战。

在立德树人教育理念的指导下,我国教育领域正逐步实现学科融合教学。各学科之间并非孤立存在,而是相互关联、紧密交织的。因此,无论哪一门学科的教学,都应关注与其他学科的关联,打破学科界限,引导学生从多学科视角看待问题,运用跨学科思维解决问题。同时,教学过程应紧密结合真实生活情境,让学生在实际操作中感受学习,从而培养出全面发展、具备核心素养、适应未来工作与生活的新时代人才。

为了更深入推动跨学科学习,本课题将立足于理论研究,将进一步展开以下探讨:

1. 明确学习目标及预期学习结果

在教学设计中,要避免目标设定过于宏大或夸大单一主题学习的价值,以确保目标的有效性。同时,探讨如何将活动与目标整合,实现整体叙写,从而更好地指导教学评价设计。此外,从学科整合的视角审视学生的学习成果,使后续学习内容、教学过程和学习评价更加一致。

2. 区分跨学科学习、多学科学习和超学科学习

在教学设计过程中,关注跨学科学习的独特价值,以及如何将其与其他学科区别开来。例如,在任务推进过程中,通过不同模块的整合,为学生创造完整、未分化的经验,深化学科间的联系,引发学生深度学习。

3. 设计针对性强的评价工具

在评价过程中,突出学生在学习过程中的主体性和合作性,引导学生自我反思和合作反思。同时,关注评价工具的针对性、科学性和有效性,使其符合学生的认知发展水平,发挥评价的效力。此外,更加关注学生的关键性体验和个性化反思,而非仅仅关注预期物化成果。

总之,跨学科学习已成为当今教育发展的重要趋势。我们应紧紧抓住这一机遇,深入推进跨学科教育教学改革,为培养具备跨学科素养、创新意识、合作能力的新一代人才助力,以应对未来世界的挑战。

参考文献

[1] 中华人民共和国教育部.义务教育课程方案(2022年版)[S].北京:北京师范大学出版社,2022.

[2] 中华人民共和国教育部.义务教育英语课程标准(2022年版)[S].北京:北京师范大学出版社,2022.

[3] 王蔷,刘诗雨.在英语教学中开展跨学科主题学习的意义与关键问题解决[J].英语学习,2023(07):4-11.

[4] 任学宝.跨学科主题教学的内涵、困境与突破[J].课程·教材·教法,2022,42(04):59-64+72.

[5] 王歆.牛津上海版小学英语教材跨学科内容分析[D].上海:华东师范大学,2022.

[6] 郭华.跨学科主题学习:提升育人质量的一条新路径[J].人民教育,2023(2):25-27.

实践案例

我是梦想改造家*

一、育人价值

"我是梦想改造家"主题选材于《牛津英语(上海版)》5B M3U3 Changes 这一单元,本单元属于"人与社会"语境下的"社会服务与人际沟通",涉及的话题为"和谐家庭与社区生活""家乡和社会的变迁,历史的发展,对未来的畅想"。本单元由对话、儿歌、说明文等五篇不同类型的语篇构成,围绕"改变"这一话题,探究其对家庭生活、社区以及城市等各方面的影响和作用。因此,本单元跨学科主题学习,以"改变"为主题开展,引导学生在正确运用核心语言知识的基础上,以小组合作的形式,通过采访调查、数据采集、整理分析、模型制作、展示交流等实践活动,融合数学、美术、劳动、道德与法制等课程相关内容,进一步探究"改变"带来的各方面的影响,即"How does a small change make a big difference?"学生将在解答家装改造、社区改造以及城市公共设施改造的真实问题中,提升语言能力、文化品格、思维品质以及学习能力。

二、主题学习方案

参见表3-2-5。

表3-2-5 "我是梦想改造家"跨学科主题学习方案

学习主题	我是梦想改造家		
实施年级	五年级	总课时	3课时
学习目标	• 知道家具分类、名称并能简单介绍其特征和用途,感受其带给使用者的便利和幸福体验以及所表达的人文属性与文化内涵 • 通过实践操作,运用观察、比较和分析等方法,探究家庭情况、职业、饮食和生活等因素与家装的关系,并正确运用一般现在时和一般过去时介绍家具陈设变化以及改变原因,在活动中体验改变对家庭生活的积极影响		

---

* 执笔人:王亚男,上海市普陀区新普陀小学东校。

（续表）

学习目标		• 在采访调查等实践活动中，体验家乡的变迁、城市生活的包容和美好，树立公民意识，为社区改造和城市未来建言献策 • 了解"实用与美观相结合"的设计原则，体会设计能改善和美化我们的生活 • 逐步养成实践操作能力，形成规划意识以及职业技能，具有一定的创新意识 • 逐步形成基于思辨和经验的推理能力，形成一定的推理意识，具备一定的模型、数据和应用意识		
内容组织	统领性任务	变化给人类生活和社会带来的影响		
	子任务	家装陈设变化带来的影响	社区设施变化带来的影响	城市变化带来的影响
	关联学科 英语	1. 能正确运用家具类的词汇以及房间朝向的表达介绍室内家具陈设 2. 能正确运用家具类词汇以及一般现在时和一般过去时表达室内家具陈述变化	1. 能正确运用一般现在时和一般过去时描述社区某处公共设施的变化 2. 能借助句型框架陈述社区公共设施改造的建议	1. 能熟练运用一般现在时和一般过去时描述城市某处公共设施的变化 2. 能借助句型框架陈述城市公共设施改造的建议
	艺术（美术）	了解"实用与美观相结合"的设计原则，体会设计能改善和美化我们的生活		
	劳动	培养学生的动手能力，强调实践操作的实用性、实践性和创新性，培养学生的规划意识及职业技能		
	数学	培养学生基于思辨和经验的推理能力，形成一定的推理意识，具备一定的模型、数据和应用意识		
	道德与法制		保持乐观的态度，学会合作，树立团队意识，具有良好的沟通能力，善于倾听他人的意见，自我改进	

（续表）

学习活动设计	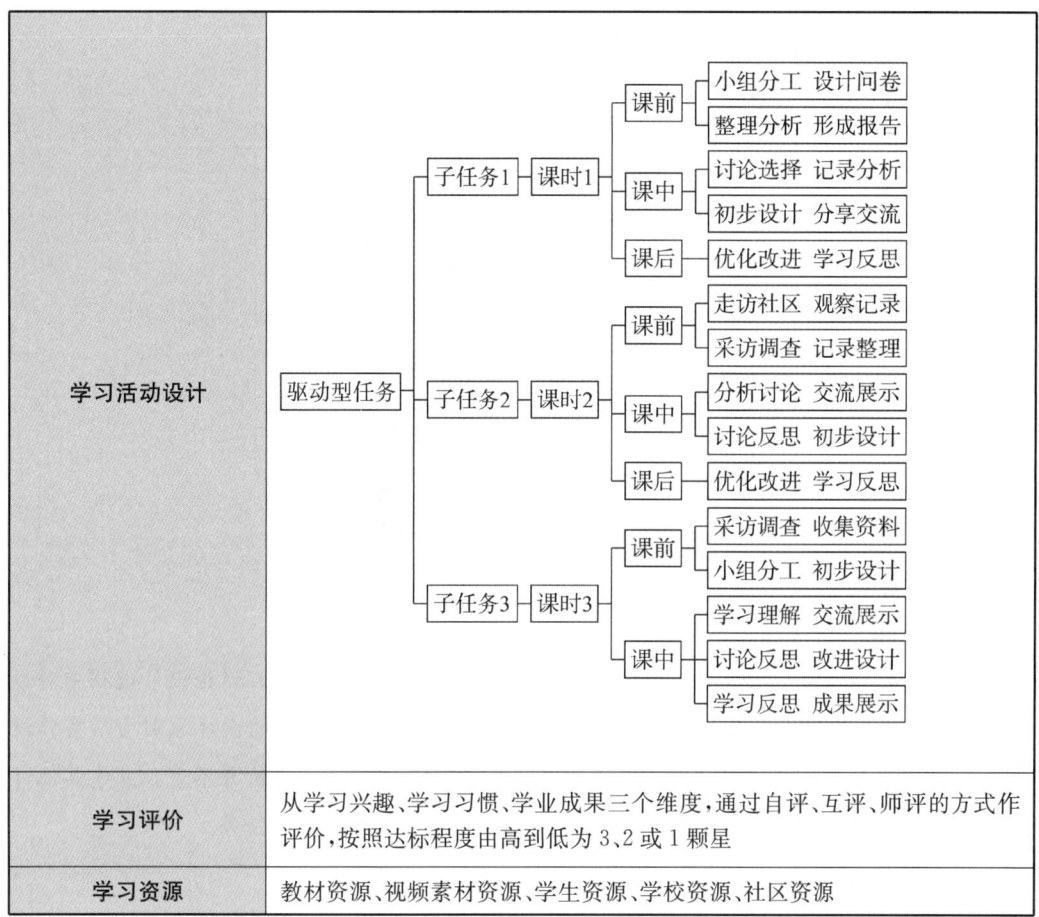
学习评价	从学习兴趣、学习习惯、学业成果三个维度，通过自评、互评、师评的方式作评价，按照达标程度由高到低为3、2或1颗星
学习资源	教材资源、视频素材资源、学生资源、学校资源、社区资源

三、子任务学习活动设计

子任务1：家装陈设变化带来的影响。

所需课时：1课时。

学习目标：

在了解家具功能、"实用与美观"相结合的设计原则基础上，通过实践操作，体验家装改造对家庭生活的影响，并在进程中形成一定的推理意识，具备一定的模型、数据和应用意识。

学习过程：

参见图3-2-5。

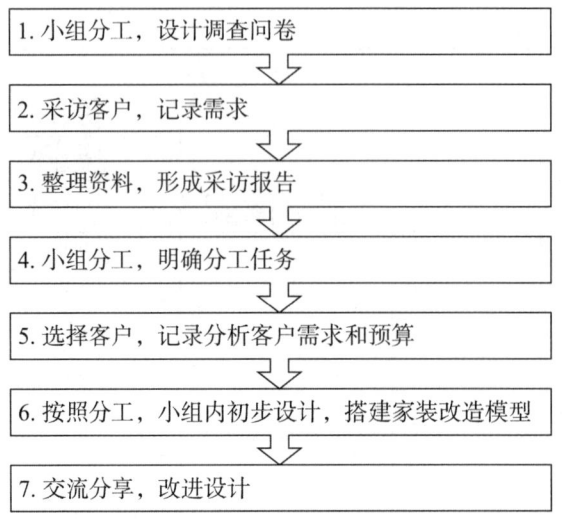

图 3-2-5　第一课时学习活动

学习资源：学习单、视频资源、模型资源。

学习评价：

评价要点：按照小组分工，从演讲者（学生发言习惯）、会计师（学生在讨论设计过程中对预算的把握）、设计师（学生在理解家装需求的基础上结合"实用与美观"的设计原则为居室作设计改造）这三个维度实施学习评价。值得关注的是，对于三类职责的评价并不是独立于其他评价维度的，学生在履行各自职责的过程中，也会涉及其他职责所包含的任务。

评价方式：参见表 3-2-6。

表 3-2-6　第一课时学习评价

Job	Self-assessment	Group assessment
Speaker 1	♡ ♡ ♡	♡ ♡ ♡
Speaker 2	♡ ♡	♡ ♡
Accountant 1	♡ ♡ ♡	♡ ♡ ♡
Accountant 2	♡ ♡	♡ ♡
Planner 1	♡ ♡ ♡	♡ ♡ ♡
Planner 2	♡ ♡	♡ ♡

子任务 2：社区设施变化带来的影响。

所需课时：1 课时。

学习目标：

通过实地探访、调查、采访以及汇总分析，体验改变对社区生活的影响。在活动过程中,保持乐观的态度,学会合作,树立团队意识,具有良好的沟通能力,善于倾听他人的意见,自我改进。

学习过程:

参见图3-2-6。

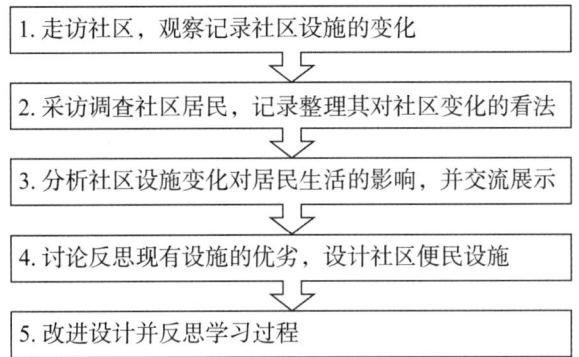

图3-2-6 第二课时学习活动

学习资源: 学习单、社区资源。

学习评价:

评价要点:关注学生在参与各活动过程中的参与态度、协作精神以及是否具有创新实践精神。

评价方式:参见表3-2-7。

表3-2-7 第二课时学习评价

	评价内容	自评	互评	师评
参与态度	1. 认真参与每一次活动,保持参与兴趣	☆☆☆	☆☆☆	☆☆☆
	2. 能运用学习方式和多种学习资源自主学习	☆☆☆	☆☆☆	☆☆☆
	3. 努力完成自己承担的任务,能发挥自身优势为小组成员提供帮助	☆☆☆	☆☆☆	☆☆☆
协作精神	1. 能积极地参与组内、组间成员交互讨论,能完整、清晰地表达想法,尊重他人的意见和成果	☆☆☆	☆☆☆	☆☆☆
	2. 能在活动中与大家互相学习和帮助,共同进步	☆☆☆	☆☆☆	☆☆☆
创新实践	能在活动中始终保持好奇心和探索欲,能对现有的成果作批判性的思考	☆☆☆	☆☆☆	☆☆☆

子任务 3:城市变化带来的影响。

所需课时:1 课时。

学习目标:

通过实地探访、调查并撰写报告、分析整理等学习活动,体验家乡的变迁、城市生活的包容和美好,为社区改造和城市未来建言献策。

学习过程:

参见图 3-2-7。

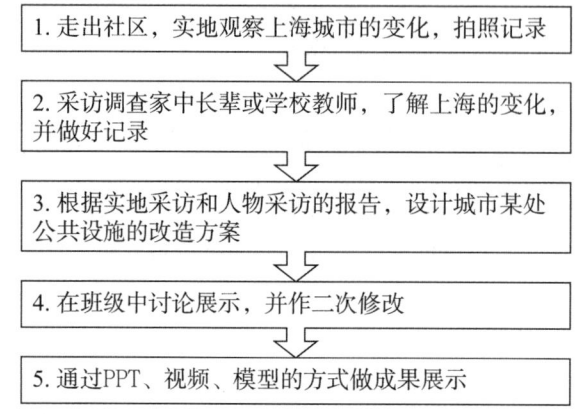

图 3-2-7　第三课时学习活动

学习资源:学习单、社区资源。

学习评价:

评价要点:关注学生在参与各活动过程中的参与态度、协作精神以及是否具有创新实践精神。

评价方式:参见表 3-2-8。

表 3-2-8　第三课时学习评价

	评价内容	自评	互评	师评
参与态度	1. 认真参与每一次活动,保持参与兴趣	☆☆☆	☆☆☆	☆☆☆
	2. 能运用学习方式和多种学习资源自主学习	☆☆☆	☆☆☆	☆☆☆
	3. 努力完成自己承担的任务,能发挥自身优势为小组成员提供帮助	☆☆☆	☆☆☆	☆☆☆

(续表)

	评价内容	自评	互评	师评
协作精神	1. 能积极地参与组内、组间成员交互讨论,能完整、清晰地表达想法,尊重他人的意见和成果	☆☆☆	☆☆☆	☆☆☆
	2. 能在活动中与大家互相学习和帮助,共同进步	☆☆☆	☆☆☆	☆☆☆
创新实践	能在活动中始终保持好奇心和探索欲,能对现有的成果作批判性的思考	☆☆☆	☆☆☆	☆☆☆

四、课时举隅

1. 学习任务分析

以第1课时为例,本课时学习任务对应第一个学习子任务,即"家装陈设变化带来的影响"。本课时的学习是以学生的直接经验为基础,以与学生学习和生活密切相关的实践性问题为内容所开展的英语跨学科主题学习,引导学生通过实践和探究,综合运用英语和美术、劳动和数学课程所学知识帮助外国友人作家装改造,拓展并加深学生对"改变"这一主题的理解。

2. 学习目标

（1）能知道家具分类、名称并能简单介绍其特征和用途,感受其带给使用者的便利和幸福体验以及所表达的人文属性与文化内涵。

（2）能结合"实用与美观相结合"的设计原则,在实践操作中,结合生活经验,设计合适的家装改造方案。

（3）能通过实践操作,运用观察、比较和分析等方法,探究家庭情况、职业、饮食和生活等因素与家装的关系,并正确运用一般现在时和一般过去时介绍家具陈设变化以及简述改造原因,在活动中体验改变对家庭生活的积极影响。

（4）通过小组合作,在实践操作的过程中,逐步形成规划意识以及职业技能,具有一定的创新意识。

3. 学习过程

参见表3-2-9。

表3-2-9 课堂实施过程

活动环节	教师活动	学生活动	设计意图
了解任务，形成分工	教师发布任务：四位外国友人寻求家装改造方案，希望学生以"梦想改造家"的身份参与家装改造设计。教师以课时驱动性问题"How to be a good designer?"引导学生思考成为设计师的要求，在过程中指导学生填写小组分工合作单	学生知晓本课时总任务，思考驱动性问题，即如何成为一名优秀的家装设计师。根据教师指导填写小组分工单，了解主要职责和评价标准	发布任务，学生以问题"How to be a good designer?"为驱动，以合作形式开展学习活动，调动每位学生的学习能动性，为全员、全程参与学习提供基础保障
讨论选择，预测需求	教师呈现客户采访报告，引导学生从客户的家庭情况、职业和生活习惯上分析客户信息，初步预测客户改造需求；指导学生小组讨论选择客户并鼓励其陈述原因，并根据学生的表达情况作出反馈	学生运用Skimming阅读策略，快速阅读采访报告，获取客户主要信息，小组讨论选择客户，根据基础信息初步预判需求，课堂交流选择客户的原因	通过Skimming快速获取客户家庭、职业、生活等基本信息，结合自身家庭生活经验，初步预测客户需求，为后续方案设计提供基础保障
观察分析，分享交流	教师呈现客户房型图，引导学生运用所学语言作交流介绍，同时进一步思考可行的家装改造方案。学生在课堂交流中，教师给予及时反馈	学生观察客户房型图，运用所学语言从房间朝向、主要家具摆放等角度介绍客户现有家装；结合客户报告进一步思考可行改造方案	观察客户房型图，运用所学语言介绍，复习巩固所学语言知识。学生在观察介绍的过程中，能结合客户基本情况进一步预测客户需求
阅读语篇，提取信息	教师呈现客户家装改造自述，引导学生获取客户需求和预算等关键信息，指导学生进一步理解学习语篇中的生词	阅读语篇，获取关键信息，在小组讨论中核对互评，根据教师指导，学习理解语篇中的生词，进一步了解客户需求	阅读客户改装自述，获取有关客户需求的关键信息，为后续家装改造方案提供依据
设计体验，操作分享	教师呈现家装改装列表，引导学生根据预算和需求，为客户进行家装陈设的初步改造。同时，进一步引导学生在预算有余的情况下，从客户基础信息中挖掘可以使其生活更便利的要点，续购小家电或装饰	根据客户预算和需求，在家装列表中选取家具，小组成员到"家具商场"挑选家具，并根据客户情况，续购其他产品，在保障客户基本需求的同时，提升他们的生活品质，体验改变带来的积极影响	仔细研读改装列表，并调动自己的生活经验分析判断，由基本规格和优化规格这两方面设计并实施家装改造方案，全面、深度思考并理性消费

（续表）

活动环节	教师活动	学生活动	设计意图
分享交流，反思改进	教师指导学生正确运用所学语言陈述本次家装改造方案，引导学生分享参与活动的体验	小组内交流改装后的成果，选派代表在班级中展示交流，现场连线一位客户代表作反馈评价。根据客户评价思考改进方案	展示学习成果，根据客户反馈二次修改

4. 学习资源

本课时所用学习资源是基于真实问题，由学生本人亲自参与并总结整合的资源。首先，本课时所涉及的"客户"是真实的外国友人。课前，学生以小组形式，实地探访友人家庭，通过采访了解他们的基本情况并撰写报告。此外，本课时"我是梦想改造家"所使用的教具是按照客户户型所制作的立体模型。

五、案例反思

通过此案例的研究，我们深刻认识到以主题为引领，融合关联学科的教学有益于打破学科的界限，利用关联学科知识，提升英语学习实效。在实践中，我们发现，以核心素养为目标，着眼于学生各年龄段的整体发展目标，融合关联学科内容，不仅提高了学生学习英语的兴趣，还能促进学生的全面发展。

跨学科学习是学生在教师的引导下自主构建和内化新知、发展独立思维、提升合作解决问题能力的一种方式。在跨学科学习中，应摆脱传统的关注教学行为实际发生的观念，转而关注学生学习的过程和效果，即为学生创造更多的、有效的深度学习和合作的机会，引导学生多角度分析、审视、赏析，产生思维的碰撞，进而利用结构化新知解决真实情境中的实际问题。跨学科融合要求学生综合运用各学科知识与思维解决真实情境中的复杂问题，有助于整体建构跨学科主题学习实施的一体化课堂，使知识学习走向实践创新，进而带动课程综合化实施。

> 教学论文

素养导向下小学英语跨学科主题学习设计与实施策略*

摘　要：跨学科主题学习是实现课程内容整合，发挥课程协同育人功能的重要路径之一，以真实问题为导向，联结学生的生活经验，促进学生的应用与学习，提升核心素养的发展。研究以基于主题领域的小学英语跨学科主题学习策略为主要研究内容，论述小学英语跨学科主题学习设计的原则、流程以及学习策略的具体运用。

关键词：主题领域；跨学科主题学习；学习策略

一、基于主题领域的小学英语跨学科主题学习策略研究背景

跨学科（英语 Interdisciplinary），是 20 世纪 60 年代兴起的一种学习方式，其定义虽未在国际上达成一致，但专家学者对"跨学科"所"跨"之内容及所"学"之方式皆有相似表述。跨学科学习是指学生广泛探索与他们生活环境中某些问题相联系的不同学科的知识，并有意识地参与并整合多个学术领域和多种学习方式来研究某个核心问题或项目。由此可见，跨学科学习是一种旨在打破学科之间的界限、跨越单门单类别的研究方式，实现学科间相互作用、互相补充的合作研究，进而实现对问题的综合性和整合性研究。

在我国，为全面落实立德树人根本任务，依据培养"有理想、有本领、有担当"时代新人要求，新修订的《义务教育课程方案（2022 年版）》中明确提出要"加强综合课程建设，注重培养学生在真实情境中综合运用知识解决问题的能力"，并明确规定"开展跨学科主题教学，强化课程协同育人功能"。与课程方案相呼应，《义务教育英语课程标准（2022 年版）》提出"设立跨学科主题学习活动，加强学科间相互关联，带动课程综合化实施，强化实践性需求"，从而"提升学生运用所学语言和各门学科知识创造性解决问题的能力"。因此，在英语教学中开展跨学科主题学习，对于进一步落实学生核心素养的发展、提升其

---

* 执笔人：王亚男，上海市普陀区新普陀小学东校。

问题解决能力具有重要意义。

二、基于主题领域的小学英语跨学科主题学习策略研究目的

义务教育英语课程标准指出,义务教育英语课程体现工具性和人文性的统一。一方面,学生能在将来运用英语解决实际问题。另一方面,学生能在英语课程的学习中形成人文素养,发展积极、正确的跨学科情感、态度和价值观。英语学科跨学科主题学习就是引导学生在探究主题所承载的意义的契机之下,运用大量的理解性和表达性活动,帮助学生获取学科基础素养背后的跨学科素养的重要途径。

但是,目前在小学阶段的英语跨学科学习的实践积累中存在三个问题。

第一,对于英语学科的跨学科学习研究欠缺。目前,国内在英语学科的跨学科学习研究主要有两个方面。一是在跨学科的视角下对教学方法和模式的实践研究;二是目前对于教学材料和教学内容的跨学科分析主要集中在大学和高中阶段。相对而言,小学阶段在这方面的探索和研究则显得较为薄弱,对于英语学科的跨学科学习研究尤为不足。但培养学生的跨学科意识和能力必须从基础教育阶段就开始重视,因此,对于小学阶段英语学科的跨学科学习研究显得尤为重要和紧迫,亟须加强相关方面的研究和实践。

第二,目前,国内缺少成熟的基于主题领域的小学英语跨学科学习策略研究的经验和案例。小学英语教师普遍具有开展跨学科主题教学的意识,认同跨学科教学助力学生全面发展的优势,但对英语跨学科主题教学设计、实施以及如何在英语学科跨学科主题学习中培养、发展学生学习策略运用的具体路径和方法较为模糊。

第三,英语跨学科主题学习强调以英语学科为核心,通过构建知识与现实世界的桥梁,激发学生的学科知识与跨学科知识共同作用,使学生在思考和解决问题的过程中,能够实现知识的灵活运用和迁移,进而促进实际问题的有效解决。在跨学科设计中,教师往往发现学生对现实世界的认知水平远超于其英语学习水平,学生受困于语言知识的缺乏,无法准确地表达自己的理解与想法。

为实现课程方案与课程标准培育时代新人的蓝图,教师需要从单纯的知识传授者转变为全面的教育引导者,需要超越传统的学科本位和知识本位的教学观念,转向以学生素养发展为本位的教育方式,从而更好地促进学生的全面发展。而学习策略为学生提升自主学习能力、提高学习效率并保持积极的学习态度提供了具体的方式方法,也是跨学科主题学习对提升学生核心素养发展效果的重要保障。为了帮助小学教师更有效地开展英语跨学科主题设计,本项研究使用文献研究法和案例研究法相结合的方式,以期在基于课堂实践的基础上,总结出行之有效的策略和方法,促进小学英语跨学科主题学习从课堂理论走向实践。

基于目前实践以及研究现状，本次研究希望能在以下三个方面取得收获：

（1）归纳梳理出基于主题领域的小学英语跨学科主题学习"领域范畴—主题群—子主题"之间的框架体系。

（2）完善基于主题领域的小学英语跨学科主题学习教学设计流程，并在研究中确立建构依据、总结设计原则。

（3）总结在基于主题领域的小学英语跨学科主题学习中指向学生学习策略培育和发展的相关策略。

三、基于主题领域的小学英语跨学科主题学习策略研究内容

（一）"主题范畴—主题群—子主题"之间的框架体系

课程标准以核心素养培养作为统领，结合核心素养各要素具有融合、互动等特征，提出关注"人与自我、人与社会和人与自然"这三大主题。

三大主题范畴中，"人与自我"以"我"为视角，设置"生活与学习"和"做人与做事"等主题群；"人与社会"以"社会"为视角，设置"社会服务与人际沟通""文学、艺术与体育""历史、社会与文化"和"科学与技术"等主题群；"人与自然"以"自然"为视角，设置"自然生态""环境保护""灾害防范"和"宇宙探索"等主题群。各主题群下设若干子主题。这些联结知识、学生生活以及社会需要的丰富语境有利于学生充分调动已有经验，综合运用所学知识解决问题，从而建构知识结构并在学习中形成的情感、态度和价值观内化为核心素养，实现学有所用的目标。因此，在小学英语课程中基于主题领域探索跨学科主题学习是较好的路径。

（二）基于主题领域的小学英语跨学科主题学习设计流程

1. 建构依据

基于主题领域的小学英语跨学科主题学习，是以英语学科为中心，围绕特定主题，运用不同学科的知识，开展对该主题的学习。课程组织内容以主题意义为引领，以单元形式呈现。在教学设计中，依据双线融合的原则，提炼单元大观念。"双线"即主题大观念和语言大观念。通过梳理单元主题与各语篇之间的联系，总结并在拆解融合数个小观念的基础上，提炼出与主题相关的主题大观念以及与学科知识相关的语言大观念。其中，主题大观念对应跨学科学习目标，语言大观念对应语言学习目标。综合"双线目标"最终制订出指向核心素养的单元学习目标（图3-2-8）。

以《英语（牛津上海版）》五年级第二学期 M3U3 Changes 为例。该单元属于"人与社会"主题语境下的"社会服务与人际沟通"，涉及的话题是"和谐家庭与社区生活""家乡和社会的变迁，历史的发展，对未来的畅想"，本单元由对话、儿歌、说明文等五篇不同类型

的语篇构成,从家中家具陈设变化以及城市社会变迁的角度展现变化带来的积极影响。

通过寻找各语篇之间主题意义的关联,结合学生实际情况增加有关社区项目改造的语篇,使单元语篇之间的主题意义围绕家庭、社区、城市展开,最终整合成三个小观念,即感知体验家具家装的改变对家庭的作用;探索发现社区陈设改造对居民生活的影响;分享表达城市变迁对人民生活的意义;以这三个遵循认知发展规律的小观念为基础,可提炼出本单元的大观念,即:改变,让城市生活更美好。

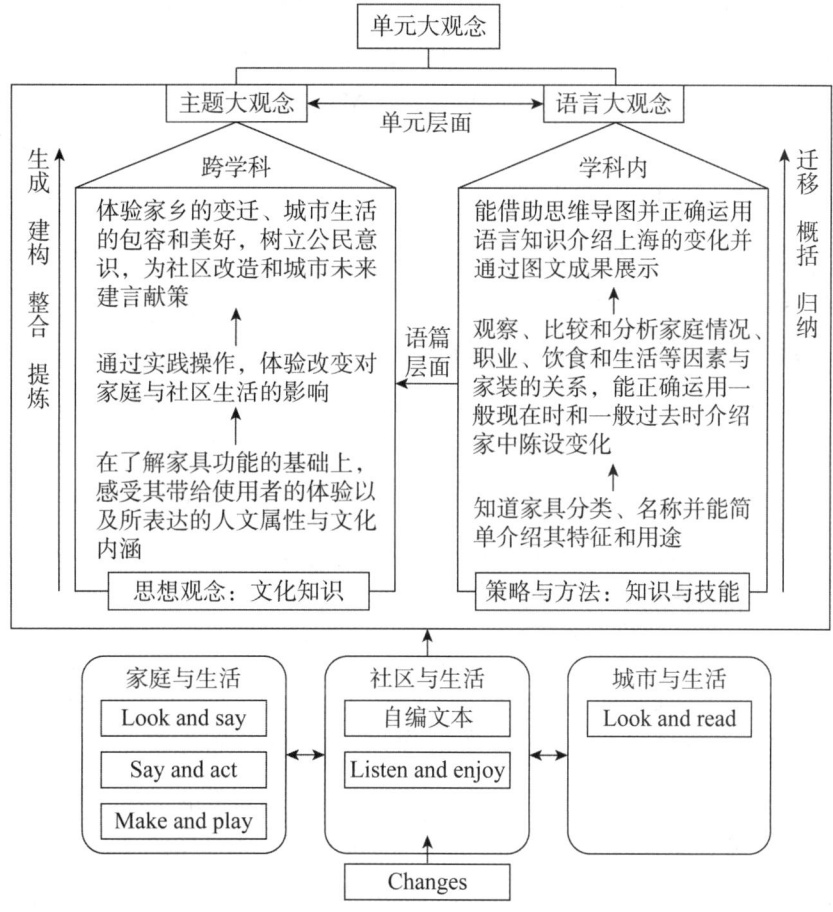

图3-2-8　5BM3U3跨学科主题学习目标设计流程

2. 设计原则

(1) 以英语学科为依托,开展学科整合。

英语学科的跨学科主题学习,以英语学科中的语言知识为内容,整合相关学科知识或概念,围绕与学生生活相关的主题开展实践活动。在设计过程中,必须坚持英语学科立场,将跨学科主题学习活动分解于同探究主题意义相关的各个学科中,有利于进一步打破学科界限,提高教学效率,帮助学生建立学科认知结构。如《英语(牛津上海版)》三年级第二学期 M3U2 Colours 第三课时 Our favourite Chinese landscape paintings 的教学设计中，教师以探究中国山水画之美为研究主题，引出美术学科中辨识原色和间色的知识以及语文学科中借助注释和插图理解诗文的学习方法，让学生在理解并用英语准确表达画作内容的基础上达成感受中国传统山水画美妙之处的目的。

（2）以解决问题为目标，实施综合设计。

英语跨学科主题学习是以真实问题或者任务为驱动，综合运用各门学科知识与技能发现问题、理解问题进而解决问题的过程。基于主题领域的小学英语跨学科主题学习设计，一定是在真实情境下，以问题解决为目标，以小组合作为主要形式的综合学习活动表现。以《英语（牛津上海版）》五年级第二学期 M3U3 Changes 第二课时 Changes in people's homes 为例，本课以驱动性问题"How to be a good designer?"引导学生通过合作学习，在观察理解、分析设计、实践操作、反思改进等学习活动中，体验成为一名"梦想改造家"的过程。由此更加深入地理解"How does a small change make a big difference?"此单元驱动性问题。

（三）基于主题领域的小学英语跨学科主题学习策略

英语学习策略作为英语课程六要素之一，是发展学生核心素养的内容基础。根据课程标准，英语学习策略包括元认知策略、认知策略、交际策略、情感管理策略等。其中，元认知策略有助于学生计划、监控、评价、反思和调整学习过程，提升自主学习能力；认知策略有助于学生采用适宜的学习方式、方法和技术来加工语言信息，提升学习效率。

1. 以真实情境推动元认知策略运用

元认知策略也就是学生对自己的学习做出计划安排，有助于学生计划、监控、评价、反思和调整学习过程，提升自主学习能力。作为一种管理策略，元认知策略以学生为主体，引导学生在掌握知识的过程中，根据教学活动步骤和自己的实际能力，自主设置自己的学习计划，并根据计划合理安排自己的学习过程，最后对自己的学习结果作出反思。

引导学生正确运用元认知策略开展基于主题领域的小学英语跨学科主题的学习，其关键在于探究任务的生成与发布。主题意义源于语篇，主题情境源于现实生活。而我们的学科课堂知识主要以教师在课堂中的语言描述、视频呈现或现场模拟的方式间接呈现，学生解决的往往是虚拟的问题。这导致少部分学生无法调动已有的经验对问题作思考探究，也无法对自己的学习情况作有效监控。因此，真实场景中的真实问题才能促发学生真正的感受，吸引学生主动探究解决问题的方法，并在此过程中学习规划解决问题的步骤，同时在解决问题的过程中对自己的学习方法和状态作有效评估。

如《英语（牛津上海版）》五年级第二学期 M3U3 Changes 第二课时的课例中，教师在课前发布任务"四位外国友人希望获得家具改造方案"。学生通过设计采访提纲、现场采访、采后报告撰写的方式获得外国友人的基本信息,包括年龄、职业、家庭成员、养宠情况、饮食、生活习惯、工作地点、生活作息以及兴趣爱好,为家具改造方案的合理化设计收集信息。学生在实践活动的过程中,由真实的任务驱动,调动已知经验,小组讨论并设计采访提纲。通过现场采访和线上采访获取客户基本信息,并根据实际采访情况改变不适合的采访问题或采访方式。在整理采访报告的过程中,学生能对采访报告是否能作为家装改造的有效参考进行反思研究,从而进一步调整采访内容,思考是否开展下一步采访或调研。因此,在跨学科主题学习中围绕适切的真实任务和驱动性问题,有助于学生充分利用元认知策略开展自主学习探究。

2. 以核心问题驱动认知策略发展

认知策略作为一种重要的学习策略,涉及学生如何有效地处理和加工学习材料。在这些策略中,精细加工策略尤为关键。这种策略侧重于将新信息与大脑中已有的信息作关联,从而赋予新信息更深层次的意义。其核心目的是在已有的知识体系中构建新的联系,进而帮助学生更好地理解和记忆新知识。而组织策略是将分散的、孤立的知识整理归类,集合成一个整体,并使其结构化的一种使信息由繁到简、从无序到有序的策略。在基于主题领域的小学英语跨学科主题学习中,学生由本学科出发,综合运用多学科知识和自身经历解决问题,本身就锻炼了其处理复杂信息从而建立信息间各种联系的能力。因此,教师需要将这些复杂的信息以核心问题链的形式提出,引导学生调动认知策略对问题作出解构,从而在回答中寻找解决问题的方案。

例如,在《英语(牛津上海版)》四年级第二学期 M1U3 Look at the shadow! 的跨学科主题学习中,学生根据驱动性问题"How to make a shadow doodle?"学习如何利用光影绘制一幅有关影子的作品。学生通过小组合作、实验记录、动手制作、问答交流等形式,结合自然学科中影子形成的必要条件的学科知识,以及美术学科中创造绘画的学习要求,在探究过程中逐渐体会将科学性和艺术性融于英语课堂的乐趣,从而设计、制作并介绍属于自己的最独特的艺术品。

四、收获与展望

课程方案将跨学科主题学习纳入课程体系,这标志着我国教育改革迈出了重要的一步。这一举措旨在破解传统教育中学生被动接受式学习的难题,为素养时代的义务教育课程改革提供了有力保障。通过开展跨学科主题学习,我们能够帮助学生打破学科之间的界限,以核心素养为目标,关注学生各年龄段的整体发展。素养时代的跨学科主题学习实践,其本质是与个体生命、社会生活密切相关的真实性实践。在解决复杂问题时,尤其需要学科素养与跨学科素养相互支撑。

基于主题领域的小学英语跨学科主题学习以主题为引领,立足英语学科立场,通过英语学科与其他学科的紧密融合,鼓励学生在真实问题或任务的驱动下,从学科联结的角度出发思考、分析和解决问题。在这个过程中,学生将从学科知识出发,发散性地探索多维度解决问题的途径。在知识建构的过程中,学生将体验到一种更开放、更多元、更灵活的学习方式。这种学习方式不仅有助于提升学生的核心素养,还能助力他们为终身发展奠定基础。

总之,新课程方案的实施为我国教育改革注入了新的活力。跨学科主题学习不仅有助于提高学生的学习兴趣,还能促进他们在语言、文化、思维等方面的全面发展,成为具备创新精神、批判思维和全球视野的新一代人才。

参考文献

[1] 中华人民共和国教育部.义务教育课程方案(2022年版)[S].北京:北京师范大学出版社,2022.

[2] 中华人民共和国教育部.义务教育英语课程标准(2022年版)[S].北京:北京师范大学出版社,2022.

[3] 王蔷,刘诗雨.在英语教学中开展跨学科主题学习的意义与关键问题解决[J].英语学习,2023(07):4-11.

[4] 任学宝.跨学科主题教学的内涵、困境与突破[J].课程·教材·教法,2022,42(04):59-64,72.

[5] 王歆.牛津上海版小学英语教材跨学科内容分析[D].上海:华东师范大学,2022.

小学艺术（音乐）学科跨学科主题学习实践研究

项目主持：席　恒

项目实验校：上海市实验学校附属东滩学校

项目组长：亢　幸

项目组核心成员(按姓氏拼音排序)：

华　芯　刘洋洋　孙　畅　周　敏　祖逸娇

研究报告

小学艺术（音乐）学科
跨学科主题学习实践研究报告*

一、研究背景

《义务教育课程方案(2022版)》中明确指出，要加强综合课程建设，注重培养学生在真实情境中综合运用知识解决问题的能力。开展跨学科主题教学，强化课程协同育人功能。《义务教育艺术课程标准(2022年版)》的核心素养中包含了"文化理解"这一素养，指明要坚持引导学生在积极参与各类艺术活动中学习和领会中华民族艺术精髓，增强中华民族自信心和自豪感。为"突出课程综合"这一特点，在3~9年级的学习任务中设置了"小型歌舞剧表演"。

本项目围绕"编演小型音乐剧"开展跨学科主题学习的设计与实践。主题聚焦于教材中"阿细跳月"这一音乐作品。将乐曲欣赏作为引发跨学科主题学习的起始点，以作品背后展现的文化背景、传说故事为扩展点，启发学生感悟彝族人民勤劳能干、能歌善舞、勇敢无畏的精神内核。

二、研究设计

（一）文献综述

1. 什么是跨学科主题学习

郭华教授在《跨学科主题学习是什么？怎么做？》一书中，将跨学科主题学习分为两类，一类是"单学科主导的跨学科主题学习"，即运用知识以解决复杂问题；一类是"多学科融合共同主导的跨学科主题学习"，即利用跨学科主题学习知识。目前，多数的跨学科主题学习都是围绕第一类开展的。也就是，基于一个学科，运用多个学科领域的知识和方法，对单学科做深入的学习。

---

* 本文主要执笔者为上海市实验学校附属东滩学校亢幸，上海市教师教育学院（上海市教育委员会教学研究室）席恒负责整体框架设计与撰写指导。

2. 跨学科主题主要倡导什么

跨学科主题学习是体现课程综合化和实践性的教学内容，强调的是本学科与相关学科的知识与方法的整合，以及围绕某一主题所展开的综合学习，突出了跨学科主题学习的三个关键词——"跨学科""主题""学习"。

"跨学科"所要表达的是基于学科、超越学科，立足学科、主动跨界，是自觉主动关联相关课程以实现分科课程实施综合化的努力。既要立足学科立场，又要照顾前后左右，从本门课程出发，还要看到相关课程，处理好与相关课程的关系，与其他课程分工合作协同完成育人任务。

3. 音乐学科的学者如何看待跨学科学习

《义务教育艺术课程标准(2022年版)》指出，艺术类课程始终坚持以美育人的教育理念，在授课的过程中重视艺术体验，培养学生的艺术素养和审美能力。注重多元融合，加强音乐与相关学科及核心素养之间的内在联系。

音乐跨学科主题最重要的特点就是"真实的情境与开放的结果"。站在音乐学科的领域上，它要与姊妹艺术相融合，还要拓展到其他的相关课程，比如音乐与舞蹈、戏剧、表演的结合，再往外扩展，可以与语文、历史等结合。但音乐的跨学科学习，必须立足于本学科的基础上再往外拓展，因此，学生在音乐课程中要建立音乐思维、获得音乐语汇，进而通过音乐的思维去观察和思考现实世界，让音乐与相关学科知识建立联系。通过跨学科学习，与相关学科交叉相融，使音乐学科的学习更加深入、更加主动。

从音乐学科来讲，音乐的跨学科学习应该是从音乐中来，基于音乐学科的知识散发出去，聚焦主题线索，广泛联结经验，又回到音乐学科中去，加深对音乐及其文化的理解，最终落实学生的核心素养。

（二）研究目标

(1) 探索音乐学科跨学科主题学习设计的思路。

(2) 形成音乐学科跨学科主题学习的实践策略。

(3) 形成对"音乐学科跨学科主题学习"正确的理解。

（三）研究内容

(1) 跨学科主题学习的设计规格。

(2) 跨学科主题学习活动的设计思路和方法。

(3) 跨学科主题学习活动的实施策略。

（四）研究方法

1. 文献研究法

查阅和整理与跨学科主题学习、音乐剧编演相关的理论文献，为本项目提供理论支撑和参考。通过对文献的深入研究，更好地理解跨学科主题学习的内涵和价值，以及如何在音乐剧编演中有效实施。

2. 案例研究法

深入研究《阿细跳月》这一音乐作品，将其作为案例，在跨学科主题学习的活动中，通过音乐剧的编演，将音乐学科与关联学科进行融合，深入了解音乐作品背后的文化内涵。

3. 经验总结法

通过总结和提炼音乐剧编演过程中的实践经验，形成具有可操作性的跨学科主题学习实践策略。帮助我们从实践中获得启示，进一步完善音乐学科跨学科主题学习的理论体系。

（五）研究过程

1. 框架设计阶段

本项目主题来自三年级音乐教材《阿细跳月》这一音乐作品。学生借助语文阅读中的概括能力，将《阿细跳月》的传说故事作重新架构，形成三幕音乐剧的基本框架。根据剧情需要对《阿细跳月》音乐作改编，形成音乐剧必备的主题音乐。结合想象，细化表演所需的配乐、音效、服装、道具、台词、动作等内容，在合作中完成创编，并在排演中不断改进演唱、舞蹈、戏剧表演等各方面的效果。

具体内容见跨学科主题实施方案。

2. 课例实践阶段

基于小学音乐跨学科主题学习的单元设计，围绕"编演小型音乐剧"开展了跨学科学习的教学研究。教学中注重学生的自主探究和团队合作，通过四个任务群的学习，引导学生从最初单学科的认知理解，进入挖掘作品文化背景，结合相关学科的学习经历完成跨学科主题的学习。以探究的方式真正实现认知思维的自主建构和音乐能力的发展、迁移。为此，设计了跨学科主题学习的评价表，考查学生在综合艺术实践中所能达到的成果。

三、经验总结

1. 聚焦主题线索，广泛联结经验

在这个项目中，学生必须了解《阿细跳月》的音乐风格、舞蹈特征、节拍特征，能够在理解音乐的同时，深入挖掘和体验彝族文化的独特魅力。通过这种方式，学生能够在音乐剧的编创过程中，自然地将音乐与相关学科知识相结合，形成全面的知识体系。

2. 关注审美体验，促进认知建构

审美体验是音乐剧编创的灵魂，它能够激发学生的创造力和表现力。在学习的过程

中,学生需要基于自己的经验和理解,对跨学科的知识作个性化的整合和建构。这种建构过程有助于学生对知识的深度理解和应用,形成自己的认知结构和知识体系。

比如,传统美术教师是按照教学进度授课,教师教什么学生学什么,学生可能学到的是某一项美术技能。而在跨学科的学习中,学生是从基于音乐学科的学习,经过自主建构后,主动发现剧中要使用什么样的道具,什么样的道具才符合剧情发展等。因此,设计和制作的过程也是试错的过程。

3. 融入表演情境,落实素养发展

在音乐剧的排练和表演中,学生会遇到各种实际问题,比如演出不够投入、表演单一、笑场等。这些都是因为学生对于角色的把握不到位,对表演没有经验等造成的。因此,融入表演情境就显得尤为重要了。

四、研究结论

本项目从 2022 年 12 月开始至 2023 年 12 月结束。一年时间内,项目一直在摸索、改进,努力厘清音乐跨学科的"跨"的界限。主要体现在以下两个方面:

(一) 音乐跨学科主题的设计思路和方法

1. 立足音乐学科,侧重文化理解

项目源自一节音乐欣赏课《阿细跳月》,这是一首民族管弦乐作品,乐曲表现了彝族地区"月下欢舞"的夜晚美景,情绪热烈欢快、舞蹈性强。《阿细跳月》这部乐曲是从何而来呢?彝族是以农耕为主要生活方式的民族,而阿细跳月则是在庆祝丰收和祈求丰收时表演的舞蹈,彝族人将月亮视为神圣的象征,认为月亮能带来好运和祝福。因此,"跳月舞"就诞生了,成为彝族文化中重要的民间舞蹈。通过乐曲欣赏,加深学生对作品背后展现的文化背景、传说的了解,明了在这样的文化背景下,彝族人民勤劳能干、能歌善舞、勇敢无畏的精神内核。这就是本次跨学科主题学习的主旨思想。

2. 基于文化理解,建构主题情境

无论是器乐作品、填词演唱,或者是"跳月舞",都是基于一个民间传说。学生通过网络查找,找到了一篇关于《阿细跳月》的传说故事。运用语文中学到的阅读策略,把握每一段所描述的内容。故事中,第一段描述阿细村寨中两位主人公幸福的生活;第二段讲述了村寨遭遇了大火危机;第三段讲述了危机解除后,庆祝阿者射日之功,场面欢快热烈。故事分析帮助学生建立了主题情境。

3. 依据主题内涵,分项引导探究

情境建立后,如何将故事变成音乐剧的剧本呢? 故事有段落,音乐剧有剧目。于是,围绕这三段,学生确立了音乐剧三幕主题:第一幕《美丽的阿细村寨》,第二幕《家园危机——阿者射日》,第三幕《大地复苏——阿细跳月》。学生同时思考,每一幕分别适合用怎样的表现方式?

4. 跨越学科边界,形成领域协同

在这些分项探究中,第一幕的两段《阿细跳月》乐曲,都是基于音乐学科中演唱的主题旋律而来的,第三幕中的"跳月舞"也是在音乐课中学到的。但歌词的创编,第二幕剧情的创作、服装道具的设计都跨越了学科边界。同时,学科知识要形成领域协同。首先,剧本的创编、音乐、表演要协同,其次,服装、道具、配乐、台词也要协同。而这些跨学科的协同都是为了更好地理解音乐的文化主旨,感受彝族人民勤劳能干、能歌善舞、勇敢无畏的精神内核。

在这个过程中,学生是"思考者、探索者、活动设计者"。学生不仅掌握了"彝族音乐"相关文化的知识技能,同时在项目式的合作学习中,通过自主探究、团队合作等灵活地调用知识技能来解决"编演小型音乐剧"这一复杂的情境问题。通过多学科领域协同,更好地理解音乐的文化主旨,感受彝族人民勤劳能干、能歌善舞、勇敢无畏的精神内核,也体现了跨学科主题学习要经历的三个阶段:"基于学科知识,始于生活情境,终于学科素养。"

(二) 提升教师跨学科教学能力的实施策略

随着社会的发展和知识领域的不断扩展,传统的单学科教学模式已经难以满足学生全面发展的需求,跨学科主题学习必将成为今后教学的新趋势,而这对于教师的教学能力也是一大挑战。由于专业能力、知识储备等差异,不同教师会遇到不同的问题。比如,本次项目中"编演小型音乐剧"这一复杂的教学领域,教师的跨学科教学能力直接关系到学生能否在音乐、舞蹈、戏剧、美术、语文等多个领域中实现知识的融合与创新。因此,提升教师的跨学科教学能力,不仅是教育改革的必然要求,也是培养学生未来竞争力的重要途径。

1. 音乐主题与跨学科教学的融合策略

在本次跨学科主题学习的过程中,教师的角色不仅是传授音乐知识,更是带领学生探索文化领域的引导者,将音乐与相关学科建立起联系,学生能够在理解音乐的同时,将音乐与彝族人文知识,语文、美术等学科知识相结合,自主挖掘并体验彝族文化的独特魅力,形成全面的知识体系。

项目之初,教师要先对《阿细跳月》背后的文化背景作深入研究,设计"素材调查表"等工具帮助学生开展彝族文化的探究,学生借助网络资源收集信息,整理了解到的彝族地理位置、服饰特点、文化习俗、"跳月舞"的起源等信息,为后续剧本、歌词和舞蹈、服装道具的编制做好准备。

通过这种融合策略,学生不仅学会了如何创作音乐剧,还学会了如何将音乐与文化、历史相结合,提升了文化素养和创新能力,学生的作品也会更为丰富多彩,充满文化气息。

2. 审美体验与教学创新的策略

审美体验是音乐剧创编的灵魂,它能够激发学生的创造力和表现力。在教学中,教师需要创新教学方法,让学生在音乐剧的创作和表演中,体验到艺术的魅力,这种策略有助于学生在音乐剧的创编过程中,形成独特的艺术视角和表达方式。

本次音乐剧创编中为表现阿细村寨的美景,需要一段舒缓的音乐,而这段音乐没有现成的怎么办?学生就想到之前空中课堂学过的"音虫软件"技术,运用软件中AI编曲功能尝试做一段音乐。但由于"音虫软件"的素材库有限,做出来的音乐不能表现彝族音乐特色。于是,教师带领学生共同以软件技术的探索为手段,以符合彝族音乐风格的场景配乐创编为目的,进行了深入的学习。

3. 情境教学中的问题解决策略

在音乐剧的排练中,除了角色演绎、舞台走位等问题,团队合作也是学生遇到的一大难题。比如,道具组在第一幕应该搬怎样的道具?多媒体组应该放怎样的背景?音乐什么时候切换?等等。

教师可以设计一系列模拟情境,让学生在音乐剧的排练中面对各种挑战。例如,"剧本围读",教师与学生一同边演绎台词,一边理解剧中人物不同时刻的反应,探寻出最佳的演出状态、语言、表情、动作等;"模拟演绎",请学生一起讨论在剧本所描绘的特定环境中,道具如何出场、用什么样的音乐、音乐什么时候播放等。教师在旁观察,适时提供指导,帮助学生找到解决问题的策略。

通过情境教学,学生在面对问题时能够更加冷静和有条理,他们的团队协作能力和问题解决能力得到了显著提升。

4. 教师专业持续发展策略

教师的专业发展是提升教学质量的关键。在跨学科主题学习的教学中,教师需要不断反思自己的教学实践,学习新的教育理念和方法,以适应不断变化的教育需求,提升自身的教学能力,更好地指导学生。

本次项目结束后,我们还邀请教研团队、同行和学生共同讨论教学过程中的成功经验和需要改进的地方,将项目过程、成果整理成文字,为新教师对跨学科主题学习的研究开辟出新的道路。同时,教师应积极参加专业培训,如戏剧表演、音乐制作等,以拓宽自己的知识领域,不断更新教学理念。这不仅将提升教师的教学水平,也将为学生提供更优质的教育资源,促进跨学科主题学习的整体提升。

五、效果与反思

第一阶段的跨学科主题学习成果初现。基于实践,也引发了我们一些思考:

(一) 跨学科主题学习要存在于课程结构化体系中

相比传统教学,跨学科主题学习形式发生了变化,但不变的是都需要学生具备一定的学科知识储备,处理好音乐学科内在系统性、逻辑性与综合性、实践性的关系。比如,在本次项目学习中,根据剧本的情境,需要思考运用怎样的音乐、速度、表现方式,而这些则需要学生对音乐的基本要素和表现特征等有一定的学习积累。

任何主题活动设计都要与学生生活、学习经验相联系。借用余丹红教授的话,"音乐跨学科主题最重要的特点就是真实的情境与开放的结果。"要针对某一问题或某一主题,考虑学生如何参与进来,参与的方向和程度是怎样的?这一切都会影响学生最终的学习结果走向,让学生看到自身努力的成果。

(二) 跨学科主题学习的目标设计要适度、有边界感

在学习之初,要明确学习目标和主题,确保学习内容的聚焦和针对性。虽然跨学科主题学习强调跨越不同的学科领域,但是也需要设定一定的学习边界,这个边界则是确保学生基于一个学科的基础再去借助相关学科的工具解决问题,确保学习的深度和广度。可以根据主题和目标,确定需要涉及的学科领域和具体内容,以及学习的时间和资源限制。项目进行中,教师需要根据学生的学习情况和反馈及时干预指导,调整学习策略,确保学习的适度性和有效性。当然,最重要的是鼓励学生自主学习和探究,培养学生的跨学科思维和综合能力。

参考文献

[1] 郭华.落实学生发展核心素养,突显学生主体地位——2022年版义务教育课程标准解读[J].四川师范大学学报(社会科学版),2022,49(04):107-115.

[2] 余丹红.音乐跨学科学习的历史渊源与现实意义[J].人民音乐.2023,(02):50-53.

[3] 徐广华.跨学科主题学习的目标设计:基本要点、设计思路与呈现样态[J].教育理论与实践.2023,43(29):13-17.

[4] 付宜红,李文辉.基于核心素养的跨学科学习[M].成都:西南大学出版社,2022.

[5] 席恒.核心素养导向下的音乐教学实践探索[M].上海:上海音乐学院出版社,2020.

[6] 上海市教育委员会教学研究室.上海市小学音乐学科教学基本要求[M].上海:上海教育出版社,2021.

[7] 赵传栋.跨学科学习[M].上海:上海远东出版社,2022.

[8] 郭华.跨学科主题学习是什么?怎么做?[M].北京:教育科学出版社,2023.

实践案例

编演小型音乐剧*

一、育人价值

本项目围绕"编演小型音乐剧"开展跨学科主题学习的设计与实践。主题聚焦于教材中《阿细跳月》这一音乐作品。将乐曲欣赏作为引发跨学科主题学习的起始点。通过对作品背后展现的文化背景、传说故事作为扩展点,启发学生感悟彝族文化。将彝族人民勤劳能干、能歌善舞、勇敢无畏的精神内核确定为本次跨学科主题学习的主旨思想。

二、主题学习方案

参见表 3-3-1。

表 3-3-1 "编演小型音乐剧"跨学科主题学习方案

学习主题	编演小型音乐剧		
实施年级	四年级	总课时	8 课时
学习目标	1. 欣赏《阿细跳月》,熟悉乐曲的主旋律及其特征,了解彝族音乐习俗 2. 将挖掘作品背后的传说故事作为理解文化的扩展点,感悟彝族人民勤劳能干、能歌善舞、勇敢无畏的精神内核 3. 借助语文阅读中的概括能力,重新架构故事,创编音乐剧剧本。结合想象,细化表演所需的配乐、音效、服装、道具、台词、动作等内容,在合作中完成创编,并在排演中不断改进演唱、舞蹈、戏剧表演等各方面的效果		

---

* 执笔人:亢幸,上海市实验学校附属东滩学校。

（续表）

	统领性任务	编演小型音乐剧		
	子任务	任务一：欣赏《阿细跳月》乐曲，了解彝族音乐文化习俗，分配任务	任务二：分组合作，完成音乐剧创编的基本素材结构	任务三：音乐剧排演
内容组织	艺术（音乐）	1. 了解《阿细跳月》乐曲的旋律、节拍、舞蹈特征 2. 了解音乐剧的基本表现形式 3. 学生分组围绕《阿细跳月》完成"剧本创作""歌词创编""舞蹈编创""服装道具设计"的任务，收集音乐剧所需的相关素材	1. 分组创作素材，相互交流，合作修改 2. 确定音乐剧剧本，选定角色的扮演者、各剧目的表演形式、服装道具等	1. 各组交流创作成果，结合剧本尝试排演 2. 排演中修正和完善音乐剧的表现形式 3. 音乐剧展演
关联学科	艺术（美术）		1. 探讨彝族纹样特点及背后蕴含的文化内涵 2. 设计舞台道具、服装等	根据剧情和排演需求调整、美化服装与道具
	语文	1. 阅读《阿细跳月》传说故事文本，结合语文的阅读策略，把握每一段所写的内容	1. 根据故事创编音乐剧剧本 2. 围绕剧情创编音乐剧歌词	

学习活动设计

编演小型音乐剧
- 任务一：欣赏《阿细跳月》，了解彝族音乐文化习俗（1课时）
  1. 欣赏音乐，熟悉乐曲旋律，学跳"跳月舞"
  2. 了解彝族音乐人文风俗以及传统节日
  3. 了解音乐剧的基本表现形式
  4. 分小组布置创作任务
- 任务二：音乐剧的创编（3课时）
  1. 小组分工合作完成创编任务，定期汇报和修改（2课时）
  2. 利用美术课时间创作道具、服饰（1课时）
- 任务三：音乐剧排演（4课时）
  1. 音乐剧的排演（3课时）
  2. 音乐剧正式演出（1课时）

(续表)

学习评价	从学业成果维度作两个方面的评价： 1. 领会开展唱歌表演和舞蹈表演的基本方法的情况 2. 领会开展综合艺术表演的基本方法的情况 从学习兴趣维度对"与同伴合作开展音乐表演的情况"作评价（参见表3-3-7）
学习资源	上网搜寻关于《阿细跳月》的相关故事情节 视频网站搜索《阿细跳月》音乐及舞蹈等资源 上音版三年级音乐教材配套音响《阿细跳月》 三年级美术教材《民族纹样》

三、子任务学习活动设计

子任务1：欣赏《阿细跳月》乐曲，了解彝族音乐文化习俗，分配任务。

所需课时：1课时。

学习目标：

1. 熟悉《阿细跳月》主题旋律，学跳"跳月舞"基本步伐，了解"跳月舞"的由来以及彝族"火把节"的传统习俗。

2. 探索《阿细跳月》故事的文化背景，了解音乐剧的基本表现形式，分小组布置音乐剧的创编任务。

学习过程：

1. 欣赏民族管弦乐作品《阿细跳月》，熟悉乐曲主题旋律和节拍特征。

2. 学唱《阿细跳月》主题旋律，认识彝族民族乐器。

3. 探索"跳月舞"背后的故事，了解彝族人文习俗及传统节日"火把节"。

4. 分享课前搜到的《阿细跳月》传说故事文本，运用语文的阅读策略，把握每一段的内容。

5. 思考交流：故事的每一段适合用怎样的表现方式呈现。

6. 建立任务群，学生依据兴趣和特长分为四组：剧本创作组、歌词创编组、舞蹈编创组和服装道具组。

学习资源：《阿细跳月》音乐及舞蹈视频、音乐剧片段视频、自制课件等。

学习评价：

参见表3-3-2。

表 3-3-2　课堂评价表

评价内容	表现观测点	评价维度
乐曲欣赏	① 能跟着音乐演唱主题旋律、学跳"跳月舞" ② 了解彝族音乐的文化习俗和传统节日 ③ 把握每一段故事的内容,确定表演形式 ④ 能结合自身特长参与音乐剧的创作 等第标准说明: ☆☆☆能做到①②③④ ☆☆能做到①②③ ☆能做到①②	学业成果

子任务 2: 分组合作,完成音乐剧创编的基本素材框架。

所需课时: 3 课时。

学习目标:

1. 能在小组合作中初步完成创编音乐剧。

2. 小组汇报交流,相互评价,及时发现问题并修改,最终确定音乐剧创编成果。

学习过程:

1. 小组分工创编,及时汇报创编进度。

2. 根据各组创编的结果,小组对稿交流。

3. 小组交流中查找问题,提出改进意见,教师答疑解惑。

4. 各组根据其他组或教师给出的意见修订和完善创编内容。

5. 小组第二次交流,确定最终的创编结果及展示方式。

学习资源: 学习任务单、道具设计图、自制课件等。

学习评价:

参见表 3-3-3。

表 3-3-3　音乐剧创编评价表

评价内容	表现观测点	具体要求	等第标准
音乐剧创编	音乐剧故事情节与角色选择	音乐剧故事清晰,角色安排合适恰当	☆☆
	剧情与艺术表现形式融合度	剧情与音乐、舞蹈、道具等较为融合	☆☆
	服装道具设计	服装道具设计干净合理 体现"彝族"特色	☆☆

任务调查表参见表 3-3-4。

表 3-3-4　任务调查表

孜玛格尼,英雄的彝族——《阿细跳月》的故事	
小组成员	承担任务
故事情节	
主要角色	如:××饰……角色特征……勇敢
其他补充资源	

美术学业评价表参见表 3-3-5。

表 3-3-5　美术学业评价表

评价内容	表现观测点	具体要求	等第标准
作品完整度	作品运用二方连续图样	作品运用到了二方连续图样	☆☆
	作品色彩表现	运用到了彝族的"三色"	☆☆
	作品设计整洁度	作品干净整洁,设计合理	☆☆

(续表)

评价内容	表现观测点	具体要求	等第标准
学业成果	对老师和同学建议的采纳	能认真倾听老师及同学的建议	☆☆
	对同学作品的评价能力	能对同学的作品作合理的评价	☆☆
	小组合作与贡献	小组创作中能积极有效地参与和制作	☆☆

子任务3: 音乐剧排演和演出。

所需课时: 4课时。

学习目标:

1. 能流畅地展示创编成果,并说出创编理由。
2. 尝试演绎,熟悉剧本剧情。
3. 根据剧本内容,为音乐剧选编背景音乐,初步掌握排演音乐剧的基本思路。

学习过程:

1. 回顾《阿细跳月》的主要内容,演唱主题旋律。
2. 小组分享创编成果,并说出创编理由。
3. 师生对稿,理解剧本中不同角色、台词所表达的情绪,尝试演绎剧本。
4. 为音乐剧选择合适的配乐。
5. 商讨表演、配乐、道具之间的协同合作,尝试初步演绎。
6. 学生自行排演,熟悉剧本。
7. 完整表演音乐剧。

学习资源: 小组汇报成果、道具设计图、自制课件等。

学习评价:

参见表3-3-6。

表3-3-6 音乐剧排演评价表

评价内容	表现标准	评价维度
音乐剧排演活动情况	① 能流畅地交流和展示小组的创作成果 ② 排演过程中能及时发现问题并作调整 ③ 音乐剧展演流畅,表情自然,歌舞优美 等第标准说明: ☆☆☆能做到①②③ ☆☆能做到①② ☆能做到①	学业成果

综合性艺术评价表参见表 3-3-7。

表 3-3-7 综合性艺术评价表

评价内容	评价观测点	表现标准	评价维度
综合性艺术表演	1. 领会开展综合艺术表演基本方法的情况	① 能根据音乐剧的剧目顺序，分工合作，开展唱、演、舞等综合表演 ② 能在音乐剧表演中做到表演、音乐、道具等的协同合作 ③ 能按照特定的表现要求开展表演 ④ 能在教师和同伴的交流和评价中，改进表演 等第标准说明： ☆☆☆能做到①②③④ ☆☆能做到①②③ ☆能做到①②	学业成果
	2. 与同伴合作开展音乐表演的情况	① 愿意接受表演的分工 ② 能完成自己或小组的任务 ③ 在表演中充分与同伴合作 等第标准说明： ☆☆☆能做到①②③ ☆☆能做到①② ☆能做到①	学习兴趣
音乐创作	3. 领会创造性综合表演形式与方法的情况	① 能根据音乐剧的剧情、地域特征创编合适的歌词 ② 能结合彝族传统文化、表演场景等设计合理的舞蹈队形和舞蹈动作 ③ 能结合剧情选择合适的背景音乐、音效等烘托表演场景 等第标准说明： ☆☆☆能做到①②③ ☆☆能做到①② ☆能做到①	学业成果

四、课时举隅

1. 学习任务分析

本课时是此次跨学科主题学习中的第三项任务，是整个项目的第六课时，学生已经通过任务一欣赏了彝族歌舞音乐《阿细跳月》，已经对音乐的主题旋律、节拍韵律有了一定的了解，学跳了"跳月舞"的基本舞步。在此基础上，学生通过任务二完成了音乐剧剧本和歌词的创编，舞蹈动作也在"跳月舞"的基础上作了改编，另外还根据剧情设计和制作了服装道具等。经过前两项任务的学习,本课的主要内容是请学生介绍前期的学习成果,并且为音乐剧选配背景音乐,作初步的排演。

2. 学习目标

(1) 在前期学习的基础上,分组汇报剧本编创、歌舞表演、道具服饰等方面的准备情况。

(2) 体验第一幕和第三幕中三次出现的不同速度、情绪的《阿细跳月》乐曲,挖掘歌词和舞蹈中表现的彝族人民勤劳能干的品质,理解音乐剧中"主题音乐"的概念。

(3) 借助任务单,聆听教师所提供的多个背景音乐片段,辨析各段的音乐要素表现特征,并与伙伴讨论交流这些背景音乐剧中的编配方案。

(4) 欣赏学生编演的第二幕,进一步了解剧情,为剧目加入道具和音乐。教师参与协作完成表演,学生初步掌握音乐剧排演的基本思路。

3. 学习重难点

了解音乐剧"主题音乐"和"背景音乐"的概念,为音乐剧选配背景音乐;初步掌握音乐剧排演的基本思路。

4. 学习资源: 教学板贴、教学 PPT、音响资源等。

5. 学习过程

(一) 回顾前期任务

(1) 回顾《阿细跳月》的主要学习内容。

(2) 复习演唱《阿细跳月》的主题旋律。

> 学习要点:熟悉歌曲旋律、跳月舞动作,为后续的音乐剧表演打下基础。

(二) 小组汇报创作成果

(1) 剧本创作组介绍剧本主题和剧目结构。

(2) 歌词创编组分享第一幕歌词的创编思路。

(3) 师生合作,表演第一幕。

(4) 介绍第二幕剧情,师生协作表演第二幕。

(5) 舞蹈编创组展示第三幕创编的舞蹈动作,分享舞蹈动作与彝族文化的联系,以及音乐选编的理由。

(6) 师生合作,完整体验第三幕热烈欢快的场面。

(7) 服装道具组交流音乐剧中服装道具的设计思路,展示成果。

> 学习要求：
> - 在汇报过程中，注重学生的流畅表达和逻辑清晰。
> - 师生合作，表现第一幕和第二幕的剧情，让学生更直观地了解剧本内容和表现方式。同时，观察学生在协作表演中的情绪表达和动作设计，确保其与角色特点相符。

（三）音乐剧配乐

（1）了解主题音乐的概念，知道主题音乐表现的音乐剧主旨思想。

（2）听辨音乐片段，填写任务单，交流音乐片段的音乐要素。

（3）小组讨论，为音乐剧第二幕选配合适的音乐。

（4）了解"背景音乐"的概念和作用。

> 学习要点：
> - 结合实例分析，让学生感受主题音乐的魅力和表现力。
> - 在讨论过程中，注重学生的参与度和理由阐述，确保所选音乐与剧情相契合。

（四）表演第二幕

（1）引导学生如何根据剧情使用"太阳"和"火焰"的道具。

（2）讨论背景音乐与剧情如何配合。

（3）师生加入音乐和道具，完整表演第二幕。

> 学习要点：
> - 实际排演道具，让学生体验道具在表演中的作用。
> - 在表演和音效结合的环节中，观察学生的配合度和表现力，确保音效与表演相协调。
> - 完整表演中，学生初步掌握音乐剧排演的基本思路。

（五）小结

（1）师生合作，再现第三幕表演，体验第三幕热烈欢快的"篝火晚会"场景。

（2）课后任务：为第一幕和第三幕加入合适的音乐表演。

> 学习要点：
> - 强调音乐剧排演中需要注意的问题和技巧。同时，鼓励学生提出自己的见解和建议，促进教学相长。

五、案例反思

（一）不足之处

1. 跨学科学习，理论研究不充分

前期活动中，设计的主题是"'五育'并举，跨界融通，走进彝族音乐民俗村"，当初做这个项目的目的是收集教材中有关彝族的音乐作品，挖掘作品的文化内涵，借助美术、体育、语文、信息科技等学科的知识，成立"校园民俗度假村"，旨在让学生通过挖掘和整理彝族音乐，深入了解、体验彝族的音乐文化。然而，这个设计主题太大，战线过长，跨学科成分不多，缺乏从学生角度思考问题。主任务过多、牵扯到的作品以及作品形式也很多，整个项目周期也拉得很长，过长的周期和大容量的工作让项目很难开展下去。

2. 跨学科学习，自主探究不充分

由于理论研究的缺失，项目被割裂为三项任务，分为三个组，即歌唱组、舞蹈组、民乐合奏组。小组之间的任务没有衔接性、沟通性和交流性，知识学习单一。缺乏学生自主学习的视角，没有让学生体验从发现问题到解决问题的思维过程。在这个过程中，学生只是在完成任务，也就是排练节目，并不清楚为何这样做，不能体现学生对跨学科整体项目的设计和理解，以及对彝族音乐文化内涵的把握。

（二）改进措施

1. 加强理论学习，学生分享探究

针对之前任务多、战线长的问题，做了以下调整。从"以大观小"转化为"以小窥大"。

首先，基于音乐学科，欣赏《阿细跳月》乐曲，了解音乐本身。在欣赏的过程中了解音乐的文化背景，加深学生情感的体验。为了达到这个目的，设立"编演小型音乐剧"的任务，组成四个任务群"剧本创编""歌词创编""舞蹈编创""服装道具设计"。在这个过程中，始终基于音乐学科，借助跨学科的广度，促进本学科的深度，实现学生对音乐文化的理解以及音乐内在精神主旨的体验。

2. 跨学科融合，形成领域协同

针对前期项目任务分散的问题，将情境问题"编演小型音乐剧"抛给学生，通过查阅《阿细跳月》背后的故事文本，引导学生将故事转化为音乐剧。在这个过程中，学生是"思考者、探索者、活动设计者"。学生不仅掌握了"彝族音乐"相关文化的知识技能，同时在

项目式的合作学习中,通过自主探究、团队合作等灵活地调用知识技能来解决"编演小型音乐剧"这一复杂的情境问题。通过多学科领域协同,更好地理解了民族音乐的文化主旨,感受了彝族人民勤劳能干、能歌善舞、勇敢无畏的精神内核,也体现了跨学科主题学习要经历的三个阶段:"基于学科知识,始于生活情境,终于学科素养。"

音乐学科"自在"的跨学科学习[*]

摘　要: 音乐学科在跨学科学习的实践探索中,教师面临概念理解、课程理念和教学惯性等方面的困惑与挑战。文章分析并提出解决策略,通过古代文学、传统文化和近现代歌曲案例揭示音乐学科内在的跨学科特性。为了促进学生全面而深入的认知发展,音乐跨学科学习应立足深度理解本学科,并强化学科间的联系。教育者应坚持正确的教育理念,以实现教育的初心和使命。以上策略的实现需要教育者不断思辨和创新,以应对课程改革中的挑战。

关键词: 跨学科学习;音乐教育;课程改革

跨学科主题学习,是在强调学科课程的基础性与逻辑性的前提下,体现义务教育阶段课程应有的综合化和实践化的一种课程设计。"跨学科学习"基于学科而又超越学科,在扎实学科教学的基础上主动跨界,立足某一学科去实现跨越,既可引导学科教学的纵深发展,又可引导学科教学扩展视野。跨学科课程融合是课程融合的载体和具体表征形态,是一种理念和方向,是在促进学生全面发展的目标下,基于主题(问题)、任务(项目)、观念和学生活动需要的情况下把两门或两门以上学科的思想方法、内容知识、活动经验等进行整合、融合的课程实践。

《义务教育课程方案(2022年版)》指出要"统筹设计综合课程和跨学科主题学习",首次明确了跨学科学习在国家课程体系中的地位。课程方案确立了:"加强课程综合,注重关联"和"变革育人方式,突出实践"的基本原则,倡导"做中学、用中学、创中学"的基本理念。

一、音乐学科推进跨学科学习面临的困惑

跨学科主题学习是《义务教育艺术课程标准(2022年版)》"课程内容"的新增部分,是这次课标修订的一个亮点,也会是教学实施中的一个相对难点。之所以说它难,主要是一线教师在面对跨学科学习的课程设计中,存在几个困惑:

---

[*] 执笔人:席恒,上海市教师教育学院(上海市教育委员会教学研究室)。

第一,概念多,内涵混淆。在义务教育课程标准修订前,与跨学科学习相关、相似的课程概念已经涌现不少,比如项目化学习、问题化学习、研究性学习、主题式综合实践……教师在面对这些新概念时,不清楚它们的内涵及其区别,因而往往不知所云,无从下手。

第二,形式多,理念不清。在概念内涵尚未厘清的情况下,课程实施很容易被一些外在的形式所困,比如在缺乏目标导向、主旨贯穿的项目式学习,主题虚泛、境脉不清的综合实践,缺乏结构、缺少逻辑的综合艺术……在课程理念不清晰的情况下,课堂教学只见多学科"搭配"而未见跨学科"协同"。

第三,惯性大,意义不明。音乐学科长期以来无论是教材还是教学,孤立的单课和碎片的教学在教师思维与行动上已形成惯性,在不理解本次深化课改中"以课程内容结构化促进学生认知结构化"对于学科课程改革的导向意义的前提下,难以有效开展跨学科学习的探索。

产生上述诸多困惑现象的原因,除了课程改革导向的学科化理念解读深度不够,实践案例的参照度、丰富性不足以外,主要还是在于学科教师对本学科本质的理解缺失,以及对学科育人价值的内涵与外延认识不足。本文将从音乐学科"自在"的体裁形式入手,揭示跨学科学习的元素。

二、音乐学科"自在"的跨学科案例

艺术作为一种学科领域,其中包含了众多学科,新课标中将音乐、美术、舞蹈、戏剧(含戏曲)、影视(含数字媒体艺术)五门学科纳入义务教育阶段的学习中,每门学科都有其各自的特点,表现形式上也多会综合化呈现。基于以上认识,音乐学科从综合育人的角度出发,可以探寻到学科本身原本存在一些跨学科特性的主题内容。如果能够把握这些"主题"内容,便能形成具有价值的跨学科学习活动。

(一)音乐学科"自在"的跨学科内容

音乐学科"自在"的跨学科内容至少在以下几种情况下存在。

第一,古代文学中的"诗乐"。早期的"诗乐"是以声乐歌唱为主,随着礼乐表演专业化程度的提高,器乐演奏的艺术功能逐渐被放大、强化,最后演变为集声乐演唱与器乐演奏相结合的音乐表现形式。诗与乐的结合决不是"拉郎配"式的凑合或撮合,而是一种"天然"式的耦合,是一种诗乐化一的融合。《尚书·尧典》中说"诗言志,歌永言,律和声",合乐能唱是诗与乐结合的本质表现。在我们的音乐教学内容中拥有大量的此类作品,推敲其特点便是一种音乐与文学的跨学科主题学习内容。

第二,传统文化中的"戏曲"与"曲艺"。作为中国文脉中极具价值的组成部分,融会了唱腔技法、朗诵技法、身段技法、舞蹈化武术技巧等综合性的艺术表现形式。"戏曲"与"曲艺"经过长期的发展演变形成了中华戏曲百花苑,不同地方的戏曲体现各具特色的声腔、音乐旋律以及地方性语言的唱念词特点,它来源于不同地域的民歌、舞蹈、器乐作品中,具有强烈的地域风格特点。这些内容的学习自然而然凸显了跨学科学习的基本特点。

第三,近现代创作歌曲。音乐对于社会的发展、历史的变迁发挥了重要的作用,风雨飘摇的19世界末20世纪初,李叔同、沈工心等一批留学爱国人士用"学堂乐歌"传递出"富国强兵""抵御外敌"的思想情感;抗日救亡时期,冼星海、聂耳等人创作出了激励无数中华儿女的历史强音;新中国成立以来展现中国发展、变化的创作歌曲更是层出不穷。这些歌曲与每个历史时期的思想情感、人民生活保持着紧密的联系,既是学科育德的重要素材,也是了解历史的途径之一。无论何种体裁风格、题材内容的歌曲,其本身就是一种音乐与文学的综合体。要理解歌曲的音乐表现力,也必须从其文学内涵入手品词赏句,阐理释义,进而来理解音乐是如何用特定的语汇和表现手段来表情达意的。而这一学习过程的本身,就是跨学科的。

(二)音乐学科"自在"的跨学科案例

以下三首古诗词歌曲,在中小学音乐教材中是比较常见的。下文就以此为例来探讨在"歌曲"这一综合音乐形式的学习中包含的跨学科学习意涵。参见图3-3-1至图3-3-3。

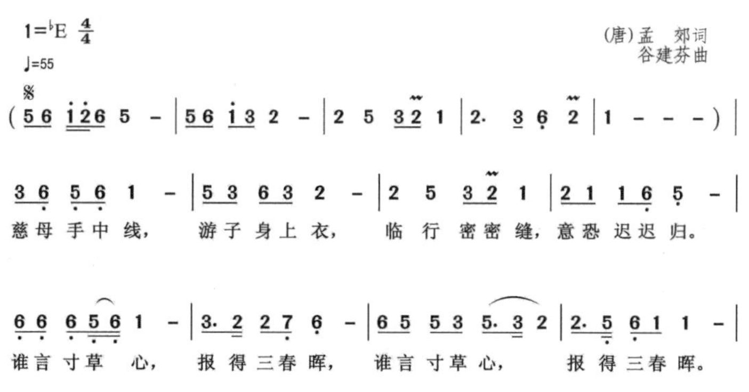

图3-3-1 《游子吟》歌谱

村　居

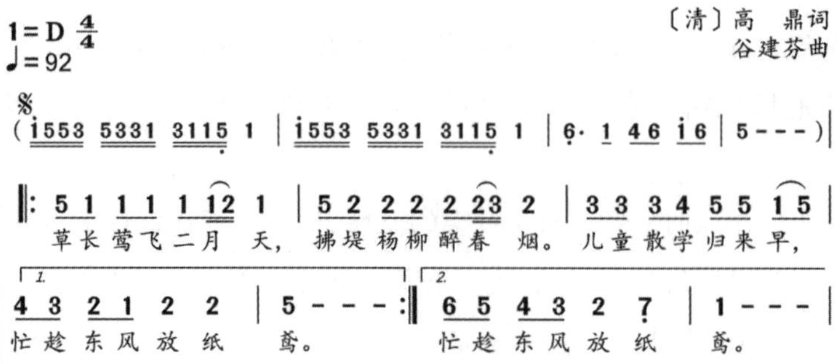

图3-3-2 《村居》歌谱

出　塞

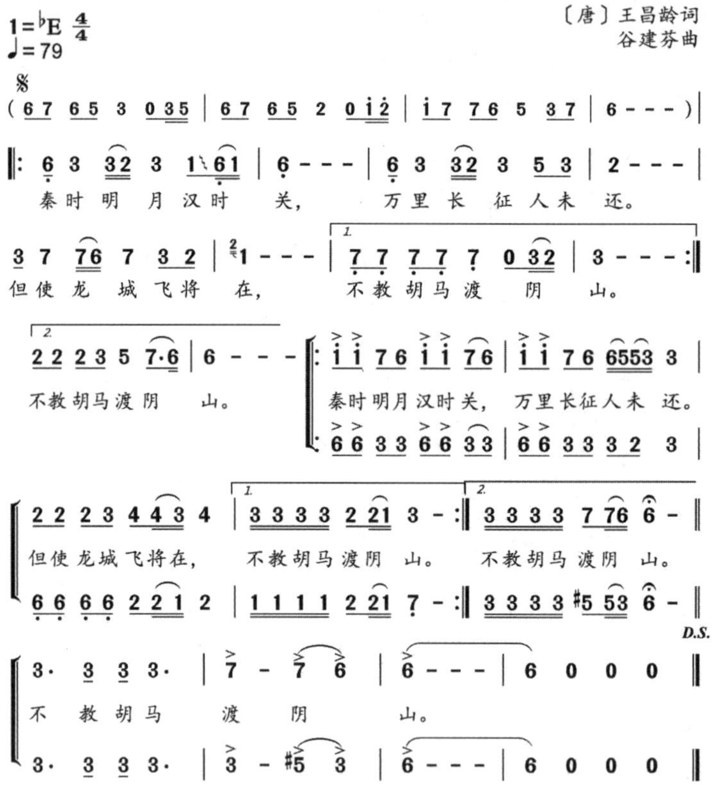

图3-3-3 《出塞》歌谱

以上三首古诗词歌曲,出自同一位作曲家之手——谷建芬。这位作曲家创作的古诗词歌曲,朗朗上口、情感充沛、传唱广泛。之所以作曲家能创作出如此佳作,能让人在歌唱中体会到诗词内在的形象塑造力和情感内涵的表达以及推动力,我们可以透过作品作出如下分析。

第一,贴合"诗词格律"的音乐,奠定形象与情感基调。以上三首均属于近体诗又称今体诗,有严密的形式规格,有一定的声韵规律,因此又叫格律诗。作曲家根据不同诗词的格律配以不同长度音乐拍数的旋律,比如:《游子吟》五言、4/4 拍一小节一句,语速较慢,语言节奏舒缓、悠长,演唱速度也很慢;《村居》七言、4/4 拍一句,语速较快,语言节奏紧凑、悦动,演唱速度也稍快;同样是七言诗,《出塞》则是 4/4 拍两小节一句,语速很慢,语言节奏悠长、深沉。可见,作曲家根据诗词的格律、情感,用相应长度的音乐乐句与之相配,展现了不同诗歌的情感与形象内涵。

第二,旋律隐隐地"依字行腔",展现了丰富的情感内涵。平仄规律是格律诗声韵规律中尤为紧要的,诵读以后不难发现其平仄起伏的声调特点。作曲家借用这一特点,让曲调的上下起伏与诗歌的声调尽可能地相吻合,这种手法在我国戏曲、曲艺中运用较多。这种字音统一、倚声填词的创作方法使得演唱时既能"字正"又能体现音韵之美,更能将诗歌的情感内涵细腻地表达出来。

第三,表现手段的"变化统一",推动诗歌的情感意境。诗歌是用高度凝练的语言生动形象地表达作者丰富情感的文学体裁形式。在音乐的表现手段上主副歌结构的歌曲更具有推动力和情感的渲染性、发展性。作曲家采用了这种曲式结构,用短短的几句诗在不同乐段中重复出现,而在副歌乐段中采用了音区更高或节奏更密的音乐发展手法,这种由低到高、由疏到密的表现手段使得诗的情感意蕴与乐的循序渐进浑然一体、相得益彰。

上述案例反映了一个事实:对于歌曲这种综合性的艺术形式来说,对音乐的理解还是须从歌词的文学意味体验入手;对文学意味的深度表达,则可以借助音乐的二度创作来实现。如何探寻音乐表现手段与文学意涵抒发之间的关系,则应是跨学科学习可为之处。

三、音乐学科跨学科学习的立足点与关键点

在上述以古诗词歌曲为例分析的音乐学科本身包含的跨学科学习案例中,我们可以对音乐学科跨学科学习作出以下两方面的思考。

(一) 立足点:以"跨学科"视野促进对学科的深度理解

跨学科主题学习是立足学科的主动跨界,它的立足点即本学科,只有学生拥有系统而扎实的本学科知识与方法,才能主动跨界,借助、统整相关学科的知识、观念以及思想方法作深度理解。案例中所提到的诗歌中语言韵律和音乐旋律特征形成紧密的关联,才能更好地理解"诗乐"的艺术之美。用一句通俗的话说,即是"从学科中来,回学科中去"。

（二）关键点：强化不同学科学习间的联结关系

长期的分科设置课程隔绝了学科之间的联系。分科是指内容的组织方式，即课程内容是分别以学科的逻辑组织起来，分科课程也可以培养全面发展的人，但必须把分科的内容转变成学生能够理解的、相互之间有联系的结构化学习内容。跨学科主题学习要求每一门学科的教师都能站在整体育人的角度来思考本学科的育人价值、教学方式，要求教师具有将知识、经验、观念等方面广泛联结的能力。"诗乐"案例就呈现了音乐知识与语言知识的联结，音乐体验的经验和文学诵读经验之间的联结，用"探寻诗歌格律、情感内涵与音乐表达的关系"作为情境，帮助学生在探寻这种关系的过程中建立音乐与文学之间广泛的联结。

四、结语

在"跨学科主题学习"作为新课程培育学生核心素养的重要路径而着力推进之际，有三点思考与教研同行共勉。

循学理，正观念。面对每一次改革推进初期的"新概念"，教育者须清醒地意识到"我是谁，我从哪里来，我将去往何处，我何以抵达"，坚持"正本清源"，做到"初心不偏"。

常思辨，求ేౙ解。凡事必有缘起和出处，面对诸多关于新课程实践的"道理"，教育者须清醒地意识到——"理"是事物存在的"依据"，而"道"则正是事物所"依据"的那个"规律"，坚持"追根溯源"，做到"初心不动"。

守初心，纳百川。推动新课程改革落地是每一位教育者的天赋使命，育人者不能停留于已有经验而故步自封，须在遵循学科育人规律的同时，以"广泛联结"的视野促进"全人"的"整体素养"培育，秉持守正创新，做到"初心不改"。

参考文献

[1] 郭华.落实学生发展核心素养,突显学生主体地位——2022年版义务教育课程标准解读[J].四川师范大学学报(社会科学版),2022,49(04):112.

[2] 蔡穗予.我国古代诗乐的合与分[J].江西师范大学学报,1995(02):85-88.

[3] 鲍忠孝.歌声里的流年——中国近代创作歌曲发展溯源[J].音乐生活,2023(02):52-54.

[4] 郭华.跨学科主题学习及其意义[J].文教资料,2022(16):22-26.

[5] 郭华.跨学科主题学习:提升育人质量的一条新路径[J].人民教育,2023(02):25-27.

后　　记

∞

　　为更好地落实《义务教育课程方案（2022年版）》提出的"开展跨学科主题教学，强化课程协同育人功能"要求，2022年11月，上海市教师教育学院（上海市教育委员会教学研究室）启动了小学各学科"跨学科主题学习"市校合作研究项目。项目研究为期一年，在小幼教师部部长谭轶斌的全程指导下，通过对上海市小学各学科跨学科主题学习实施情况的调研，了解基层教师面临的问题与实际需求，编制项目实施方案，明确项目研究目标和内容；通过文献研究，了解国内外研究现状，形成各学科对跨学科主题学习的理解与重视；通过案例研究，研制跨学科主题学习方案设计的工具表，形成各学科跨学科主题学习的典型案例；通过经验总结，提炼各学科跨学科主题学习的设计路径和实施策略，形成项目研究的阶段性成果；通过各级各类的宣传展示活动，辐射项目研究经验，服务教师的专业成长。各学科的研究结论各有侧重，主要从跨学科主题学习中复杂真实问题的解决策略、学习任务的设计实施、教师跨学科教学能力的培养等方面总结开展跨学科主题学习的路径、策略与方法。

　　感谢上海市大宁国际小学校长徐晓唯、闵行区七宝镇明强小学校长姚凤、上海市浦东新区竹园小学校长娄华英、上海市宝山区第二中心小学校长谈莉莉、上海市普陀区新普陀小学东校校长寿俊梅、上海市浦东新区第二中心小学校长陈洁、上海市奉贤中学附属小学校长何春秀、上海市虹口区红旗小学校长姚远、上海市杨浦区控江二村小学校长楼蓓芳、上海交通大学附属小学校长顾文、上海市实验学校附属东滩学校校长陈丽萍对项目研究的鼎力支持和指导（排名不分先后）。感谢安桂清、胡军、邹雪峰、陈红波、何永红等专家为各学科的方案设计和案例研究提出了非常宝贵的意见和建议，也感谢为本书提供各类素材、案例和建议的专家与老师。

　　此书稿是项目研究的阶段性成果，代表各学科项目研究团队对跨学科主题学习的阶段性认识和理解，个中不足恳请读者批评指正。未来随着实践研究的推进，我们将不断完善现有的方法和结论，更好地服务于教师和学生。

实践研究项目组
2023年12月